Lernen in Freiheit

Herausgeber
Gerhad Kern und Gerald Grüneklee

Gerhard Kern/Gerald Grüneklee(Hg.)

Lernen in Freiheit

- Wider die totale Institution -
anti-pädagogische Thesen und Pamphlete!

Lernen in Freiheit
anti-pädagogische Thesen und Pamphlete

Lernen in Freiheit
-Wider die totale Institution-
anti-pädagogische Thesen und Pamphlete!
Gerhard Kern/Gerald Grüneklee (Hg)
ISBN 3 - 928300 - 14 - 8
unrast Verlag Münster, Querstr. 2
Tel. 0251/666293 Fax 666826

Umschlagfoto Kinderwerkstatt Bockenheim,Ffm
Druck u. Satz: BB-druck Morbach

Inhalt

Vorwort		S. 9
Entwicklung einer Anti-Pädagogik	Gerhard Kern	S. 11
Jede Erziehung ist staatserhaltend	E. v. Braunmühl	S. 28
Geschichte der Kindheit	Thomas Straecker	S. 36
Erziehung, der Sündenfall?	Gerhard Kern	S. 40
Anarchie und Anti-Pädagogik	Gerhard Kern	S. 43
Für einen Paradigmenwechsel in der Pädagogik	Hinte/Höhr	S. 46
Erziehung, was ist das?	Herzquadrat	S. 56
Dunkle Zukunft	Rudi	S. 65
Können wir die Schuld abschaffen?	Helmut Walther	S. 70
Die deutsche Berufung zur Besserung der Welt	Gottfried Mergener	S. 74
Sind Kinder auch Menschen?	Gerhard Kern	S. 95
Die Schulpflicht als Rechtsaltertum	Hans Moller	S. 101
Gedanken und Anmerkungen zu "Vorsicht Kind"	Waltraud Kern	S. 106
Anti-Pädagogik - oder die Kraft der Negation	Gerhard Kern	S. 109
Faschismus, Rassismus und Pädagogik	Gerald Grüneklee	S. 120
Vom Kind zum Krieger als Schule der Nation	Gerald Grüneklee	S. 147
Plädoyer gegen Erziehung	Gerald Grüneklee	S. 153
Interview	Waltraud Kern	S. 160
Wer von freier Sexualität redet, muß auch über sexuelle Gewalt gegen Kinder sprechen	Inés Gutschmidt/ Jörn Sauer	S. 167
Rezensionen		S. 176

Vorwort

Daß Pädagogik nicht einlöst,was sie vorgibt,nämlich Lernmöglichkeiten zu bieten im Sinne einer Befreiung der Menschen von Unterdrückung und Herrschaft, wissen auch die Pädagogen selbst. Das zeigt sich am ehesten dort,wo sie versuchen die Argumentation ihrer Kritiker so zu wenden,daß das Gegenteil der Anti-These durch diese belegt würde: Anti-Pädagogik sei ja auch nur eine andere Form der Pädagogik.

Das ist insofern zu einfach,als es zwar einen wahren Rest hat,im Ansatz aber schlicht falsch ist. Sicher wird die unter Kritik geratene Pädagogik bei ihren Gegnern immer noch Teile des von ihnen angerichteten Desasters vorfinden, aber zum Glück für die Nachfahren ist ihnen die Disziplinierung nicht vollständig gelungen. Jener Rest an Widerstandsgeist ist es denn auch,der die Anti-These zur Pädagogik in oft sehr verschiedenen Ausformungen immer wieder auftreten läßt.

In diesem Buch ist nun endlich der Versuch gelungen einen Teil des Diskussionsprozesses festzuhalten,wie er seit E.v.Braunmühls öffentlichen Diskussionsanstoß zumindest hier in der BRD verlaufen ist. Die liberalen und konservativen Ausformungen der Antipädagogik haben wir kaum berücksichtigt,da sie eine freie Gesellschaft eher verhindern. Besonders bei diesen Vertretern und Vertreterinnen zeigt sich aber,daß jede emanzipatorische Bewegung in konservatives Fahrwasser geraten kann.Uns jedenfalls geht es nicht,zumindest nicht nur, um individualistische Lösungen, sondern es soll erreicht werden,daß die Diskussion andere politische Zusammenhänge(z.B. Anti-Militaristische u./o. Feministische) erreicht und die gemeinsamen Bedingungen so deutlich werden können.

Die hier aufgeführten Artikel resultieren zum Teil aus den Ergebnissen der Diskussionsgruppen des FLI(Forum für Libertäre Informationen). Die namentliche Aufführung der Diskussionspartner und Partnerinnen ist schlechterdings nicht möglich, obzwar sie allesamt ihren Anteil haben.Intensiviert haben sich die Thesen aber auch durch das alltägliche Erleben in den verschiedensten pädagogischen Institutionen,nicht zuletzt der Schulen.

Eine flammendeSchrift gegen Schule und Erziehung lieferte uns HERZQUADRAT.Hier handelt es sich um die Verarbeitung der eigenen Erfahrungen in den Zurichtungsanstalten des Staates.

Eine wichtige Ergänzung erfuhr unser Buch durch den Beitrag von Ines Gutschmidt und Jörn Essig. Zwar wird derzeit die Problematik öffentlich diskutiert,doch die eigene Betroffenheit kommt immer noch zu kurz.

Geradezu aktuell ist der Aufsatz von Gerald Grüneklee zur Beziehung von Faschismus und Pädagogik. Zeigt er doch auf,daß die Pädagogik immer schon ein Werkzeug der herrschenden Regierungen war und es ist derzeitig sehr wohl zu fragen,wie und wo sie sich auch heute wieder für die demokratisch-rassistischen und kapitalistischen Interessen mißbrauchen läßt.

Prof. Gottfried Mergener zeigt die Kolonialisierung anderer Kulturen mit Hilfe deutscher Pädagogik auf. Man/frau darf gespannt sein, wie sich im Zuge der Europäisierung der Welt die Pädagogik verhalten wird und kann.

Beteiligt an der Entstehung des Buches waren aber auch die "Kinder", zum Teil auch in den Arbeitsgruppen mit mehr oder weniger aktiven verbalen und non-verbalen Beiträgen. Auf gar keinen Fall möchten wir den Einfluß der behinderten MitarbeiterInnen der Lebensgemeinschaft im Dhrontal auf die Thematik unterschätzen, da z.B. gerade sie zeigen, daß Menschen, die wesentlich durch die Gesellschaft behindert werden unter nicht-pädagogischen Voraussetzungen weit aus mehr lernen und als Individuen ein sehr viel selbstbewußteres Leben führen können.

Besonderer Dank gebührt den Druckern und hier war es Gerd, der mir in vielen Sitzungen beim Computern half.

Auf jeden Fall sei hier auch bedacht, daß mir die MitarbeiterInnen der Lebensgemeinschaft im Dhrontal durch indirekte Mithilfe, wie Übernahme der Tätigkeiten, die eigentlich ich tun sollte, die Erstellung von "Lernen in Freiheit" erst ermöglichten.

Festhalten müssen wir, und das ist gleichwohl eine Selbstkritik, daß auch in diesem Buche Frauen nicht genügend zu Wort kommen. Zumindest in den Rezensionen zeigt sich aber, daß an anderer Stelle wesentliches von ihnen ausgearbeitet wurde. In diesem Zusammenhang soll gerade auf die schon vorhandene Literatur von Frauen zum Thema verwiesen werden, da ihre Sichtweise die der Unterdrückten und für den emanzipatorischen Ansatz der Anti-Pädagogik notwendig ist.

Mit "LERNEN IN FREIHEIT" möchten wir die mittlerweile eingeschlafene Diskussion zur Unterdrückung und Disziplinierung von Menschen auf dem Gebiet der Bildung aber eben auch in der ganz normalen Kommunikation zwischen Menschen wieder anregen und hoffen durch die Beiträge aufzeigen zu können, daß die Pädagogisierung der Gesellschaft *nicht* ein Weg in Richtung Freiheit, Gleichheit und Solidarität sein kann.

Auf die immergleiche Frage, was denn dann, wenn nicht Pädagogik, läßt sich nicht die naive Antwort geben: "Lernen gemäß Angebot und Nachfrage". Solange eine Industrie oder auch eine Ideologie beides steuert ist ein freies dem einzelnen Menschen gemäßes Lernen nur sehr bedingt möglich. So bleibt emanzipatorischen Erziehungskritikern der Widerstand gegen die Pädagogik und Schule im Allgemeinen und die politische Aufklärung und Theoriebildung im Besonderen als Aufgabe bestehen.

Gerhard Kern

Entwicklung einer Antipädagogik
von Gerhard Kern

Wenn Entwicklung gesagt wird, so beinhaltet das in der Regel die Vorstellung eines Fadenknäuels, wo mensch einen Anfang und ein Ende annimmt. Beim gewickelten Wollknäuel z.b. wird sich solches fast immer bewahrheiten und das Denkschema von Ursache und Wirkung ist bestätigt. Geht der Analytiker jedoch kritisch an diese Selbstverständlichkeit, so wird - abgesehen vom Bild des von einer Person gewickelten Knäuels - sich herausstellen, daß die Wirklichkeit sehr viel komplexer ist und es eine Ursache überhaupt nicht gibt. Sie ist ein Denkhilfsmittel, welches sich bei näherer Betrachtung in "Luft auflöst" oder konkreter in immer mehr Sachen untergliedert, und die Suche nach den Ursachen stellt sich als ein nie endenwollender Gang in die Vergangenheit heraus. Diese Erkenntnis bedeutet aber nicht, daß jede Analyse, die ja eine Suche nach den Ursachen ist, zwecklos und daher zu unterlassen ist, sondern sie relativiert den Stellenwert von allen Anfängen und fordert bei einigem Realitätssinn, nur klar erkennbare Anfänge in die Überlegungen mit einzubeziehen.

Wenn es also im Folgenden um die Entwicklung einer Antipädagogik geht, so ist dieser Gedanke vorausgesetzt, und es werden nur Hinweise für eine solche Entwicklung benutzt, die aus "sicheren" Quellen stammen. Dabei dürfte feststehen, daß es sichere oder eindeutige Auskünfte ebenfalls nicht gibt, da ja durch verschiedenste Faktoren Verunreinigungen in die Informationsvermittlung gelangen und in jeder Interpretation die Subjektivität eine nicht zu unterschätzende Rolle spielt.

Es ist möglich, bei der Definition einen Begriff enger oder weiter zu fassen, und so kann auch das Phänomen sehr allgemein aber auch ebenso speziell angeschaut werden. Es wird daher der Versuch unternommen, beiden Gesichtspunkten gerecht zu werden. Hierzu soll noch erwähnt sein, daß das Phänomen Antipädagogik vom Begriff unterschieden wird, da ersteres früher und der Begriff erst in der Neuzeit geprägt wurde.

Antipädagogik existierte nicht ohne Pädagogik und letztere ist also Voraussetzung. Pädagogik (= pais = Knaben + ago Gedanken und Anmerkungen gos = Führer), die spätere Erziehungslehre, -kunst und -wissenschaft, gibt es beinahe so lange wie es schriftliche Überlieferungen aus den Kulturen gibt. Vielleicht kann aber vermutet werden, daß auch vor diesen Zeiten Erziehungsinstitute für die führergerechte Züchtigung gesorgt haben. Ein philosophisches Wörterbuch der Neuzeit definiert Erziehung so:

"Erziehung ist die Einwirkung einzelner Personen oder der Gesellschaft auf einen sich entwickelnden Menschen und Erziehung im engeren Sinne ist die planmäßige Einwirkung von Eltern und Schule auf den Zögling, d.h. auf den unfertigen Menschen, zu dessen Wesen die Ergänzungsbedürftigkeit und -fähigkeit, auch das Ergänzungsbestreben gehören. zweck der Erziehung ist es, die Zögling zur Entfaltung drängenden Anlagen zu fördern oder zu hemmen, je nach dem Ziel (Erziehungs-ideal), das mit der Erziehung erreicht werden soll. Mittel der Erziehung sich vor allem das Beispiel, das der Erzieher dem Zögling gibt, dann der Befehl (Gebot und Verbot), die Überredung, die Gewöhnung und der Unterricht. Die Erziehung erstreckt sich auf Körper, Seele und Geist ... und daß der heranwachsende Zögling einen für sich selbst und für die Gesellschaft günstigen seelisch-geistigen Standpunkt gegenüber den Mitmenschen, gegenüber Familie, Volk, Staat, usw. gewinnt..." (H. Schmidt, 1982, S. 168).

Etwa in dem Sinne kann meines Erachtens jegliche Päda-, Andra-, Demagogik verstanden werden, ganz gleich, ob es nun um den ganz jungen oder auch älteren Zögling geht. Immer geht es um gefügig machen, anpassen, unterdrücken und lenken. Dies setzt das Interesse von Menschen voraus, Macht über andere auszuüben, bewußt und weniger bewußt. Es setzt ebenfalls einen fast krankhaften Selbstdünkel oder auch die maßlose Überbewertung der eigenen Person voraus, und diese wiederum ist entstanden im Laufe der Individualisierung der Menschen, einer Atomisierung, die analog der spezifizierten Erkenntnisse der Menschen zu verstehen ist.

Das Verlassen der "wilden" Gesellschaften mit ihren Sippen und Horden in immer kleinere Segmente und schließlich die Eheverbände ist mit großer Wahrscheinlichkeit ein Boden des Individualismus, ist ein Grund, ein wesentlicher, für die Ungleichheit der Menschen.

Die so entstandene Kephalität (Verkopfung) bot die Möglichkeit der Führerbildung in Form von Priestern, Medizinmännern oder Kriegsführern und schließlich deren Vergottung. All die früheren und heutigen Machthaber brauchten und brauchen zur Erhaltung ihrer Position Gehilfen, und diese werden in teilweise esoterischen Zirkeln unterrichtet mit dem Ziel, den Einen oder seine Idee zu unterstützen und zu konservieren. Mit solcherlei Machtmitteln ausgestattet, konnten schließlich größere und mehrteilige Menschengruppen regiert und beherrscht werden mit dem Ziel, das Einflußgebiet zu vergrößern. So entstand das Bewußtsein von Mehrwert und Bessersein, und diese berechtigte, die Minderwertigen zu Besseren zu erziehen, um dem gesamten Gefüge (Gemeinwesen, Volk) ein größeres Gewicht gegenüber anderen zu geben.

Erziehung ist notwendig geworden zur Verwirklichung des Machtanspruches von Führern, Priestern und Göttern, oder anders ausgedrückt: zur Anpassung der Untertanen an die Bilder vom Menschen, die der jeweilige Machthaber hat oder propagiert. Nicht die Wirklichkeit darf gelebt werden; die Idee ist der Tyrann der Wirklichkeit. Die Tragik liegt in der zwangsläufigen Abfolge der Geschehnisse, denen offenbar kaum noch zu entrinnen ist.

Dies nun ist das Wesentliche (das Was), welches Pädagogik kennzeichnet: sie hat ein Bild vom Menschen, eine Idee, eine Vorstellung, wie er sein müßte. Dieses Bild, diese Idee oder Vorstellung wechselt im Laufe der Zeiten und stellt nur den vorgestellten Menschen dar, läßt die übrige Natur, in Beziehung und Abhängigkeit zu ihm, außer acht, d.h. sie, die Pädagogik, entwickelt zunächst ein Abstraktum und verwirklicht mit den Mitteln der Lehre, Kunst und Wissenschaft einen dem entsprechenden Menschen. Dieser Wesenszug ist aber Bestandteil aller pädagogischen Modelle und darüber hinaus auch aller demagogischen. Mögen sie noch so fortschrittlich und "human" sein, ihre Differenzierung ist höchstens die Sublimierung (Verfeinerung) der Gewalt oder ihre Transformation in psychische

Bereiche. - Früher erreichte man körperliche, heute seelische Krüppel; wo die Gewalteinwirkung sichtbar wird; in den anderen Fällen ist das Erziehungsideal des angepassten Bürgers erreicht.

Mit dieser Skizze der Pädagogik ist auch die Entstehung einer Antipädagogik schon vorgezeichnet, und es darf wohl angenommen werden, daß mit dem Übergang der Ethnien von akephalen zu kephalen Zuständen, bzw. Sozialstrukturen erste Potenzen der Antipädagogik vorhanden waren. Druck erzeugt Gegendruck. Dies wird jedoch für den Menschen mangels entsprechender Instrumente erst relativ spät erlebbar, bzw. besagter Druck, besser Leidensdruck, läßt sich bei geschickter Handhabung ständig erhöhen, ohne daß es zum Widerstand kommt. Dieser entsteht erst bei Unerträglichkeit.

Die psychologische Geschicklichkeit der Priester und Schamanen sowie der späteren Staatslenker ist ja anschaubar in der Geschichte der Inder mit ihrem Brahmanismus, der Chinesen mit Taoismus und Konfutseanismus, der jüdisch/christlichen Kirchen oder der heutigen Superstaaten. Anzeichen der Unerträglichkeit von Leiden wurden stets im Keime erkannt und durch Anhebung der Grenzwerte unbedenklich gemacht. Ein beredtes Beispiel liefert die indische Geschichte: Die Autorität der Veden ist allmächtig und unantastbar bis ca. 500 vor Beginn unserer Zeitrechnung. Bis dahin gelang es durch die Priester der brahmanischen Religion, jegliche Zweifel und Kritik zu unterdrücken. Erstmals jedoch tauchten materialistisch Denker auf, die die heilige Ordnung in Frage stellten und erheblichen Einfluß auf die Bevölkerung nahmen. Die Charvakas((anti-religiöse,materialistische Denkschule) greifen die Religion schlechthin an und folgender Ausspruch mag die deutliche Verneinung bisher gültiger Ethik zeichnen:

"Warum lässest Du, oh Rama, müßge Gebote dein Herz so bedrängen? Sinds doch Gebote, die Dummen und Blöden zu täuschen! Mich jammern die irrenden Menschen, die vermeintliche Pflichten befolgen:

Sie opfern den süßen Genuß, bis ihr unfruchtbar Leben versickert. Vergeblich bringen sie noch den Göttern und Vätern ihr Opfer. Vergeudetes Mahl! Kein Gott und kein Vater nimmt jemals gesegnete Speise. Wenn einer sich mästet, was frommt es den andern?

Dem Brahmanen gespendete Speise, was hilft sie den Vätern? Listige Priester erfanden Gebote und sagen mit eigensüchtigen Sinnen: `Gib deine Habe, tu Buße und bete, laß fahren die irdische Habe!'

Nicht gibt es ein Jenseits, oh Rama, vergeblich ist Hoffen und Glauben; genieße dein Leben allhier, verachte das ärmliche Blendwerk!" (Ramayana, nach N. Durant, 1964, S.459)

Trotz der scharfen Kritik konnte die Antithese der Charkawas sich nicht durchsetzen, was unter Umständen an der mangelnden Vorbereitung des indischen Volkes lag und letztlich wieder einen Umschlag ins spirituelle Bewußtsein bewirkte. Dies mit Sicherheit nicht ohne das psychologische Geschick von Priestern und Magiern.

Ist das Weltbild der Brahmanen ein autoritäres, so zeichnet sich das der Charkawas durch eine radikale antiautoritäre Haltung aus und diese wiederum ist eine Potenz der Antipädagogik, aber auch nur eine, denn die Antipädagogik unterscheidet sich durchaus von der antiautoritären Erziehung, wie im Verlauf dieser Abhandlung noch festgestellt werden kann.

Als weitere antipädagogische Potenz innerhalb der philosophischen Systeme kann wohl, unter Berücksichtigung des am Anfang Gesagten, die Schule der Kyniker bezeichnet werden. Der Begründer soll Anthistenes gewesen sein, und der wohl bekannteste Vertreter, Diogenes von Sinope, ein Schüler des ersten. Um Diogenes ranken sich zahllose Anekdoten, wovon die Erzählung, er habe in einer Tonne oder Hundehütte gelebt (ein Zeichen der absoluten Bedürfnislosigkeit der Kyniker), die bekannteste ist. Weniger bekannt dagegen ist der wesentliche Unterschied zu den herrschenden Philosophenschulen, z.B. des Platonismus oder der aristotelischen Schulen, aber auch der Epikurer und Stoiker.

"Will man die Position der Kyniker begreifen, so ist es wichtig, den Begriffsinhalt der zwei griechischen Wörter `physis' und `nomos' zu verstehen. Sie lassen sich am besten mit NATUR und BRAUCH übersetzen, aber die semantische Entwicklung ist jeweils sehr komplex. Das Wort physis kann die natürliche Form bedeuten, die ein Ding als Ergebnis normalen Wachstums einnimmt; es kann sich auf das Wesen und den Charakter beziehen; es kann benutzt werden, wenn man vom Instinkt eines Tieres spricht, es kann die natürliche Ordnung der Dinge, die normale Ordnung der Natur bedeuten.

Der Begriff `nomos' dagegen bedeutet Gebrauch oder Gesetz, die etablierte Obrigkeit oder System von Bräuchen, die eine Reihe von Sachverhalten bestimmen... Die ionische Physik war daran interessiert, die Ordnung in der Natur wahrzunehmen, die Sophisten, Natur und Gesetz im idealen Menschen zu vereinigen. Plato predigte ein Leben gemäß der Natur, eine Losung, die von den Kynikern selbst übernommen wurde; und Aristoteles widmete sein ganzes Leben der Aufgabe, dem natürlichen Lauf der Dinge eine Ordnung aufzuerlegen. Für uns ist die Feststellung von Bedeutung, daß außer den Kynikern alle griechischen Philosophieschulen versuchten, die beiden Konzepte in Übereinstimmung zu bringen. Nur die Kyniker verwarfen nomos und suchten ein Leben, das allein nach den Geboten der Natur gelebt werden konnte" (D. Ferraro, 1983, S. 37).

Die Haltung ist hier, wenn man so will, eine naturalistische - nicht Ideen-bestimmt - sondern an der Wechselbeziehung der Dinge orientiert. Der Versuch aller Philosophieschulen zielte (und zielt) darauf, die Natur mit den Gesetzen in Einklang zu bringen und den Widerspruch zu eliminieren. Die Kyniker identifizierten sich mit ihrer subjektiven, aber auch mit der objektiven Natur und ließen die Wirklichkeit nicht in Geist und Materie, oder Idee und Natur zerfallen. Sie waren nicht nur antiautoritär, gegen Brauch und Gesetz, sie waren vor allem bedürfnislos und anerkannten keinerlei geltende Sitte: ein Leben in Selbstbestimmung, wie sie konsequenter nicht vorstellbar ist.

Vielleicht ist es hier nun angebracht, ein weiteres Phänomen der Weltgeschichte kurz anzureißen und die Berührungspunkte zur heutigen Antipädagogik aufzuzeigen.

Es geht um die Hominisierung der menschlichen Entwicklung. Der Begriff der Hominisierung geht auf den katholischen Religionshistoriker Otfried Eberz zurück und meint Vermännlichung im Sinne von Männlichkeitswahn. Spätestens seit Bachofens "Mutterrecht" gibt es vereinzelt, in letzter Zeit häufiger, im universitären Bereich die Diskussion um Bachofens Entdeckung einer mutterrechtlich orientierten, vorgeschichtlichen Gesellschaft, dem sog.'Goldenen Zeitalter'. Ein Zeitalter des Matriarchats sei abgelöst von und durch die einzige vollkommen gelungene Revolution des Patriarchats. Mit nicht wiederholbarer Perfektion haben "Männerhäuser" auf der ganzen Welt den "Frauenhäusern" ein blutiges Ende gemacht, haben sie sämtliche Überlieferungen einer glücklichen Zeit vernichtet und, wo nicht möglich, durch geschickte Fälschung zum geistigen Eigentum der "Männlichkeit" gewandelt. Nachvollziehbar wird dies an der Besetzung "heidnischer" Feste und Überlieferungen z.b. durch die Christen, die mit psychologischem Weitblick verstanden haben, die Feste, die das Volk liebte, bestehen zu lassen, sie jedoch sukzessive mit christlichen Inhalten zu füllen (siehe Weihnachten, Ostern, den Paradiesmythos usw.). Diese Vorgehensweise ist jedoch nicht eine christenspezifische, sondern wurde von allen hoministischen Religionen gehandhabt; zu diesen zählen u.a. der Islam, der Hinduismus, Konfuziasnismus, Judentum und viele sektenartige Ableger. Sie haben allesamt ähnliches geleistet, und nur so scharfsinnigen Wissenschaftlern wie Bachofen und Eberz konnte es gelingen, in sehr vorsichtiger Weise Mythen zu entschlüsseln und damit den Blick freizumachen in eine erstaunliche Vergangenheit.

Während Bachofens "Mutterrecht" in letzter Zeit Korrekturen erfahren mußte, steht die These von Otfried Eberz ungetastet da und harrt einer Widerlegung. Der Gnostiker Eberz beweist gedanklich, daß unsere von Kriegen und Machtgelüsten vergewaltigte Welt die zwangsläufige Folge der Herrschaft, des Exzesses zum männlichen Pol hin ist. Nach dieser These handelt es sich um das naturgesetzwidrige Überwiegen des männlichen Prinzips, welches sich im Logos manifestiert und dem das weibliche Prinzip der Sophia gegenübersteht. Auf der einen Seite Rede, Sprache, Gedanke und Begriff und demgegenüber die schöpferische Weisheit, die "die ganze Natur in ihrem Herzen trägt". Die Schwäche der Eberz'schen These "Sophia und Logos" liegt meines Erachtens in der Festlegung des weiblichen Prinzips als des Bestimmenden, was sicher der Sache der Aufklärung dienlich ist, jedoch letztlich wahrscheinlich nicht haltbar, da beim Zuendedenken auch der Akt der Bestimmung männlich ist und "natürlich" nur Wechselbeziehungen die Weltgeschehen ausmachen.

Interessant ist bei den Arbeiten von Eberz und Bachofen das Herausarbeiten der Strukturen in Gesellschaften, bei denen "Weisheit" ein führendes Prinzip ist, besonders, wenn wir eine Beziehung herstellen zu Ausssagen von Ethnologen wie Sigrist. Die mehr philosophischen Aussagen der ersteren erfahren sozusagen materielle Unterstützung durch die Arbeit des Spezialisten Sigrist, der in seiner Abhandlung "Regulierte Anarchie" am Beispiel afrikanischer Volksgruppen aufzeigt, daß es bis in unsere Zeit hinein andere und funktionierende Menschenverbände gibt, die ihre Regeln nicht per Gesetz aufgezwungen erhalten, sondern aus "natürlichen" Wurzeln das Chaos regulieren.

Was bei dem "Zivilisierten" nicht vorstellbar, ist bei Gewohnheitsgesellschaften selbstverständlich. Die Rechtsgesellschaft, die das Zusammenleben der Menschen per Gesetz regelt, ist eine späte Form, vor der freiheitlich-egalitäre Gesellschaften funktionierten. Uwe Wessel schreibt dazu:

"...Gewohnheit, die alte egalitäre Ordnung ist statisch, eher friedlich, selbstregulierend, konsensual auf Einigung gerichtet, nicht nur auf die Einigung zweier Parteien, sondern auf den kollektiven Konsens aller, Gemeinschaftlichkeit. Die Einigung wird, wenn es Konflikte gibt, durch das Gespräch erreicht, das so lange geführt wird, bis alle überzeugt sind. Auch hier gibt es Gewalt, physische Gewalt. Aber sie ist individuell, ungeordnet, wild und wird von innen heraus durch die Ordnung des Gesprächs und gemeinschaftlichen Konsenses überwunden. Es ist die Ordnung der Jäger und segmentären Gesellschaften, sich selbst regulierende Anarchie. Recht dagegen ist die Überlagerung, Absorption und Zerstörung von Gewohnheit durch zentrale Herrschaft, die es zunehmend und bewußt als Instrumentarium von außen einsetzt, ist steuerbar, verfügbar und verbunden mit physischer Sanktion, also apparative Gewalt, während Gewohnheit das kollektive Gespräch war. Gleichzeitig ist das Recht individualisierend, weil herrschaftliche Gewalt sich zuerst gegen Einzelne richtet. Seine Verfügbarkeit bedeutet, daß es stärker auf Veränderung, auf Geschichte zielt. Die Geschichte der Entstehung von Recht ist also auch die Entstehung der Herrschaft als zwangsausübende Macht. Sie ist die Geschichte der Kephalität, der Entstehung von Ungleichheit und der Zerstörung einer egalitären und freiheitlichen Ordnung." (Alemantschen, Band 3 - Hervorhebungen durch den Verfasser)

So unterstützen sich die Thesen und Beweise verschiedenster Disziplinen mit Blick auf die Vergangenheit. Philosophen, Soziologen und Ethnologen kommen zu dem Schluß, daß die wohl bestimmende Entwicklung für den heutigen Zustand, und damit auch den der Pädagogik, und in ihrer Antithese, der Antipädagogik, das Verlassen der egalitären Strukturen in den jeweiligen Volksgruppen oder Sippen ist. Die Überbewertung des Speziellen, des Individuellen und in logischer Folge des Menschen und auf der anderen Seite die Vernachlässigung des Allgemeinen, des Universellen und der Natur haben das Heute ermöglicht, von dem Pädagogik ein Ausfluß ist. So wird Antipädagogik ein Phänomen des Leidensdruckes durch Atomisierung und Herrschaft.

Ich habe zu Beginn die Erscheinung, das Phänomen, vom Begriff getrennt und erläutert, daß die Definition enger und weiter gefaßt werden kann. Die Beschreibung der antipädagogischen Erscheinung gehört in diesem Verständnis zur weiteren, mehr allgemeinen Fassung des Problemkreises. Zur Erscheinung der Antipädagogik gehört aber der Begriff unmittelbar dazu, und die Prägung z.B. durch E. v. Braunmühl ist so etwas wie der krönende Abschluß eines jahrtausendealten Prozesses, der erst heute seine Nennung erfährt. Die Erfahrung hat zu begrifflicher Fassung geführt und so, wie bei allen menschlichen Erkenntnisprozessen, waren auch hier Fehler und Irrläufer die Begleiterscheinung.

Nicht zuletzt waren m.E. die Reform-, Land-, und Freien Schulen zu Beginn des 20. Jahrhunderts und auch die neueren Befreiungsbestrebungen im Schulbereich wie die Waldorf-, Montessori-, Freinet-, Holt-, Goodman- oder Neill-Pädagogik u.a. nichts anderes als Experimentierfelder der Anthropologie, die letztlich allesamt notwendig waren, um zu den Einsichten der heutigen Antipädagogik zu führen. Sie bilden das Spektrum des Finales vor der begrifflichen Klärung des Widerstandes auf einem ganz bestimmten Gebiet menschlichen Lebens. Schließlich handelt es sich bei Anti-Pädagogik um Ablehnung, Verneinung von Pädagogik, und es braucht oft erstaunlich lange, bis mensch z.B. weiß, was er nicht will. Dieses Herausfinden, was ein Mensch nicht will, ist heute ein langer, schwieriger Prozeß geworden und setzt voraus, daß die "wilden", ursprünglichen Erlebsweisen verschüttet und verändert wurden. jede Selbstfindung ist ja eine "Reise in die Vergangenheit", zu der auch die Vergangenheit der Menschheit gehört. Erst während dieser "Reise" wird bewußt, was der konkrete Mensch eigentlich ist, was seine tatsächlichen Bedürfnisse waren und welche davon nicht erfüllt, bzw. befriedigt werden konnten. Spät wird so entdeckt, wie es kommt, daß der Mensch, wie er geworden, mit all seinen Verklemmungen, Neurosen und Verbiegungen das Produkt von Mangel und Überfluß ist. Jedoch sind beide ihm in der Regel aufgezwungen worden. Nicht konnte er leben, wie seine tatsächlichen Bedürfnisse, seine ihm eigenen Notwendigkeiten es erforderten, sondern künstliche Notwendigkeiten in Form von Gesetzen oder Menschenbildern wurden ihm von Führern aufgezwungen. Erst bei der Bewußtwerdung des Mangels oder auch des Überflusses im Individuum gibt es dann für dieses unter Umständen die Möglichkeit der Selbsterkenntnis, die im besten Falle nie eine endgültige ist.

Wenn nun die oben angeführten Vorfahren der Antipädagogik unter diesem Gesichtspunkt angeschaut werden, werden ganz verschiedene Details des Selbsterkenntnisweges des Menschen sichtbar. Daß Menschen in bestimmten Entwicklungsphasen ein Bedürfnis nach Metaphern haben, daß Spielen auch Lernen ist, und zwar ein sehr ernst zu nehmendes, daß die natürliche Fähigkeit der sinnlichen Wahrnehmung eine zu erhaltende ist, waren Grunderkenntnisse der Waldorfpädagogik. Die Montessori-Pädagogik entdeckte zuvörderst, daß Kinder die "Selbsterziehung" aus eigener Kraft vollziehen und nur die unmittelbare Umgebung entsprechend (nach Meinung der Lehrer) gestaltet sein muß. Freinet stellt der zeitgenössischen Pädagogik, die er als sinnentleert kennzeichnet, das sinnvolle Tun und Lernen, unter Aufhebung von Kopf- und Handarbeit, durch den direkten Einbezug der Arbeitswelt, entgegen. John Holt und, in seinem Gefolge, die meisten Alternativschulen in Amerika, entdecken die naturgesetzliche Eigenschaft des Menschen, und speziell der Kinder, dann am besten zu lernen, wenn eindeutig ein Erfahrungsbedürfnis besteht und dieses dann zugelasssen wird. So ließe sich die Reihe der Entdeckungen, der Aufdeckungen von natürlichen Trieben und Instinkten in den verschiedensten Pädagogikmodellen fortführen über parallel laufende im Bereich der Psychoanalyse, für die Namen wie Reich, Rogers u.a. stehen. Allen eine entsprechende Würdigung zukommen zu lassen, ist nicht in der Absicht dieses Aufsatzes, doch möchte ich zum Schluß noch kurz auf diejenigen eingehen, deren Namen mit dem Begriff der Antipädagogik untrennbar verbunden sind. 1975 erschien das Buch des "Begreifer" - "Antipädagogik - Studien zur Abschaffung der Erziehung" von E. v. Braunmühl und später das zusammen mit Ostermeyer und Kupfer herausgegebene Werk "Die Gleichberechtigung des Kindes - Programm zur Beendigung des Erziehungskrieges" (1976); Alice Miller verfaßte "Das Drama des begabten Kindes" (1980) und darauf folgend "Am Anfang war Erziehung". Der Pädagoge Prof. Wolfgang Hinte klinkte sich in den Reigen der Antithetiker durch die "Non-direktive Pädagogik" ein. Der an Carl R. Rogers anknüpfende Hubertus von Schönebeck gründete seinen Förderkreis "Freundschaft mit Kindern", und der Kulturphilosoph Bertrand Stern kämpft noch heute als einsamer Wolf und Anarchist mit Vorträgen und Aufsätzen sowie durch Installation einer "ökologischen Bildungsstätte" für die Rechte der Kinder. Auch die Indianerkommune Nürnberg oder der Scheibenwerfer Karlo Heppner halten für die

Grundzüge der Antipädagogik her. Es sind zu viele, um sie alle aufzuzählen, doch sollte erwähnt sein, was die Angeführten und die Vergessenen eint: kritische Distanz zum Staat und seinen Institutionen, teilweise vernichtende Kritik an der Pädagogik und andererseits ein besonderes sublimes Verständnis von und Verhältnis zu dem Wesen Mensch und seinem Eingebundensein in die Ökologie.

Gemeinsam ist ihnen auch, daß sie deutlich Nein sagen, Stellung beziehen in Fragen, die bis dahin nicht angerührt wurden, daß sie erstmals Erziehung schlechthin thematisierten, und zwar von sehr verschiedenen Standpunkten aus. Seither ist einiges in Bewegung geraten in der päda- und demagogischen Arbeit hierzulande, Selbstverständlichkeiten sind zusammengebrochen, Prozesse und politische Aktionen, wie z.B. der "Kinder-Doppelbeschluß" durchgeführt worden. Was schon Mauthner 1910 unübertrefflich in seinem "Wörterbuch der Philosophie" zur Definition von `Schule' sagt, wurde von den zuletzt genannten endlich an die Öffentlichkeit gebracht und wird hoffentlich nicht mehr zum Schweigen kommen:

"...Alle Reformatoren der Pädagogik glaubten, die Kinder lieb zu haben; aber alle waren sie ruchlose Weltverbesserer, ruchlose Optimisten, welche die Kinder irgend einer Zucht unterwarfen, die Schule zum Zuchthaus machten, um der Zukunft willen, um einer Utopie willen, um der Kinder Land nach ihrer eigenen Phantasie zu gestalten. Ob vaterlandslos oder kosmopolitisch wie Pestalozzi, ob vaterländisch wie Fichte, ob kirchlich wie die Jesuiten und die Pietisten, ob antikirchlich wie die Prediger der freien Gemeinden, alle dies Kinderfreunde wurden zu Kindermördern, so edle Menschen sie waren,, weil sie Weltverbesserer waren, weil ihnen der Kinder zukünftiges Land wertvoller dünkte, als des Kindes gegenwärtiges Glück. Auch der Staat hatte keine böse Absicht dabei, da er die Schule, auf die er so stolz ist, so einrichtete, daß sie dem alten Moloch ähnlicher geworden ist als einem Kindergarten. Ob die Kinder für einen unbekannten Gott verbrannt werden oder ob sie für eine unbekannte Zukunft sieben bis siebzehn Jahre gemartert werden, es ist die gleiche Verirrung..."

Wieviel Leidensdruck ist nötig, um das Leid zu verbalisieren und endlich `Nein' zu sagen?

Ein neues Menschenbild?

Den notorischen Neinsager könnte "man" auch als Destrukteur bezeichnen, und es ist mit Recht zu fragen, was denn antipädagogisch eingestellte Menschen als Alternative zu bieten haben. Nun sehe ich bereits den antipädagogischen Zeigefinger des Bertrand Stern zum Begriff der Alternative: "Etymologisch (lt. alter = der Andere) bezeichnet `alternativ' die Wahl zwischen zwei Möglichkeiten, ein Entweder-Oder". Bertrand Sterns These, daß Alternativen zur herrschenden Pädagogik nicht möglich seien, geht davon aus, daß die andere Möglichkeit eben eine andere Pädagogik wäre. Er vergißt dabei, daß die andere Möglichkeit aber auch eine nicht pädagogische sein kann. Allerdings ist die nichtpädagogische keine Lösung, aber sie ist eine echte Möglichkeit, eine Möglichkeit radikal, an die Wurzeln gehend, anders zu sein.

Daß alle Päda- und Demagogikmodelle ein Menschenbild haben, welches sie hypostasieren zu einer Gottgestalt, der die dieser gemäßen Kulte und Symbole eingerichtet haben,

haben Autoren wie Eberz, v. Braunmühl, Kupffer, Miller und viele andere zur Genüge beschrieben. Dieses jeweils neue Menschenbild wurde erschaffen von Schöpfern, von VÄTERN, von Kapitalisten und Kommunisten. Ja, alle verstiegen sich dazu, den Neuen Menschen zu schaffen. Diese ideellen MENSCHEN wurden die Götter ganzer Kulturkreise und bekamen nach ihrer Erschaffung ein Eigenleben. Menschenmassen verfielen dem "Opium fürs Volk", bekriegten sich und/oder löschten sich gegenseitig aus, um ihrem Gott das Leben zu erhalten. Diese Götter sich so tatsächlich, so wirklich, wie jeder Wahn für den, der ihm anheimfällt. Sie haben eine Jugend und eine Alterszeit, in der sie einerseits mächtig impulsierend, doch im späteren Stadium destruktiv und ertötend wirken. Sie haben diesen Fortschritt, über den wir heute streiten, ob er denn nun gut oder schlecht sei, ermöglicht und uns damit die Kultur geschaffen, auf die wir stolz oder traurig sind. Doch bei allem merkt der größere Teil der Menschen sehr spät, zu spät, daß sie es selber sind, die die Götter erst geschaffen haben.

Wenn nun aus Antipädagogik nur ein neuer Anti-Zeus oder Anti-Christ, oder anders ausgesagt: wenn bei der einfachen Verneinung stehen geblieben wird, ist zwar der notwendige Schritt zum "So nicht!" getan, aber ein anderer Ansatz nicht in Sicht. Es kann ja nicht darum gehen, der Welt einen neuen Gott zu bescheren, wenn festgestellt wurde, daß die Götter bzw. die sie erzeugenden Menschen des Übels Wurzel sind. Ideen und/oder Götter sind erdacht und in ihrer Totalität mit Schuld für die Verirrungen der letzten 6000 Jahre (siehe O. Eberz, 1976).

Es ist der Absolutheitsanspruch von Theorien und Thesen, die Ausschließlichkeit anderer Wege und deren Über- oder Unterbewertung, die zur unversöhnlichen Haltung zwischen Individuen und Gruppen führt. Es müßte doch eine Koexistenz einer Vielfalt von Versuchen, Weltanschauungen reflektiert zu leben ohne Anspruch auf Übernahme durch andere denkbar und lebbar sein. offen, von jedem Individuum auf seine Brauchbarkeit für es selbst geprüft und ggfs. verwertet zu werden.

Dem Menschenbild gegenüber stünde dann eben nicht ein neues Menschenbild, sondern das Erleben, Erfahren von Natur und Welt. Dem Realisieren von Ideen und Göttern stünde das Ausleben der natürlichen triebe und Instinkte gegenüber, aber auch nicht mit dem oben kritisierten Ausschließlichkeitsanspruch, sondern jeweils bezogen auf die jeweilige Wirklichkeit oder Ideenwelt, in der mensch lebt. Die seit Jahrtausenden vergewaltigte Natur durch die Herrengötter erführe die dringend notwendige Revision und Rehabilitation, die längst überfällig ist. Rousseaus Forderung "Zurück zur Natur" erhält so eine andere Qualität und wird vom Makel des `zurück' befreit, weil die Besinnung auf die Herkunft des Menschen und entsprechende Würdigung durchaus zur rettenden Einsicht werden kann. Statt den Menschen in die Mitte der Betrachtungsweise zu stellen, geht es darum, in zu relativieren, und die Natur zu erhöhen. Ein Naturbild also, in dem der Mensch einen Platz hat, in der er aber nicht Beherrscher und Sieger ist, sondern Partner.

Beim pädagogischen Menschenbild verliert die Natur ihren eigentlichen Wert und wird auszubeutendes Objekt. Letzteres haben ja die Pädagogikmodelle Christentum und Kommunismus in genialer Weise ausgearbeitet.

Die aktuelle Ökologiebewegung, entstanden durch die Sensibilisierung vieler Menschen für die Gefahren durch Umwelt oder Naturausbeutung, hat demgegenüber die Wechselwirkung ökologischer Systeme aufgezeigt und damit den Weg eröffnet für die wissenschaftliche Begründung der Notwendigkeit, den Anthropozentrismus zu überwinden. Jean Liedhoff schreibt dazu im 2. Kapitel ihres Buches "Auf der Suche nach dem verlorenen Glück" (1980):

"Etwa zwei Millionen Jahre hindurch war der Mensch - obwohl die gleiche Art Tier wie wir es sind - ein Erfolg. Er war vom Affendasein zum Menschen evoluiert als Sammeljäger mit einem wohlangepaßten Lebensstil, der ihm, wäre er beibehalten worden sicher noch viele Millionen Jubiläen beschert hätte. So wie es heute steht, sind sich jedoch die meisten Ökologen einig, daß seine Chancen, auch nur noch ein Jahrhundert zu überleben, mit den Ereignissen jedes Tages immer geringer werden. In den wenigen kurzen Jahrhunderten jedoch, seit er von der Lebensweise abgewichen ist, an die ihn die Evolution angepaßt hatte, hat er nicht nur die natürliche Ordnung des gesamten Planeten verwüstet, sondern er hat es auch fertiggebracht, das hochentwickelte sichere Gespür in Mißkredit zu bringen, das sein Verhalten endlose Zeiten hindurch leitete. Viel davon wurde erst kürzlich untergraben, als die letzten Schlupfwinkel unserer instinktiven Fähigkeiten ausgehoben und dem verständnislosen Blick der Wissenschaft preisgegeben wurden. Immer häufiger wird unser angeborenes Gefühl dafür, was am besten für uns ist, durch Mißtrauen abgeblockt, während der Intellekt, der nie viel über unsere wahren Bedürfnisse wußte, beschließt, was zu tun ist..."

und

"Jedes Kontinuum (Erfahrungserfolge, welche vereinbar sind mit den Erwartungen und Bestrebungen der Gattung Mensch in seiner Umgebung) hat seine eigenen Erwartungen und Neigungen, die auf langwährende, formgebende Vorgeschichte zurückzuführen sind. Selbst das Kontinuum, das alles Leben einschließt, erwartet aus der Erfahrung das Vorkommen bestimmter angemessener Faktoren aus der unorganischen Umgebung."

Die angemessenen Faktoren aber sind die sich ausgleichenden, gegenseitig beeinflussenden organischen und anorganischen Systeme. Die Abhängigkeit des Menschen von allen anderen Faktoren ist eindeutig und verweist die Mär vom Herren der Welt in vorwissenschaftliche Zeiten.

Das Bild von der Natur ist allgemeiner und auch hier muß die Wechselwirkung stattfinden vom allgemeinen Prinzip Natur zum speziellen Mensch. Nun ist der Weg aller Erkenntnis der vom Allgemeinen zum Speziellen und zurück. Ein Stehenbleiben bei einer Qualität bedeutet jedoch Entwicklungsstillstand. Das Prinzip Mensch im speziellen ist mit allen heute möglichen Instrumentarien erkundet, und es ist wichtig, den Gesamtzusammenhang `Natur' wieder zu erfassen, um nicht Gefahr zu laufen, "vor lauter Bäumen den Wald nicht mehr zu sehen". Nicht ein Plädoyer für den Wohnungswechsel vom Haus auf die Bäume wird hier gehalten, sondern die natürlichen Tatsachen anzuerkennen in unserer so fortschrittlichen Welt, fort vom Ursprung, von der bio- und zoologischen Herkunft des Menschen wird gefordert. Diese Anerkennung sollte auf gar keinen Fall halbherzig erfolgen, auch nicht auf die Gefahr hin, zum Naturschwärmer zu entgleisen, den gedanklichen und gefühlsmäßigen Weg zurück müßten wir schon konsequent zu Ende gehen, um in der jetzigen Zeit einer Entwicklung etwas entgegensetzen zu können, die nicht die unsere ist. Hier gehört der Einwand hin, daß alle Entwicklung, deren Ursache durch menschliche Taten erklärbar ist, auch unsere ist. Dennoch wird es Distanzierung und Widerstand geben, da wo etwas im Sinne des "Menschlichen" in Gang gesetzt wird, von dem ich weiß, daß es in eine Sackgasse führt. Die Geschichte ist voll der Beispiele, wo Menschen Katastrophen klar vorhergesehen und gewarnt haben. Augenblicklich sind die Kassandrarufe unüberhörbar, die vor der kommenden Technokratie warnen, und die Bewegung zum Land, zur Natur unübersehbar. Gab es vor Jahren die Flucht vom Lande in die Stadt, so hat heute der umgekehrte Boom begonnen. Dieses Phänomen wiederholt sich offenbar in Zyklen. Es ist heute wie gestern eine Gefahr, daß die Rückbesinnung auf die eigene Herkunft, die `philosophia naturalis', zu einer gefährlichen Sackgasse wird. So dringend notwendig es immer wieder ist, die Naturphilosophie der Technologie entgegenzusetzen, sie regelrecht zu neuer Blüte gelangen zu lassen, weil die Naturwissenschaft ständig neue Zusammenhänge und Gesetzmäßigkeiten entdeckt, so lauert andererseits die nicht zu unterschätzende Gefahr der Vereinnahmung solcher philosophischer Strömungen, die ja auch nie einheitlich sind, in totalitäre Systeme. Sehr eindrucksvoll geschah dies zuletzt durch den Faschismus, der es mit gekonnter Demagogie fertig brachte, verschiedenste Bedürfnisse zu bündeln und für den eigenen Zweck zu nutzen. Das Spektrum menschlicher Bedürfnisse als da sind Gesundheit, Spiritualität, Gemeinschaftsleben, Sicherheit und Ordnung usw. führte letztlich zum unmenschlichsten politischen System in Europa. Die Spezialisierung auf Teilbereiche des Lebens (Gesundheit, Spiritualität usw.) birgt in sich, daß der Beobachter nicht mehr über sein spezialgebiet hinaussieht und daher leicht zum Statthalter eines politischen Systems wird, dem er bei Kenntnis der übergeordneten Zusammenhänge den Dienst verweigerte. Zu dem angerissenen Problem hat Heinrich Kupffer in seinem Buch "Der Faschismus und das Menschenbild der deutschen Pädagogik" (1984) Entscheidenes ausgesagt. Zu den auch heute wieder auftauchenden "Bewegungen" (nichts anderes als menschliche Bedürfnisse) schreibt er:

"Wie in der Epoche von dem Dritten Reich sehen wir auch heute wieder eine Vielfalt von "Bewegungen": nach der Studentenbewegung die Friedensbewegung, die ökologische Bewegung u.a.m.. Sie alle zeigen, wie damals, die Ambivalenz von Bewegungen überhaupt. Einerseits wirken sie ungemein belebend: erfassen sie doch, daß die Parteien immer unbeweglicher werden, in der Mitte des politischen Spektrums zusammenrücken, wesentliche Fragen, die für die Bevölkerung interessant sind, gar nicht oder zu spät zu merken. Zugleich zeigen sie jedoch die fragwürdigen Seiten jeder Bewegung. Indem chronisch eine auf einige ausgewählte Angriffspunkte konzentrierte Protesthaltung angenommen wird, kommt es in der politischen Willensbildung zu einer "Reduktion von Komplexität". Wieder wird der Versuch gemacht, Gesinnung und Aktivität zur Deckung zu bringen. Das zwingt zu selektiver Wahrnehmung der Wirklichkeit und zur Stabilisierung einzelner Teilprobleme. Politisches Handeln schrumpft auf die Vollstreckung von Plebisziten und ökologischen oder militärischen Belangen. Bewegungen sind Kennzeichen der modernen

Industriegesellschaften. Sie greifen Bedrohungen auf, die in der professionellen politischen Routine übersehen und ignoriert werden. Indem sie sich direkt für deren Bewältigung engagieren, glauben sie sich "unmittelbar zur Wahrheit", übersehen oder ignorieren aber ihrerseits auch alle anderen Probleme, die nicht wahrheitsfähig sind, sondern nur durch Kompromisse und Verhandlungen provisorisch gelöst werden."

Auch hier wieder das Hypostasieren(Personifizieren von göttlichen Eigenschaften zu einem eigenständigen göttlichen Wesen) von Ideen zu Göttern (sich im Besitz der "Wahrheit" dünkend) mit einer Jugendzeit, in der sie ungemein belebend wirken, aber auch mit einer Alterszeit, wo die Sklerotisierung typisches Merkmal wird. So wird die "Friedensbewegung" z.B. verzweifelt am Leben erhalten, obwohl sie längst das Greisenalter erreicht hat und ohne Inhalt dahinvegetiert. spätestens da, wo "Bewegungen" institutionalisiert werden, müßten sie sich auflösen und ihre Bestandteile Neuorientierung suchen. Aber es scheint menschliche Tragik, vielleicht auch natürliche, einen Weg in die Spezialisierung nicht mehr verlassen zu können und notwendigerweise, wie es die Biologie aufzeigt, darin zu verenden.

Auf die Frage nach einem neuen Menschen- oder auch Naturbild (Weltbild) gibt es von mir keine ausreichende Antwort, außer der, daß wir uns hüten mögen, ein solches zu installieren, daß wir nie aufhören, Bilder zu zeichnen, also im permanenten Prozeß bleiben, der keinen Anfang und kein Ende hat: nach einer "Reise in die Vergangenheit" auch umgehend wieder in die Gegenwart zurückkehren oder nach einem Flug nach Utopia den Schnittpunkt von Vergangenheit und Zukunft wieder aufzusuchen. Der Schwerpunkt liegt im Heute und in den konkreten gesellschaftlichen Zusammenhängen, in denen der einzelne Mensch jeweils steckt, und nur da kann er sachbezogen nach Lösungen suchen, ohne auf die Erholungsausflüge in die geistigen Höhen und/oder Tiefen verzichten zu müssen.

Permanente `Bildgestaltung' wäre meine Alternative zum "Neuen Menschenbild"!

KINDERRECHTSBEWEGUNG und ihre ANARCHISTISCHE TENDENZ

Im Zuge des "antipädagogischen Freiheitskampfes" entwickelte sich die Forderung nach dem gleichen Recht für Kinder und - im Gegensatz zu anderen - ist sie noch eine junge Bewegung, ein neuzeitlich aufbrechendes, lange zugeschüttetes Bedürfnis vom Menschen. Die Kinderrechtsbewegung gründet auf dem menschlichen Bedürfnis nach Würde und deren Unantastbarkeit.

"Die Würde des Menschen ist unantastbar" macht zunächst noch keinen Unterschied nach jung und alt. Erst in der Gesetzesausführung werden individuelle Unterschiede gemacht, entsprechend dem Normverständnis der herrschenden Klasse, die kranke, nicht normale und zu junge Bürger vom Entscheidungsprozeß im Staate ausschließt. Die Kinderrechtler fordern speziell für die "zu jungen Bürger" den Wegfall aller Einschränkungen der Selbstbestimmung; das "elterliche Züchtigungsrecht" abzuschaffen, die Wahl der Bildungsangebote selbst zu treffen und überhaupt ihr Wahlrecht anzuerkennen. Der Begriff der

Selbstbestimmung beinhaltet aber auch freie Wahl des Wohnortes, einer Arbeitsstelle oder die altersungebundene sexuelle Betätigung.

Daß die Würde des Menschen unantastbar sei, war in den frühen Gesellschaften, von denen im ersten Abschnitt dieses Aufsatzes die Rede war, selbstverständlich, und zwar ohne Altersbegrenzung, wie noch jüngste Zeugnisse, z.B. von den Chiquitanos, einem Volk aus dem Tiefland Boliviens, berichten. Der Fernsehfilm von Gordian Troeller "Kinder der Welt" beschreibt:

"Bei den Chiquitanos gibt es keine Erziehung, also keine Bevormundung des Kindes. Diese Indianer kennen keine Hierarchie, keine Rangunterschiede und keinen Machtanspruch, auch nicht den der Eltern über ihre Kinder. Kinder werden wie Erwachsene respektiert. Ihre Entfaltung verdanken sie diesem Respekt für ihre Gefühle und Bedürfnisse ... und ... Daß die Ayoreo keine getrennte Welt der Kinder kennen, beweist die allnächtliche Versammlung, die seit jeher der Festigung ihrer Gemeinschaft dient. Hier werden alle Konflikte des Tages aus der Welt geräumt - auch die intimsten. Und da werden die Kinder nicht ins Bett geschickt wie bei uns. - Warum eigentlich tun wir das? Weil die Erwachsenen den Kindern die Wahrheit verschweigen müssen - steht sie doch im Widerspruch zu ihren erzieherischen Ansprüchen. Wir würden unser Gesicht verlieren, unsere Macht, die auf Verschleierung basiert... und ... Aus dieser machtpolitischen Perspektive gesehen, umfaßt der Kindheitsbegriff alle Bürger. Wir werden alle wie Kinder behandelt, manipuliert - und dabei getäuscht, denn man läßt uns die Illusion, erwachsen zu sein: wir dürfen wählen und unsere Kinder quälen."

Die Kinderrechtsbewegung fordert in einer Rechtsgesellschaft wie unserer institutionalen Demokratie etwas, was in Gewohnheitsgesellschaften offensichtlich selbstverständlich, aus der egalitären Grundstruktur notwendig folgt.

So richtig und notwendig der kinderspezifische Ansatz auch ist, so wichtig wäre es, die Forderungen nicht in dem Teilbereich des gesellschaftlichen Lebens enden zu lassen, sondern Verbindungen herzustellen zu anderen Unterprivilegierten, anderen Entrechteten wie Behinderte, Psychiatrisierte u.a. Letztlich kommen die Kinderrechtler nicht daran vorbei, den Staat an sich, die Herrschaft, in Frage zu stellen, bzw. die Forderung nach Abbau des Staates zu erheben, ansonsten werden ihre Energien verpuffen. Wie bei den vielen anderen Bewegungen wird sehr schnell erkennbar, daß die Kämpfe in den Teilbereichen vom Staat absorbiert werden, bzw. Scheinkämpfe (siehe Parlamentarismus *) aufgeführt werden, die den Bürger glauben machen, daß VATER STAAT alles zu seinem Besten regelt.

Die Würde des Menschen kann per Gesetz nicht festgeschrieben werden, und es ist im Grunde bei den Forderungen nach mehr Recht (welches analog auch mehr Unrecht schafft) viel zu kurz gegriffen. Andererseits kann sie (die Forderung) auf einer bestimmten Stufe des Befreiungskampfes der einzige derzeit mögliche Kompromiß sein, und insofern unterstützenswert. Es sollte nur klar sein, daß Forderungen um Gesetzesrahmen die kephale Gesellschaftsstruktur zementieren, es sei denn, die Ansprüche steigern sich über Kinderrechte - Menschenrechte hinaus zur Zerschlagung von Recht und Norm zum Zustand der Gesetzlosigkeit, an deren Stelle die freie Vereinbarung, die Kooperation, die Dezentralisierung tritt.

Die anarchistische Tendenz in der Kinderrechtsbewegung ist klar erkennbar, aber ebenso klar gibt es andere Tendenzen, die, wenn sie nicht gestoppt werden, das Gegenteil von dem bewirken, was Anarchisten wollen können. Die Kinderrechtsbewegung muß sich zu einer Menschenrechtsbewegung mausern, mit dem Ziel, das Recht abzuschaffen. Schließlich ist Recht ein Instrumentarium von Herrschaft und Macht mit der immatenten Tendenz, sich immer mehr auszuweiten und zu vervielfältigen. Mit Hilfe des Rechtes wird der Mensch immer mehr aus der Eigenverantwortlichkeit entlassen, in die fürsorglichen Hände der Machthaber gedrängt und in ständig sich vergrößernde Abhängigkeit getrieben. Dies kann nicht im Sinne freiheitlich denkender Menschen sein. Ihr Anliegen müßte sein, das "Unmögliche" zu fordern, und das ist gerade gut genug. Aktionen und Diskussionsansätze können den Unsinn von Recht schlechthin verdeutlichen. Ob das nun im spezifisch kinderrechtlichen Rahmen oder allgemeiner geschieht, ist dann nicht mehr von Bedeutung. Dazu zählen z.B. die Aktivitäten der Stadtindianer, die Steinwurfaktion des Karlo Heppner, die ja die Relativität von Werten bloßlegte (Karlo hatte eine `wertvolle' Scheibe zerdeppert, um auf das schreiende Unrecht gegen Kinder aufmerksam zu machen), wie auch die Thesen der anfangs aufgezählten Antipädagogen. Es könnte so gelingen, das Recht an sich ad absurdum zu führen, was gar nicht so unrealistisch ist, wie es zunächst scheint, und was deutlich wird an der Möglichkeit der Rechtsbiegung, wie sie in der Frage der Gewaltanwendung oder Erpressung gegenüber dem Staat praktiziert wurde. (Noch vor einigen Jahren war der passive Widerstand des Straßenbahnblockierers als `gewaltlos' eingestuft, während das gleiche Vorgehen heute als Gewalt gegen den Staat ausgelegt wird.) Gewalt ist, was der Herrscher, der Staat darunter versteht; so wird die ehemals klar definierte Gewaltlosigkeit zur eindeutigen Gewalt. So sollte es auch der Entfesselungsbewegung gelingen, in speziellen Fällen, sprich Prozessen, z.B. das "allgemeine Wahlrecht" tatsächlich zu verlangen, was in Hinsicht auf die "Minderjährigen" heißt, ihnen ohne Altersbegrenzung den Gang an die Urne zu ermöglichen. In diesem Falle wäre das "allgemeine Wahlrecht" das, was das Volk darunter versteht, und nicht ein Recht im Verständnis der "Besserwisser".

Auch im Bereich der Sprache gibt es in diesem Zusammenhang einiges aufzudecken. Es gibt die Sprache, die Begrifflichkeit, die uns anerzogen wurde, aber oftmals das genaue Gegenteil dessen sagt, was wirklich ist. Die Sprache wird diszipliniert (von den Herrschenden!), um zu verdecken, was unsauber, unmoralisch ist und auch umgekehrt, was gut ist, zu verleumden - entsprechend der Doktrin von oben: so wird z.B. der Müllplatz zum Entsorgungspark oder die Hägse (Hagweiblein, weise Kräuterfrau) zur bösen Hexe. Der Staat nennt sehr wohl den verkauften Liebesakt Prostitution (was in unserem Kulturkreis nicht gerade eine Auszeichnung ist), die Vermarktung von Arbeitskraft jedoch und Seelenhandel (Arbeitsmarkt und Politik) sind beides durchaus geschätzte Lebensgebiete, dabei handelt es sich in allen Fällen schlicht um dasselbe, nämlich Prostitution, um Herabwürdigung, um öffentliche Preisgabe des einzelnen Menschen, der mehr ist als Geschlecht, Arbeitskraft oder Emotionswesen.

Sozialisierungsanstalten wie "Kindergärten" sind in doppelter Hinsicht ein Lügenkonstrukt. Zum einen werden im Begriff die jungen Menschen zu Kindern verniedlicht und dann werden aus oft eher Krankenhäusern gleichenden Konstruktionen auch noch Gärten gemacht. Abschiebeknäste für Behinderte heißen Rehabilitationszentren usw. usf.. Es gibt nicht nur die Rechts- sondern korrelativ dazu auch die Sprachbeugung, und es ist müßig zu fragen, was des einen oder anderen Bedingung sei.

Da, wo die Kinderrechtsbewegung Rechte verankern und erhalten will, ist sie staatskonform und -erhaltend. Nur wo sie den Schritt weiter geht, zur Destruktion, hat sie ihre anarchistische Tendenz, ist sie tatsächlich antipädagogisch. Mit Oenomaos zu sprechen: "die Gesetze mit Füßen treten" oder Goethe sagen zu lassen: "Die Natur bekümmert sich nicht um irgend einen Irrtum; sie selbst kann nicht anders als ewig recht zu handeln, unbekümmert, was daraus erfolgen möge." Gesetze sind dazu da, relativiert zu werden, und zwar immer wieder neu, entsprechend dem jeweiligen Bewußtseinsstandard.

So versteht sich dieser Beitrag als Denkansatz zur Überwindung der Untertanenmentalität und Überschreitung legitimer Denkräume auch in den Reihen der Kinderrechtler.

FREIHEIT, GLEICHHEIT, MENSCHLICHKEIT für alle MENSCHEN?

Daß es Scheinbegriffe gibt, wissen wir spätestens seit Fritz Mauthners Sprachkritik, und daß diese nicht viel mit der Wirklichkeit gemein haben, auch. alle drei oben angeführten Begriffe sind solche Scheinbegriffe und daher als Wirklichkeit nicht anzutreffen; sie sind grundsätzlich imaginär und utopisch. Nirgendwo gibt es die Freiheit an sich, es gibt nur Bedingtheit, Notwendigkeit oder Befreiung davon.

Mit der Gleichheit ist es anders, es gibt Ähnlichkeit, aber immer Unterscheidungen, wie wir von unseren Fingerabdrücken wissen. Und Menschlichkeit? - oder wie es in vorfeministischer Zeit noch hieß: Brüderlichkeit? Menschlich ist, was der jeweilige Kulturkreis so definiert, im Grunde das, was der sogenannte Moralkodex, die Gesetzessammlung dieser Gesellschaftsform mit ihren anerkannten Religionen ausmacht. Wenn also die Forderung der französischen Revolution für uns einen Sinn haben soll, müßten wir eindeutig aussagen, welche Freiheit denn von uns gemeint ist, bzw. von was wir uns befreien wollen. D.h. der Zwang oder Druck, dem wir ausgesetzt sind, muß erkannt und dann mit den möglichen Mitteln (?) beseitigt werden. Allerdings halte ich es für unmöglich, Handlungsanweisungen für den konkreten Befreiungsversuch zu geben, da dies immer abhängig ist von den Personen, dem gesellschaftlichen Kontext und den daraus sich ergebenden Möglichkeiten. Es muß schon den "Kindern" oder Eltern überlassen werden, ob sie sich der Schulpflicht entziehen oder ob sie lieber eine "Freie Schule" bevorzugen usw. Beides wäre eine Befreiung und ein Stück in Richtung der imaginierten Freiheit.

Eine allgemein geforderte Gleichheit ist natürlich in einem hierarchisch strukturierten System ein Unfug und illusorisch, während die Forderung nach gleichen Bedingungen in ganz bestimmten Lebensgebieten natürlich von den Betroffenen zu stellen ist und sukzessive auch Angleichungen bewirkt. Um eine echte Gleichheit zu bewirken, müßten wir bereit sein, in vorhistorische Zeiten zurückzukehren in ein Stammesleben, wie es im Fernsehfilm von Troeller über die Chiquitanos anschaubar war oder wie die Schilderungen von Sigrist es offenbaren. Eine Gleichheit aller wäre nur erreichbar durch eine Weltrevolution, die alles geschichtlich Gewordene wieder zerstörte und überlebte Stadien rekonstruierte. Gesetzesänderungen sind eine ungeheuer zähe Sache und die Forderung nach dem Wahlrecht für alle, also auch für die Dreijährigen, ist eher realisierbar über die kontinuierliche Absenkung des Wahlalters als durch die allgemeine Forderung.

Zusammenfassend möchte ich sagen, daß die antipädagogische und auch die kinderrechtliche Haltung in ihren Grundzügen eine durchaus libertäre, anarchistische ist. Dabei ist nicht bestritten, daß verschiedene Pädagogikmodelle freiheitliche Züge haben, wie dies ja auch von mir aufgezeigt wurde; nur sind sie im Sinne der Anarchie nie konsequent zu Ende gedacht. Pädagogik ist immer Herrschaftsinstrument und Herrschaft die Polarität von Anarchie. Nur keine Pädagogik ist somit anarchistisch.

Verwendete Literatur:

Alemantschen 3. Materialien für radikale Ökologie. Institut für Kultur und Ökologie. Maintal 1983

Bachofen, J.J.: Das Mutterrecht. Basel 1897.

Braunmühl, E. von: Antipädagogik. Studien zur Abschaffung der Erziehung. Weinheim 1975

Braunmühl, E. von: Zeit für Kinder. Frankfurt 1978

Braunmühl, E.v./H. Ostermeyer/H. Kupffer: Die Gleichberechtigung des Kindes - Programm zur Beendigung des Erziehungskrieges zwischen den Generationen. Frankfurt 1976

Caspar. Zeitung für Frieden mit Kindern. Zwiebelberg Company Düsseldorf

Durant, W.: Kulturgeschichte der Menschheit. Bd. 1-3: Das Vermächtnis des Ostens. München 1964

Eberz, O.: Sophia und Logos oder die Philosophie der Wiederherstellung. Freiburg 1976

Ferraro, D.: Anarchismus in der griechischen Philosophie. In: Nur die Phantasielosen flüchten in die Realität - Anarchistisches Ja(hr)buch I, Berlin 1963, S. 36-39 Kupffer, H.: Der Faschismus und das Menschenbild der deutschen Pädagogik. Frankfurt 1984

Hinte,W. Non -direktive Pädagogik. Westdeutscher Verlag 1980

Liedloff, J.: Auf der Suche nach dem verlorenen Glück. München 1980

Mauthner, F.: Wörterbuch der Philosophie. München 1910

Miller, A.: Am Anfang war Erziehung. Frankfurt 1980

Sigrist, Ch.: Regulierte Anarchie. Untersuchungen zum Fehlen und zur Entstehung politischer Herrschaft in segmentären Gesellschaften Afrikas. Frankfurt 1979

Schmidt, H.: Philosophisches Wörterbuch. 21. Auflage. Neu bearbeitet von G. Schischhoff. Stuttgart 1982.

* vgl. den sehr empfehlenswerten Reader zur Parlamentarismuskritik der Zeitschrift "Graswurzelrevolution" und auch das Buch "Die Transformation der Demokratie" von Johannes Agnoli, Ca ira Verlag, Freiburg

Jede Erziehung ist staatserhaltend!

von Ekkehard von Braunmühl

Vorbemerkung: Dieser Artikel ist der anarchistischen Zeitschrift "Schwarzer Faden",Nr.14,entnommen;er versteht sich als Entgegnung auf einen Beitrag von Uli Klemm in der Nr. 13 der Zeitschrift,in dem der Autor die Begründung und Entwicklung libertärer Pädagogik zu skizzieren versuchte.

Eine Entgegnung auf Uli Klemms Artikel aus SF 1/84

Die Barbarei der Besserwisser

Uli Klemm nennt in seinem Text eine "radikale" Pädagogik jene, "die jeglichen Zwang in der Erziehung und Bildung ablehnt". Frage: Was ist daran "radikal"? War es nicht seit jeher das Ideal der Erzieher, ihre Zöglinge zum "freiwilligen" Gehorsam zu verführen - ebenso wie es das Ideal jeder Staatsmacht ist, "einsichtige" Untertanen (schon aus Bequemlichkeit) so zu regieren, daß die Polizei sich möglichst als "Freund und Helfer" darstellen kann?

Offensichtlich liegt das Problem in dem vieldeutigen Begriff "ZWANG" begründet: Es soll ja Kinder geben, die sogar durch schlimme Prügel sich zu nichts zwingen lassen, aber schnell bezwungen sind, wenn eine geliebt "Bezugsperson" eine Träne opfert und leise eine "Ich-Botschaft" aussendet (z.B. wie "enttäuscht sie sei). "ZWANG" ist jedenfalls dann ein untaugliches Wort, wenn es nicht um aktuelle Handlungen geht, sondern um tiefere "Wirkungen". Psychologen sprechen viel von "Zwangshandlungen", also von Handlungen, die aus einem inneren "ZWANG" erfolgen. Was fängt der radikale Libertäre mit solchen Erscheinungen an?

Ich möchte im folgenden begründen, warum jede Form von Erziehung, und sei sie noch so "zwanglos", "antiautorität", "libertär" oder "befreiend" gemeint, staatserhaltend wirkt. Und ich möchte andeuten, was man dagegen tun kann, sofern man das will (was ich erklärten Anarchisten jetzt mal einfach unterstelle).

Gleichgültig, was mit "Erziehung" und "Pädagogik" im einzelnen gemeint ist: diese beiden Begriffe stehen traditionell für ein ganz bestimmtes Menschen-, Welt- und Gesellschaftsbild, bei dem das Recht des Stärkeren, also das Faustrecht, eine Schlüsselstellung einnimmt. Bezüglich des körperlichen und des wirtschaftlichen Faustrechts brauche ich das nicht ausführen, weil unter Anarchisten dies Analysen bekannt sind. Dagegen wird die geistig/seelische Seite der Angelegenheit noch weitgehend verkannt. Das geistig/seelische Faustrecht gilt nach wie vor als selbstverständlicher Teil unserer Kultur und Zivilisation, die ich in diesem Punkt lieber eine Barbarei nenne, die Barbarei der Besserwisser.

Die Besserwisserei ist auch unter Anarchisten weit verbreitet. Ich möchte das am Beispiel Gustav Landauer erläutern, weil gerade er im SF 1/84, S. 40-45, als Denker vorgestellt wurde, der den individuellen Menschen wichtiger nahm als strukturelle Bedingungen und sich deshalb besonders mit den geistig-seelischen Phänomenen befaßt hat.

In seinem Aufsatz "Die Abschaffung des Krieges durch die Selbstbestimmung des Volkes" von 1911 findet sich die folgende Passage:

"Die Arbeiter sollen beginnen, sie sollen mit dem Ersten anfangen, sie sollen ihre Vorbereitungen treffen. Sie sollen einmal gar nicht das denken, was ihnen selber obliegt. Sie sollen das denken, was sie wirklich denken. Sie sollen das sein, was sie wirklich sind."
("TROTZDEM"-Broschüre, Reutlingen 1980, S. 13; siehe auch G.L., "Erkenntnis und Befreiung", edition suhrkamp, Frankfurt 1976, S. 63)

Dies meine ich mit "Besserwisserei", einer sehr alten ("Werde der du bist!") und weiterhin modernen ("Auf der Suche nach dem wahren Selbst"), nichtsdestoweniger barbarischen, freundlicher gesagt: kommunikationstheoretisch naiven (unaufgeklärten) Haltung. Ich sehe den Unterschied zwischen einem, der etwas besser weiß, und einem "Besserwisser" in dem, was der Wissende mit seinem Wissen macht. Landauers Analyse ist sicher richtig, wenn er z.B. die zitierten Sätze so erläutert:

"Nein, die Menschen wagen nicht, ihre Gedanken zu denken." (Broschüre S. 14) - oder: "Die Arbeiter denken langsam... Darum haben sie ihr Denken so schnell gefangen gegeben und waren froh, wenn sie`s aufgeben durften und andere für sich denken ließen. Das allein ist schuld an all dem Unheil, von dem wir reden: dieses System der Vertretung!" (S. 15)

Trotz meiner großen Sympathie für Gustav Landauer hätte ich ihn doch gern gefragt, ob er sich nicht zwangsläufig auch selbst als "Vertreter" der Arbeiter ansehen muß, wenn er sie in seiner Analyse derart abqualifiziert.

Die wie ich finde bedeutsame Darstellung eines anderen "Volksvertreters" sei hier eingefügt:

"Die fortschreitende Technik... Entwurzelung - diese Faktoren trugen nach seiner Auffassung bei zur Vermassung und Entpersönlichung. Vermassung und Entpersönlichung wiederum brachten mit sich die geistigen Voraussetzungen für die Beherrschung der Menschen durch eine Minderheit... Der Faschismus in Italien, der Nationalsozialismus in Deutschland wären nicht möglich gewesen, wenn nicht eine gewisse Disposition breiter Volksschichten, auf die eigene Persönlichkeit zu verzichten, vorhanden gewesen wäre." Ferner: "Er stellte fest, der moderne Mensch sei sich weithin nicht mehr seiner Eigenständigkeit und seines Eigenwertes bewußt, er erarbeite sich nicht mehr selbst ein Weltbild, sondern akzeptiere vielfach aus Bequemlichkeit die fertige Schablone..."

Die gleiche Analyse (bzw. Beschimpfung) also. Doch es kommt noch schlimmer. Landauer:

Die Arbeiter haben sich "die Freiheit...abnehmen lassen", "sie haben freiwillig abgedankt." Sogar: "Weil die Arbeiter nicht lebendig sind und ihre Sachen nicht selber besorgen. Wo Massen da sind, aber nicht Leben, da muß sich Fäulnis entwickeln." (Alles S. 16) Und, sprachlich hübsch, aber in der Aussage barbarisch: "Nur weil unten Verweste sind, darum gebieten oben Verweser." (S. 17)

"Weil die Arbeiter nicht lebendig sind... Wo die Massen da sind, aber nicht leben..." "auf die eigene Persönlichkeit zu verzichten...Absterben der Persönlichkeit..." --- Pardon! Die letzte Formulierung gehört wie die vorletzte noch zu obigem Einschub, der ja, wie der aufmerksame Leser bemerkt hat, nicht von (dem 1919 ermordeten) Gustav Landauer stammen konnte. Sondern:

"Absterben der Persönlichkeit brachte nach Adenauer Vermassung, und Vermassung brachte Verlust der Freiheit und die Diktatur." (Die drei Einschubzitate aus: Anneliese Poppinga, "Konrad Adenauer - Geschichtsverständnis, Weltanschauung und politische Praxis", Stuttgart 1975, S. 182, S. 184, S. 182)

Bei Konrad Adenauer bin ich mir nicht sicher, aber Gustav Landauer wußte gewiß noch nichts vom "double-bind", der "Beziehungsfalle", der "Sich-selbst-erfüllenden-Prophezeihung", dem "pädagogischen Gegenteileffekt" und ähnlichen von Kommunikationsforschern entdeckten Phänomenen. Für heutige Anarchisten ist es leicht, zu erkennen, daß man vernünftigerweise anderen Menschen nicht zuerst (in der Analyse) Verwestheit, Unlebendigkeit, Unfreiheit unterstellen und sie dann (in der Konsequenz, dem Appell, s. unten) zu etwas auffordern kann, zu dem man sie gerade für unfähig erklärte.

Am Ende seines genannten Aufsatzes bringt Landauer den Widerspruch noch einmal extrem zum Ausdruck. Erst kommt die analytische Feststellung: "Keiner findet die Freiheit, der sie nicht in sich hat." (S. 20) Und dann der den ganzen Text abschließende Appell:

"Aber werden die Arbeiter denn ihre eigene Sache tun? Werden sie einmal frei sein? Werden sie zu ihrem freien Arbeitertag zusammentreten? Werden sie einmal selber reden und selber handeln? Werden sie beschließen, ihr Geschick selbst zu bestimmen?

Darauf sollen die Arbeiter die Antwort geben." (S. 21)

Die Antwort "der" Arbeiter, wir wissen es, fiel damals nicht nach Landauers Geschmack aus, und bis heute hat sich daran nichts geändert. Die Frage "Werden sie einmal frei sein?" läßt sich durch keinen Trick der Welt mit der Erkenntnis "Keiner findet die Freiheit, der sie nicht in sich hat" verbinden. Der eingangs zitierte Wunsch/Befehl - "Sie sollen das sein, was sie wirklich sind" - spricht den Adressaten nicht nur die Freiheit, sondern sogar die Wirklichkeit ab, jedenfalls die im Hier und Jetzt - und nur von dort können ja Veränderungen ausgehen. Mal ganz böse gesagt: Behauptet nicht Landauer wenig anderes als, die Arbeiter, zu denen er da spricht, würden in Wirklichkeit ein lebensunwertes Leben führen? Und wundert es jemanden, da' die so beleidigten (in ihrer Subjektivität nicht verstandenen und anerkannten) Arbeiter wenig später auf andere Leute mehr hörten, die ihnen mehr zutrauten (z.B. einen Weltkrieg gewinnen zu können oder gar Herrenmenschen zu sein)?

Besserwisserei als Symptom von Mißtrauen

Ich möchte hier nicht auf andere Aspekte des geistig/seelischen Faustrechts eingehen, etwa die merkwürdigen "Argumente" verliebter Leute gegenüber dem uninteressierten Objekt ihrer Begierde ("Aber ich liebe dich doch so sehr", "Ich kann ohne dich nicht leben" und ähnliche "gewaltfreie" Vergewaltigungsversuche.) Dabei handelt es sich natürlich nicht um "Besserwisserei", eher um so etwas wie "Besserfühlerei".

Worauf ich aufmerksam machen will, ist der Anspruch, den häufig sowohl Besserfühler wie Besserwisser aufgrund ihrer subjektiven Befindlichkeit an andere Menschen erheben. Dieser Anspruch basiert vordergründig auf einer felsenfesten Überzeugung: Mein Gefühl ist so stark, mein Wissen ist so überlegen - der andere muß sich davon beeindrucken lassen, muß sich unterordnen.

Auf den zweiten Blick aber sieht man, daß der genannte Anspruch tatsächlich umgekehrt eine starke Unsicherheit verrät. Man könnte das - Stichwort: mangelnde Selbstsicherheit im Sinne von existentieller Selbständigkeit - auch für Liebesdinge entwickeln, aber ich will mich auf die Besserwisserei beschränken, weil diese für die Erziehung eine leicht durchschaubare Rolle spielt.

Der Anspruch, andere Menschen erziehen zu können und zu dürfen, gründet offiziell (inoffiziell, z.B. unbewußt, kann natürlich auch blanke Herrschlust, Sadismus o.ä. am Werke sein) immer in einer - behaupteten oder gegebenen - Überlegenheit des Erziehers über den Zögling. Meist wird von Erziehern ihr "Vorsprung" an Wissen und Erfahrung ins Feld geführt, um es berechtigterweise in ein Schlachtfeld zu verwandeln. Wären sich solche Erwachsene ihres besseren Wissens wirklich sicher, könnten sie problemlos damit rechnen, daß es gegenüber den Kindern seine Überlegenheit konkret erweist. Sie würden es ohne persönlichen oder institutionellen Herrschaftsanspruch zur Verfügung stellen, wie sie das gegenüber Erwachsenen in gleichberechtigten Beziehungen auch tun. Der Volksmund weiß: Wer Unrecht hat, schreit. Wer sich seiner Kompetenz nicht sicher ist, benötigt Machtmittel (z.B. "Erziehungsmaßnahmen") zur künstlichen Etablierung von "Autorität". Wer einen Anspruch erhebt auf Vertrauen, Gehorsam, Dankbarkeit usw., glaubt in Wahrheit selbst nicht, daß er all dies verdient. Er mißtraut seinen Leistungen, sonst würde er sich auf deren eigene Aussagekraft verlassen.

Oder es ist alles umgekehrt, der Besseres Wissende mißtraut den anderen, bzgl. der Erziehung: den Kindern. Wer Kindern (oder, siehe oben, Arbeitern) mißtraut, kann sich ihnen nicht zur Verfügung stellen; er wird über sie verfügen wollen/müssen. Mit jedem Erziehungsakt spricht er ihnen gleichzeitig implizit die Freiheit ab. Er erzeugt oder verstärkt Unmündigkeit. (Falls er nicht gar nichts bewirkt - was natürlich in meinen Augen das beste ist, was Erzieher tun können).

Wenn ich mir meines besseren Wissens wirklich sicher bin (was für mich z.B. jetzt, beim Schreiben dieses Textes, zutrifft), leite ich keinen Anspruch daraus ab, glaube also nicht, das Kind, der Arbeiter, der Leser solle oder müsse die von mir gewünschten Konsequenzen ziehen, sondern glaube/weiß, sie werden Konsequenzen ziehen, und zwar ihre eigenen. Wenn das die gleichen sind, die ich mir vorgestellt hatte, bestätigt dies meine Ansich-

31

ten/Vermutungen; wenn es andere sind, korrigieren sie mich. Ich mag so intensiv von meinem besseren Wissen überzeugt sein, daß ich es am liebsten allen Leuten einprügeln würde: Wenn ich nicht die Probe aufs Exempel wage, indem ich mein Wissen einfach nur so anbiete, entlarvt sich meine eigene Überzeugung als Illusion, als Selbstbetrug. Entweder mißtraue ich in Wirklichkeit mir selbst bzw. meinem besseren Wissen - dann bin ich nicht berechtigt, dieses Wissen anderen Menschen aufzudrängen; oder ich mißtraue den anderen Menschen - dann wäre es nicht vernünftig, meine Perlen ihnen vorzuwerfen.

Falls man natürlich Spaß daran hat, anderen Menschen erst seine Weisheit und dann ihr Versagen vorzuwerfen - wie es in der Erziehung ziemlich regelmäßig geschieht - kann man sich als Lehrer oder sonstiger Besserwisser leicht ein lustvolles Leben bereiten. Es wäre nur gelogen, wenn man behauptete, damit für andere Menschen nützlich zu sein. Man ist dann einfach ein Ausbeuter, einer, der sein Wissen als Machtmittel gegen andere einsetzt - was in der Politik sicher legitim sein kann (schon damit da nicht immer die Klügeren nachgeben und die Dümmeren das Sagen haben), aber innerhalb persönlicher Beziehungen und direkter Abhängigkeiten (wie sie zwischen Erziehern" und "Zöglingen" bestehen) ist es durch nichts zu rechtfertigen, ist es objektiv ungerecht und ebenso dumm wie böse. (Wenn man es moralisch neutral kennzeichnen will, kann man es auch "krankhaft" nennen und analog dazu die Erziehungsideologie als Wahn oder Seuche bezeichnen.)

Ungerecht und böse (oder krank) sind Menschen nun nicht von Hause aus, sondern werden es durch ihre Erlebnisse und Erfahrungen. Wer als Kind so millionenhaft Opfer der "Erziehung" genannten Besserwisserei wurde, hält es leicht für selbstverständlich und richtig, bei Gelegenheit selbst zum Täter zu werden und aus seiner banalen Rache womöglich eine hehre Pflicht zu machen. Es gibt ja auch massenhaft Staats"diener", die subjektiv ernstlich glauben, einer seriösen Beschäftigung nachzugehen. Manche sprechen sogar von einer "Last" ihrer Verantwortung (von der sie allerdings um keinen Preis lassen wollen). Ich denke also, daß Anarchisten es leicht haben, von der subjektiv oft unbewußten Heuchelei der Regierenden (der Demagogen) auf die Entsprechung bei Erziehenden (Pädagogen) zu schließen. Erziehung ist Herrschaft, ob mit oder ohne "Zwang".

Auch die Erziehung zu Freiheitskämpfern oder Anarchisten ist Herrschaft - und solange das nicht durchschaut wird, braucht man sich nicht zu wundern, daß anarchistisches Gedankengut - trotz all der guten Gedanken - sich nicht gerade stürmisch ausbreitet. Wer es fertigbringt, ein Kind als "das zu bildende Individuum" zu bezeichnen (SF 1/84, S. 21) und immerzu von "freier Erziehung" redet, ohne tausend schwarze Schimmel wiehern zu hören, der hat seine Absage an die Herrschaft von Menschen über Menschen noch nicht konsequent erteilt. Die "radikal-freiheitliche Anthropologie", von der Uli Klemm spricht, mündet eben gerade nicht in eine "Freiheit des Stärkeren" (S. 20), wenn Kinder nicht wiederum von Stärkeren zu irgendetwas hinerzogen werden, sondern grundsätzlich gleichberechtigt leben, wie es seit jeher dem anarchistischen Ideal entspricht. Weder das körperliche, nach das geistg/seelische Faust"recht" kann aus Unrecht Recht machen, und wer als Kind viel Unrecht erleiden mußte, hat es schwer, seine Rachegelüste (und Wut, Trauer usw.) nicht auf Kosten anderer Menschen und mit den Mitteln neuer Herrschaft auszuleben. Kurz gesagt: Wer Kinder nicht mindestens genauso das machen läßt, was sie wollen, wie er selbst macht, was er will, wer also Kinder - mit welchen Mitteln zu welchen Zielen auch immer - erzieht, der hat in Wirklichkeit ein Menschen-, Welt-, Gesellschaftsbild, daß wenn es richtig wäre, alle anarchistischen Ideen widerlegen würde. Erziehung ist nicht nur immer besserwisserisch (in meinen Augen also: barbarisch) sondern auch staatserhaltend (anti-anarchistisch).

Vertrauen ist gut, Wissen ist besser

Wenn Besserwisserei ein Symptom von Mißtrauen ist, scheint Vertrauen die Alternative zu sein. Beispielsweise überschrieb Jochen F. Uebel seinen Bericht über die Kinderrechtsbewegung in "TRENDWENDE" 1/84 mit "Jenseits von Erziehung: Vertrauen in das Selbst". (Vgl. auch "Kindobelus" 3/84, S. 1 und 3)

So richtig der Schritt vom Mißtrauen zum Vertrauen ist, ich halte ihn doch für nicht hinreichend, nicht konsequent genug. Die bekannte Maxime "Vertrauen ist gut, Kontrolle ist besser" signalisiert eine Schwäche des Phänomens Vertrauen: es beinhaltet einen wechselnden Grad an Unsicherheit, es kann mißbraucht, erschüttert werden, seine Berechtigung ist nicht dauerhaft beweisbar. "Vertrauen hat also den Ruch von einerseits Risiko, andererseits und vor allem von Gnade. Vertrauen ist etwas, das ich "gewähre" (und entziehen kann, wenn...)

Demgegenüber versuchen Antipädagogen und Kinderrechtler, das Wissen zu verbreiten, daß Staatsvertreter wie Erzieher (Demagogen wie Pädagogen, Volksführer wie Kinderführer) schlicht lügen, wenn sie behaupten, sie würden ihre Opfer zu deren eigenem Besten mit Gewalt oder List ihrer Herrschaft unterwerfen (müssen/dürfen/können). Es ist keine Vertrauens-, sondern eine Tatsache, daß jeder Mensch jederzeit nach seinen eigenen Kriterien entscheidet, was er denkt, fühlt, tut.

Wenn Arbeiter oder "Massenmenschen" (um auf Landauers und Adenauers Beleidigungen zurückzukommen), aber auch Kinder sich von anderen so viel gefallen lassen, wie sie es häufig tun, setzt dies noch nicht ihre existentielle Freiheit (Selbstbestimmtheit) außer Kraft. Sie haben vielmehr selbst entschieden - und zwar angesichts der Übermacht der Herrschenden aus durchaus vernünftigen Gründen -, sich mit einem engeren Spielraum zufriedenzugeben. Und sie haben sich einreden lassen, daß andere besser wüßten, was gut für sie ist. Durch die fülle von z.T. rein sprachlichen Tricks (z.B.: Man muß Gott, dem Staat, dem Mann, den Eltern gehorchen") haben sich viele Menschen das Wissen, das Bewußtsein ihrer Freiheit vernebeln lassen - wer die Eichmann-Protokolle gelesen hat, wird bestätigen, daß dieser Mann tatsächlich glaubte, er habe gehorchen müssen, und bis zu seinem Tode wurde er von niemanden darauf hingewiesen, daß unbestreitbar er selbst sich zu jedem seiner Gehorsamsakte entschlossen hatte.

An sich ist dieses Wissen (Kurzform: Ich bin ich) eine sehr einfache Sache. Doch haben theologische, philosophische und pädagogische Traditionen mit einer Fülle von Scheinproblemen dieses Wissen überlagert, so daß viele Menschen erst eine Psychotherapie oder Selbsterfahrungsgruppe brauchen, um es wiederzugewinnen. (Obgleich es schon genügen würde, wenn sie gelegentlich mit dem Schienbein en einen Türrahmen treten und prüfen würden, wessen Schmerz sie spüren, um sich ihrer konkreten Identität zu vergewissern.)

Ich möchte diese Fragen hier nicht weiter erörtern, verweise Interessenten auf meinen Text "Wer hat Angst vor freien Kindern?" aus der Dokumentation des 2. Regensburger Kongresses (1983) über Freie Schulen, sowie auf den "Kinder-Doppelbeschluß" der deutschen Kinderrechtsbewegung ("Publik-Forum" 1/84). (Bezug: Deutscher Kinderschutzbund, Wiesbaden).

Mir ist aber eine Klarstellung wichtig. Das Wissen, daß jedes Lebewesen sein eigener Steuermann ist, gleichgültig wie begrenzt seine Entscheidungsmöglichkeiten sein mögen, dieses Wissen verändert für sich genommen weder irgend eine individuelle Lebenslage, noch führt es, wenn es sich verbreitet hat, gewissermaßen von selbst eine herrschaftsfreie Gesellschaftsform herbei. Ich meine aber, daß ohne dieses Wissen und Bewußtsein alle anarchistische Besserwisserei à la Landauer politisch nichts bringt, und daß auch persönlich Menschen ohne dieses Wissen ihre Entscheidungsmöglichkeiten (Spielräume) weder ausschöpfen noch gar erweitern können (da sie sie nicht als ihre eigenen erleben, sondern das Heil von anderen erwarten.) Es handelt sich also nicht um eine hinreichende, sondern um eine notwendige Bedingung ("condito sine qua non"). Man bracht aber nicht viel Phantasie, um sich vorzustellen, welche individuellen und gesellschaftlichen Veränderungen möglich werden, sobald die Päd- und Demagogen jedweder Couleur nicht mehr davon profitieren können, daß ihre so oder so erzogene Menschen das Recht und die Macht geben, über sie zu verfügen.

Mir ist klar, daß Menschen sich durch diese Delegation auch von Verantwortung entlasten wollen; doch ist dies offenkundig eine Illusion: Sie selbst sind es, die diese Delegation vornehmen, und sie selbst löffeln die Suppe aus, die sich sich damit einbrocken. Man wird aber diese Illusion, diesen selbst inszenierten und existentiell je eigenen Abwehrmechanismus des Individuums niemandem durchschaubar machen können, dem man die Eigenständigkeit im Hier und Jetzt ab- und ein "falsches", "unwahres", "verwestes" usw. Selbst zuspricht.

Drei Antipädagogische Konsequenzen

Die erste erwähne ich nur kurz. Da Kinder von Hause aus soziale Wesen sind, braucht man sie nicht zu sozialisieren. Da Kinder von Hause aus anarchistisch sind, braucht man sie auch nicht zum Anarchismus zu erziehen. Man erreicht allenfalls das Gegenteil. Man kann mit Kindern umgehen wie mit ganz normalen Menschen, ohne Faustrecht, ohne pädagogische Vorder- und Hintergedanken. Man kann also einfach aufhören, über Kinder zu herrschen, und hat damit schon viel - und sehr viel Konkretes - für die Freiheit von Herrschaft getan.

Politisch bietet sich eine zweite Konsequenz an, falls man dem Staat schneller und mehr Ärger machen will, als ein paar freie Kinder heranwachsen zu lassen. Man kann nämlich politisch, publizistisch usw. alles das energisch bekämpfen, was der Staat gegen unschuldige Kinder (oder wie es im Kinder-Doppilbeschluß heißt: "liebliche Säuglinge") unternimmt. Wenn Interesse besteht, will ich dies gerne später näher ausführen, verweise jetzt auf den genannten "K-D" - den ich zwar selbst nicht mittrage, weil er für meinen Geschmack viel zu staatsfromm ist, den man aber natürlich auch als Mittel zur Entlarvung der Staatstäter ansehen und benutzen kann.

Und drittens kann man das, was im "K-D" erst für den 2. Teil angedroht wird, selbstverständlich schon jetzt und viel intensiver betreiben, als es der isolierten Kinderrechtsbewegung möglich ist: Kindern und anderen Menschen gegenüber die Lügen aufdecken, mit denen Staatstäter und alle ihre Komplizen in Wissenschaft und Publizistik das freie Denken und freie Leben der Menschen erschweren.

Ich habe die Hoffnung, "Antipädagogen" und "Anarchisten" (die Gänsebeinchen sollen nur andeuten, daß ich zwischen diesen Bezeichnungen keinen Unterschied sehe) werden sich demnächst ihres objektiv besseren Wissens auch subjektiv so sicher, daß sie es ohne Besserwisserei ihren Mitmenschen zur Verfügung stellen können.

Gustav Landauer schrieb in dem eingangs mehrfach zitierten Text (S. 14) auch:

"Gar nichts kann gar keiner gar keinem bringen, was der nicht schon vorher weiß, obwohl er es doch wieder nicht so recht weiß."

Diesen Satz halte ich für so wahr, wahrer geht's nicht. Allerdings vergißt der Besserwisser den Teil vor dem "obwohl" zu gerne. Ich glaube, gerade deshalb verbreitet sich auch das beste Wissen so langsam. Weiß jemand, ob das mit Absicht geschieht? (Weil, wenn die Besserwisser ihr Wissen wirklich - d.h. effektiv - weitergeben würden, wäre es ja schnell vorbei mit ihrer Besserwisserei.)

Erziehung als geistig/seelisches Faustrecht (wozu, per offiziellem elterlichen Züchtigungsrecht, noch das körperliche kommt) wird sich gewiß nicht "von selbst" überleben. Es wird immer stärkere und schwächere Menschen geben. Der Stärkere kann seine Stärke gegen den Schwächeren einsetzen, so wie der Wissende seine Umwelt mit Besserwisserei traktieren kann. ein Kraut gegen diese Möglichkeiten ist wohl nicht gewachsen, und nicht immer können sich die jeweils Schwächeren wirkungsvoll zur Wehr setzen.

Der Glaube allerdings, Erwachsene müßten sich gegen Kinder wenden, gar zu deren eigenem Besten, dieser barbarische Aberglaube (obwohl als solcher längst durchschaut - siehe z.B. die im "K-D" genannte Literatur) macht noch immer aus Mißbrauchsmöglichkeiten den Idealfall und Normalzustand. Und solange nicht einmal Anarchisten dies Zusammenhänge durchschauen (sondern nach einer "libertären Erziehung" suchen), kann ich mich nicht darüber wundern, daß diesem Aberglauben noch immer so viele Opfer gebracht werden, und daß der Glaube an den Sinn des Staates noch so weit verbreitet ist.

Nachbemerkung: Der folgende Text entspricht eigentlich nicht mehr dem heutigen Erkenntnisstand, ist aber dennoch in seinen Grundzügen "richtig" und sollte somit Mosaikstein in der Diskussion zu seiner Zeit verstanden werden. d. Hrg.)

Geschichte der Kindheit

von Thomas Straecker

In unserem Sprachgebrauch gibt es den Ausdruck `ins Leben eintreten' als Bezeichnung für den Zeitpunkt, an dem der Heranwachsende eine Ausbildung absolviert und genügend gesellschaftsfähiges Verhalten erworben hat, also die Phase `Kindheit' erfolgreich durchlaufen hat. Wenn dieses auch nicht immer gelingen will oder oft nur mit erheblicher zeitlicher Verzögerung geschieht, so ist doch allgemein anerkannt, daß jedem Kind eine möglichst geschützte Phase der Erziehung, des Verspieltseins, der emotionalen Zuwendung, kurz des Kindseins zusteht.

Kindheit im heutigen Sinne ist aber keine natürliche, geschichtlich durchgängige Erscheinung, sondern das Ergebnis gesellschaftlicher Veränderungen der letzten zwei Jahrhunderte.

Blicken wir zurück in die Zeit des ausgehenden Mittelalters. Der überwiegende Teil der Bevölkerung lebte in direkter, persönlicher Abhängigkeit vom feudalistischen Adel. Diese hatte unmittelbare Auswirkungen auf alle Lebensbereiche des Menschen, gleich welchen Alters. Für eine Aufgliederung in spezifische Altersgruppen gab es keine Grundlage, äußere Einwirkungen, wie Hungersnöte und Seuchen, Kriege und Willkür der feudalen Herrscher betrafen alle gleichermaßen. Die ärmlichen und beengten Wohnverhältnisse ließen keine Abgrenzung von Generationen und Geschlechtern zu. Eine Privatsphäre war weder möglich, noch schien sie erwünscht.

Unter diesen Bedingungen war eine besondere Beachtung und Zuwendung gegenüber Kindern unüblich, von ihnen wurde eine möglichst frühe Selbständigkeit und Beteiligung am Arbeitsrozeß der Lebensgemeinschaft erwartet. Die dazu notwendigen Fähigkeiten und sozialen Verhaltensweisen wurden von den Kindern praktisch im Alltag erworben. In Anbetracht der hohen Kindersterblichkeit war der Tod eines Kindes ein zu erwartendes Ereignis bis dahin, daß kränkliche und unerwünschte Säuglinge einfach getötet oder ausgesetzt wurden.

So ist es nicht verwunderlich, daß Kinder im Mittelalter keinen besonderen Wert darstellen, sie waren eben `kleine Erwachsene', ihre Lebensbedingungen waren nicht spezifisch kindlicher Art.

Anders erging es da schon den Kindern an den Adelshöfen. Als Säuglinge wurden sie Ammen anvertraut und dienten ansonsten, verziert mit der im 16. Jahrhundert erstmals auftretenden Kinderkleidung, der Muße und Erheiterung der höfischen Gesellschaft.

Die Position der älteren Kinder ähnelte der der Bediensteten. Gemeinsam mit diesen oblag ihnen beispielsweise die Aufgabe, bei Tisch zu bedienen. Waren sie jedoch für höhere Aufgaben bestimmt, wurden sie schon in jungen Jahren auf Schulen oder andere Höfe geschickt, um sich dort im höfischen Umgang zu üben.

Mit dem Aufschwung des Handels und der damit verbundenen Entwicklung des Stadlebens begannen in der Folgezeit gesellschaftliche Veränderungen, die seit dem 18. Jahrhundert entscheidende Auswirkungen auf das Leben der Kinder haben sollten, zunächst aber nur für die Kinder des Bürgertums.

In den Kaufmanns- und Beamtenfamilien hatte sich der Arbeitsbereich des Haushaltungsvorstandes aus dem Blickfeld der Familie herausverlagert. Die Familie bekam eine andere Funktion. Aus der einstigen Wohn- und Arbeitsgemeinschaft wurde ein privater Reproduktionsraum, der gegen das immer anonymere und unüberschaubare öffentliche Leben abgegrenzt wurde. Schon die räumliche Ausstattung der Bürgerhäuser macht dieses deutlich. Hinter verschlossenen Türen hatte jedes Familienmitglied die seiner Rolle gemäßen Räumlichkeiten, der Vater die Repräsentierräume, die Mutter den Küchenbereich und erstmals bekamen die Kinder eigene Zimmer zugewiesen.

Das Familienleben unterlag strengen zeitlichen und moralischen Regeln. Im Streben nach wirtschaftlicher und politischer Macht entwickelte das Bürgertum seine Ideologie vom geschäftigen, strebsamen, kontrollierten und disziplinierten Menschen, dem allein die Zukunft gehöre. Vor diesem Hintergrund galt natürlich den Kindern als `Trägern der Zukunft' eine besondere Beachtung.

Die ideologischen Werte, die der Erwachsene sich im harten Kampf gegen sich selbst angeeignet hatte, mußten dem Kind erst anerzogen werden, eine Notwendigkeit, die sich in dieser Form zum ersten Mal in der Geschichte stellte. Das Erlernen des bürgerlichen Sozialverhaltens und besonders die berufliche Qualifikation war den Kindern nun nicht mehr durch einfache Teilnahme am Familienleben möglich; außerfamiliäre Einrichtungen mußten diese Lücke schließen, zunächst private Erziehungsanstalten, später das staatliche Schulsystem. In der bürgerlichen Pädagogik galt (und gilt) das Kind als ein unfertiges, formbares Wesen, dem die entscheidenden, menschlichen Wesenszüge noch anerzogen werden mußten. Die vermeintlich natürliche, kindliche Hilflosigkeit und Abhängigkeit dient als Legitimation für pädagogische Lenkung durch Erwachsene.

Lustbetontes, ungezwungenes Verhalten wurde zu einer Bedrohung der Erwachsenenwelt, der mit allen offenen und subtilen Mitteln zu gegen war. Die Antimasturbationskampagne der bürgerlichen Pädagogen ist hierfür nur ein Beispiel.

Die Förderung `nützlicher' Anlagen stand im Vordergrund der Erziehung, wozu ein großes Spektrum an Hilfsmitteln entwickelt wurde von Kinderbüchern, die vor allem geschlechtsspezifischen Rollenzuweisungen dokumentierten, bis hin zu der reichen Auswahl an Kinderspielzeug, das mangels praktischer Anschauung die Realität vermitteln mußte.

Von diesen Bemühungen des Bürgertums blieb allerdings während des 18. und 19. Jahrhunderts der größte Teil der Kinder noch unberührt.

Das deutsche Reich war auf Grund seiner nationalen Zersplitterung während der vergangenen Jahrhunderte Hauptschauplatz kriegerischer Auseinandersetzungen gewesen, was die Lebensbedingungen der zumeist ländlichen Bevölkerung katastrophal verschlechterte.

Allein um das Existenzminimum zu sichern, mußte die frühzeitige Einbeziehung der Kinder in den Arbeitsalltag primäres Ziel der Bauernfamilie sein. Eine Schulausbildung war daher, sofern sie überhaupt möglich war, eher hinderlich. Oft mußten Kinder schon früh wesentliche Aufgaben innerhalb des Familienverbandes übernehmen, wenn beispielsweise ein Elternteil krank oder gestorben war. Viele Kinder waren gezwungen, sich auf Wanderschaft zu begeben, da das Erarbeitete nicht ausreichte, um alle zu ernähren.

Während des 19. Jahrhunderts versuchten viele verarmte Bauernfamilien ihr Glück in der Stadt, um mit industrieller Lohnarbeit ihren Unterhalt zu verdienen. So verlagerte sich der Arbeitsbereich auch in den proletarischen Familien aus dem Familienleben heraus, ihre Struktur veränderte sich durch lange Abwesenheit oft beider Elternteile hauptsächlich zu Lasten der Kinder. Kinderkriminalität, -alkoholismus und -prostitution waren weit verbreitete Folgen.

Erstmals gab es eine größere Zahl nachgewiesener Kinderselbstmorde. So nahmen sich zwischen 1869 und 1898 in Preußen 1708 Kinder von 13 bis 15 Jahren das Leben.

Der im Zuge der Industrialisierung sprunghaft gestiegener Bedarf an billigen Arbeitskräften machte die Kinder zunehmend zu Konkurrenten der Erwachsenen auf dem Arbeitsmarkt. Gegen minimale Entlohnung wurden sie bis zu 14 Stunden täglich zu härtester körperlicher Arbeit eingesetzt, oder sie mußten sich an der weitverbreiteten Heimarbeit ihrer Eltern beteiligen.

Obwohl es schön früh Verbote und Einschränkungen von Kinderarbeit gab, wurde diese letztlich nicht durch gesetzliche Maßnahmen abgeschafft, sondern auf Grund militärischer und wirtschaftlicher Notwendigkeiten des Staates und der Industrie. Einmal zeigte es sich, daß die kräftezehrende Lohnarbeit die Kinder für einen späteren Militärdienst unbrauchbar machte, zum anderen erübrigte sich die Kinderarbeit von dem Zeitpunkt an, als die zunehmende Technisierung den Einsatz unqualifizierter Arbeitskräfte nicht mehr zuließ. Das staatliche Schulsystem bekam hier seine Funktion, anfangs weniger im Bezug auf fachliche Ausbildung, sondern eher in der Unterweisung von Arbeitstugenden und religiöser Befriedigung.

Im Leben der Arbeiterkinder vollzog sich so gegen Ende des 19. Jahrhunderts jener Prozeß, der, wenn auch unter gänzlich anderen Voraussetzungen und Werten, ein Jahrhundert zuvor schon das Leben der Bürgerkinder verändert hatte: die Ausgrenzung wesentlicher Lebensbereiche aus dem Blickfeld der Kinder, die Schaffung einer pädagogischen Ersatzwelt zur Vorbereitung auf das Erwachsenenleben und die Ausgestaltung einer spezifischen Kinderwelt mit ihren typischen Merkmalen, wie Kindergarten, Kinderzimmer, Kindermöbel, Kinderspielplätze, Kinderliteratur, Kinderspielzeug.....

Die Entstehung einer Phase `Kindheit' und die damit verbundene Aufteilung des menschlichen Lebens in abgegrenzte Lebensabsschnitte war in dem Maße notwendig geworden, wie unter den veränderten Lebens- und Arbeitsbedingungen der Industriegesellschaft der Alltag des Menschen aufgespalten wurde in getrennte Lebensbereiche, jeder für sich kontrollierbar und beherrschbar.

Die Geschichte der Kindheit ist somit ein Bestandteil der historischen Entwicklung und die Herausbildung einer Phase `Kindheit' ist als ein Ausdruck aufgezwungener Herrschaftsverhältnisse zu verstehen.

Auch dieser Text entspricht einem Diskussionsstand von 1980 und müßte heute wesentlich erweitert werden:

Zu verweisen wäre u, a, auf das Buch von Philippe Ariès "Geschichte der Kindheit" dtv Wissenschaft.

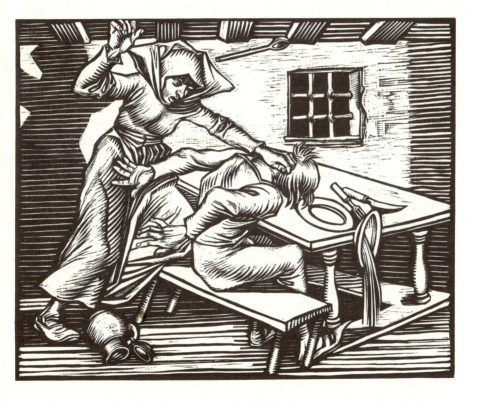

(Holzschnitt von Rudolf Schiestl, ca. 1924)

Erziehung, der Sündenfall?

von Gerhard Kern

Der Begriff der Sünde oder auch des Sündenfalls beinhaltet den "Abfall von Gott, die Entzweiung der Einheit, die Abkehr vom Prinzip". Im folgenden geht es um die uns so selbstverständliche, nie in Frage gestellte Erziehung. Im Zuge der menschlichen Geschichte wurde sie eingeführt als sozialtechnologisches Mittel um die immer größer werdenden Menschenverbände für die jeweils Herrschenden handhaber zu machen. Erziehung war in den ursprünglich kleinen Menschengemeinschaften nicht vorhanden und unnötig. Sie wäre es in zu gründenden Kollektiven auch heute nicht. Dem steht allerdings der Gigantismus bis zur heutigen Zeit entgegen.

Es ist mir nie so recht gelungen, opportunistisch oder kompromißhaft zu formulieren und zu denken. So will ich mich auch bei diesem Pamphlet wider meine Zeit stellen, eine Zeit, die mich traurig oder wütend macht angesichts der dümmlichen Fehler, die für einen Großteil der Menschen das Leben nicht lebenswert und das Sterben zur Qual macht.

Der Leistungsdruck, den diese Gesellschaft erzeugt, zwingt viele in die Depression, Resignation, läßt die meisten nicht ruhig sterben, da sie am Abschluß ihres Lebens den Tod nicht bejahen können aufgrund der vorgegebenen Leistungsnormen, die viele nicht erfüllen und manche nicht erreichen wollen. Alle Jahre wieder, im ständigen Wiederauferstehen haben `Filosofen' und andere Denktätige auf die gleichen Fehler hingewiesen, haben Wirbel erzeugt bis in die Universitäten oder aus ihnen heraus, allein, die Rufe verhallten ungehört und unverstanden.

Der Geistgenosse Fritz Mauthner (geb. 1849 in Horschitz, Böhmen, gestorben 1923 in Meersburg am Bodensee) hat meines Erachtens unübertrefflich unser zeitgenössisches Thema betreffend formuliert, was jede Gesellschaft immer wieder neu und gleich falsch macht:

"Gegen andere Sünden sind in alter und neuer Zeit Propheten aufgetreten. Die Sünde am Kinde scheint unangreifbar zu sein; sie wird verteidigt von der dümmsten und darum stärksten Macht, die es unter Menschen gibt: vom Schlendrian oder vom Gesetz der Trägheit. Diese Macht wird es weiter dulden, daß die Schule an den Kindern Körper und Charakter verkrüppelt und den Kopf in die Schablone der Geistlosigkeit zwingt. Aber es wird sich noch einmal an den Staaten rächen, daß sie ihre Schulen zu Anstalten gemacht haben, in denen die Seele des Kindes systematisch gemordet wird." Und: "Alle Reformatoren der Pädagogik glaubten, die Kinder lieb zu haben; aber alle waren sie ruchlose Weltverbesserer, ruchlose Optimisten, welche die Kinder irgendeiner Zucht unterwarfen, die Schule zum Zuchthaus machten um der Zukunft willen, um einer Utopie willen, um der Kinder Land und ihrer eigenen Phantasie zu gestalten... Ob die Kinder für einen unbekannten Gott verbrannt werden, oder ob sie für eine unbekannte Zukunft sieben bis zehn Jahre gemartert werden. Es ist die gleiche Verirrung."

Nichts, was aus den einzelnen Menschen sich entwickeln will, wird zugelassen, es wird den sich Entwickelnden eine Ideologie übergestülpt, der entsprechend sie geformt werden sollen. Die Vergangenheit ist Gestalterin der Zukunft und kann nicht anders als sie es schon immer tat; "ich habe das bei meinem Lehrmeister doch so gelernt..." Es gilt das Recht des Stärkeren, das Recht. Die Gesellschaft formuliert in Form von Gesetzen den Anspruch, wie der Mensch zu sein hat, wie er gebildet wird. Aber recht haben nur die Rechthabenden, die Besitzenden, Machthabenden.

Nun gibt es aber einen großen Teil der Menschen hier und nicht nur hier, die völlig oder fast völlig rechtlos sind und somit keine Möglichkeit haben, mitzuwirken an unserer und ihrer Zukunft: Kinder, Behinderte und Ausländer--- Das war nicht immer so, es hat Gesellschaften gegeben, wo die `Kinder' z.B. volles Mitspracherecht hatten, wo auch deren Bedürfnisse gleichwertig neben denen der `Erwachsenen' standen. Äußerungen verbaler und nonverbaler Art wurden genauso ernst genommen und gestalteten die Formen des Zusammenlebens mit. Das scheint für uns Europäer, die wir erzogen und zivilisiert sind, unvorstellbar und ist natürlich auch nur realisierbar, wenn die uns aufgezwungene Umgangsweise miteinander rigoros geändert, wenn nicht das `Recht des Stärkeren', des Vergewaltigers akzeptiert wird, sondern die Alten und die Jungen, die Männer und Frauen als gleichwertig erlebt werden. Akzeptanz und darüber hinaus das liebevolle aufeinander Zu- und Eingehen ist die Forderung der solidarischen Gesellschaft. Das allerdings ist nur möglich bei autonomen, selbstbestimmten Menschen.

Erzogene, gedrillte, gezähmte Menschen haben keine Möglichkeit, sich selbst zu bestimmen. Dafür braucht es Freiraum, Wildnis. Nur Menschen mit einem hohen Maß an Natürlichkeit sind in der Lage, Entscheidungen zu treffen, die aus ihnen stammen, zu denen sie voll stehen können. Ihre Kriterien sind die Notwendigkeiten des Lebens, ihrer Umgebung. Gemäß ihrer Fähigkeiten setzen sie sich damit auseinander und nicht mit den Ansprüchen, die von anderen formuliert wurden und denen sie u.U. nicht gewachsen sind. Dies gilt gleichermaßen für `Kinder und Erwachsene'.

Der Ermöglichung der Freiräume steht nur die Angst und das Mißtrauen pädagogisch denkender Menschen vor der "bösen" Natur desselben entgegen. Dem ist zu erwidern, daß Menschen nicht "gut" und nicht "böse" sind, sondern sich bilden und entwickeln gemäß der Auseinandersetzung in ihrem sozialen Umfeld. Es setzt allerdings die Bildung von Kollektiven und Gemeinschaften voraus, die in der Lage sind, intern anarchische Zustände herzustellen.

Daher steht am Ende dieser Aussage die Forderung: Schafft Freiräume für die Jüngsten, laßt sie ihr ureigenstes Wesen leben, laßt sie gemäß ihren Fähigkeiten lernen in der Auseinandersetzung mit dem alltäglichen Leben, an den Orten ihrer Zusammenhänge und Wünsche. Laßt alle Erziehung, alle Pädagogik, alle Dogmatik sein und gestattet allen Menschen ihr volles Menschsein zu leben! Lebt doch endlich Euch selbst!

LITERATUR

Mannoni, M.: "Scheißerziehung". Von der Antipsychiatrie zur Antipädagogik. Ffm. 1976.

Mauthner, F.: Wörterbuch der Philosophie. München 1910.

Sigrist, Ch.: Regulierte Anarchie. Untersuchungen zum Fehlen und zur Entstehung politischer Herrschaft in segmentären Gesellschaften Afrikas. Ffm. 1979.

Anarchie und Anti-Pädagogik
oder: Alternativen in der Arbeit mit geistig Behinderten

Erfahrungen einer libertären Lebensgemeinschaft
von Gerhard Kern

Seit drei Jahren lebe ich in einer Lebensgemeinschaft von derzeit 30 jüngeren und älteren, behinderten und nicht behinderten Menschen in der Nähe von Morbach zwischen Trier und Koblenz (1). Ich glaube, es ist das mit Waffen am stärksten bestückte Gebiet der BRD: Militärheimat Hunsrück. Das jüngste Gemeinschaftsmitglied ist ein halbes Jahr jung und ich bin mit 45 der älteste. Die, die man behindert nennt, bezeichnen Experten als mongoloid, debil oder psychisch krank. In unserem Projekt ist die Trennung von Freizeit und Arbeit weitgehend aufgehoben und an einer herrschaftsfreien Entscheidungsstruktur wird heftig gearbeitet. Wir betreiben eine 20 ha kleine Landwirtschaft mit Gärtnerei für Selbstversorgung. Die Hauswirtschaft ist das dritte Arbeitsgebiet. Wir feiern häufig und intensiv auch außerhalb der gesetzlichen Feiertage. Politisch betätigen wir uns im Forum für libertäre Informationen (FLI) (2), einem Zusammenschluß von undogmatischen Anarchisten aus der BRD, aber auch aus Österreich und Frankreich. Sozialpolitisch arbeiten wir mit der Arbeitsgemeinschaft Sozialpolitischer Arbeitskreise (AG SPAK) zusammen (3). Hier sind unsere Themen beispielsweise: die Alternative Ökonomie, Anti-Psychiatrie, Anti-Knastarbeit, Jugendzentren usw. Gerade sind wir dabei, mit anderen Interessierten einen Bereich "Alternativen für Geistig Behinderte" zu erarbeiten. Darüberhinaus gibt es eine Auseinandersetzung mit und eine Orientierung an der Selbstverwaltungsbewegung, einen Versuch zur regionalen Vernetzung alternativer Projekte und die Mitarbeit beim Aufbau der Ökobank. Die "Gesellschaft für gegenseitige Hilfe" ist schließlich unsere eigenen Kreation.

Ausgehend von der Prämisse des selbstbestimmten Lebens eines jeden Individuums, dreht sich schließlich unser ganzes Sinnen um die Verwirklichung von Zuständen, die solches ermöglichen. Daß dies auch für den Geistigbehinderten gelte, scheint uns selbstverständlich.

Seit wir versuchen, herrschaftsfreie Strukturen auch für Geistigbehinderte zu entwickeln, da, wo dies möglich ist, erleben wir deren befreiende Wirkung. Einzelne entwickeln nie für möglich gehaltene Fähigkeiten und Verantwortungsbewußtsein. Einzelne erleben glückliche Zeiten durch die Befreiung von Zwängen, die auch heute in den meisten Einrichtungen noch üblich sind. Andere wiederum ertragen die plötzliche Verantwortung nicht und können bis heute damit nicht umgehen.

Es sei an dieser Stelle hingewiesen, daß es sich bei den folgenden Ausführungen immer nur um die Freiräume handelt, die uns bleiben, oder die wir uns geschaffen haben. Im Rahmen der von außen (hier: Gesetz, Land, Staat) gezogenen Grenzen versuchten wir zu-

43

nächst, unser Innenverhältnis so zu ordnen, wie es in unseren Entscheidungsgremien beschlossen wurde. Diese entschieden auf der Grundlage des Konsens. Mit Innenverhältnis ist gemeint, die durch uns entwickelte soziale Struktur in der LiD e.V. Der vereinsrechtliche Rahmen grenzt uns zunächst von anderen Individuen, Gruppen und Rechtskörpern ab, ist sozusagen, um ein Bild zu gebrauchen, unsere Haut.

Nun muß ich zunächst berichten, wie die Entscheidungsgremien entstanden sind, wie sie funktionieren und darf auch nicht vergessen, den Bezug zum antipädagogischen Ansatz herzustellen. Die Entstehung ist eine lange Geschichte und dürfte bei Präzision ein ganzes Buch ausmachen, da sie untrennbar mit der Entwicklung der hier lebenden Individuen und ihrer gegenseitigen Beeinflussung zu tun hat. Und so bin ich also angewiesen, skizzenhaft vorzugehen: Die Entwicklung hin zu einer antipädagogischen Haltung hat ihre Wurzeln erstens in WG-Erfahrungen, zweitens in Zivildiensterlebnissen und drittens in jahrelangen Erfahrungen von Heimeinrichtungen und Schulen.

Erlebend, daß Fremdbestimmung die Menschen unterdrückt und unglücklich macht, ging die Tendenz bei der Gruppe in Richtung Selbstbestimmung/Selbstverwaltung der Mitarbeiter. Dies schlug sich beispielsweise nieder in der Satzungs- und Namensänderung 1982. Wir gestanden uns zu, unsere Belange selbst in die Hand zu nehmen und die volle Verantwortung zu übernehmen. Diese Haltung betrifft alle Bereiche des Lebens, wie der ökonomische, rechtliche und kulturelle. Es eröffneten sich erstaunliche Erfahrungen für uns. In diesen Prozessen tauchte selbstverständlich die Frage nach der Selbstbestimmung von Behinderten und Kindern auf und wurde bis heute nicht endgültig beantwortet. Wo sind die Grenzen, welche Behinderung, welches Alter macht/machen Selbstbestimmung unmöglich? Welche Gesetze lassen eine solche nicht zu, und schließlich: wer ist z.B. daran interessiert, die Selbstbestimmung zu verhindern? Aber auch: Gibt es auch Nachteile in einem selbstbestimmten Leben? Alles Fragen, die der Lösung harren und vielleicht nur durch das reale Leben beantwortet werden.

Trotz vieler ungelöster Probleme gingen wir den Weg in Richtung Autonomie aller Menschen weiter und haben unsere entscheidenden Gremien geöffnet, in denen bislang die Vereinsmitglieder beschlossen, so daß Behinderte und Kinder hier Zugang haben und sich einmischen können in die Dinge, die sie schließlich wesentlich betreffen. Es geht uns allerdings nicht um die heute übliche Pseudomitbestimmung, sondern ganz eindeutig um die Selbstbestimmung z.B. der Behinderten.

Es tauchen gehörige Schwierigkeiten auf. Da gibt es die Grenze, die wir selbst durch unsere Sozialisation und unser Unvermögen, Behinderte oder Kinder verstehen zu können, darstellen und zum anderen all die gesetzlichen Schranken, die nicht nur den Behinderten die volle Freiheit verwehren. Es verkehrt sich Sinn oder Unsinn, da das Mittel, welches Schutz gewähren soll, in vielen Fällen eine Behinderung der freien Entfaltung der Persönlichkeit darstellt.

Wir möchten uns verstehen als Lebensgemeinschaft freier, autonomer Individuen, und das beinhaltet z.B. auch die volle, uneingeschränkte Mitgliedschaft in unserem selbstverwalteten Verein. Bei Entmündigung ist das bisher nicht möglich und verstößt gegen Recht und Sitte, mindestens gegen letztere. Die Beteiligung an der hier üblichen Wirtschaftsgemeinschaft stößt ebenfalls an unüberwindliche Grenzen, da Sozialhilfeempfänger sofort zur Kasse gebeten werden, wenn sie mehr verdienen, oder ihr Bargeld anderen als den ganz persönlichen Bedürfnissen (die sind definiert) dient. Die Beispiele lassen sich vermehren.

Dennoch lassen sich im verbleibenden Freiraum einige Dinge realisieren. Der direkte und indirekte Wohnraum wird von jedem individuell oder allen gemeinsam gestaltet. Ferien, Feste, "Freizeit" und Arbeit werden im Wesentlichen durch alle direkt Beteiligten bestimmt. In den Entscheidungsgremien haben alle volles Stimmrecht. "Behinderte" haben genauso die Möglichkeit (und Fähigkeit), Beziehungen aufzubauen und können Projekte ohne Leitung durchführen. Sie nehmen an allen Veranstaltungen rege teil (Festivals, Theater, Seminare, Demonstrationen).

Ein Gebiet, wo es noch viel zu befreien gibt, ist die Unfähigkeit der "Betreuer", den "Betreuten" zu verstehen und die unverarbeitete faschistische Anlage in fast allen Menschen. (Der autoritäre Staat findet seine Fortsetzung in den Gehirnen der Menschen.) Diese letzte Äußerung fordert zur notwendigen Selbstkritik und -erkenntnis auf, die beide die Voraussetzung für ein autonomes Wesen sind.

Inwieweit nun die LiD eine echte Alternative darstellt, sei dem Kritiker überlassen; inwieweit sie sich in städtische Räume übertragen läßt, ist dem Mut und der Durchsetzungskraft von Behinderten und Nichtbehinderten überlassen. Wir jedenfalls können uns vorstellen, daß ähnliche Projekte überall entstehen könnten (den Umständen gemäße) und haben ein Interesse daran, daß das geschieht.

ANMERKUNGEN

1) Lebensgemeinschaft im Dhrontal e.V. (LiD), Dörrwiese 4, 5552 Morbach-Merscheid.

2) Zum FLI vgl. auch weitere Beiträge in diesem Heft(hier die Auseinandersetzung Braunmühl - Klemm).

3) Die "Arbeitsgemeinschaft sozialpolitischer Arbeitskreise (AG SPAK) ist ein bundesweiter Zusammenschluß sozialpolitisch arbeitender Basisgruppen (Gründung 1970) mit mehreren Arbeitsbereichen, wie z.B. Alternative Ökonomie, Provinzarbeit, Behinderte, Alternativpädagogik. Die AG SPAK hat eine eigene Publikationsreihe, bringt mehrere Rundbriefe heraus und veranstaltet jährlich mehrere Tagungen. Die Zeitschrift FORUM erscheint viermal im Jahr und informiert über Tätigkeiten und Ergebnisse der AG SPAK-Arbeit; Bezug über AG SPAK, Kistlerstr. 1, 8 München 90.

Anmerkung;Dieser Text wurde in Heft 2/87 der Zeitschrift ZEP(Zeitschrift für Entwicklungspädagogik)veröffentlicht und zeigt die reale Umsetzung eines Nicht-Pädagogischen Umgangs unter schwierigen Voraussetzungen.

Für einen Paradigmenwechsel in der Pädagogik
von Wolfgang Hinte/Christina Höhr

aus Päd. Rundschau (Sonderdruck 1982)

1980 rief F. Capra auch hierzulande seine "Wendezeit" aus, und ob er nun damit längst Bekanntes nur klug zusammenschrieb, differenzierte Zusammenhänge unzulässig vereinfachte oder tatsächlich den großen inhaltlichen Wurf schaffte: er erreichte auf jeden Fall eine breite, offene Zuhörerschaft, vielfach unter jungen Leuten, fortschrittlichen Intellektuellen, besonders bei ökologisch denkenden und fühlenden Menschen. Die Verkaufszahlen seines Buches, die vielfältigen Rezensionen und die unzähligen Folgeartikel und -bücher belegen dies auf eindrucksvolle Art und Weise. Nicht zuletzt im Gefolge dieses Buches (sowohl als Reaktion darauf als auch durch die Sogwirkung mitgerissen) ging ein großes Raunen durch den Teil der bundesdeutschen Publizistik, der sich um die Veröffentlichung von Wissenschaft verdient zu machen glaubte. Dabei wurde deutlich, daß sich in vielen geistes- und naturwissenschaftlichen Disziplinen schon längst - mehr oder weniger stark ausgeprägt - oft unabhängig voneinander und nicht aufeinander bezogen Tendenzen ausmachen lassen, die in ihrer Bündelung durchaus die Substanz für ein neues wissenschaftliches Paradigma darstellen können.

Thanatologen erforschen Sterbeerfahrungen, transpersonale Psychologen arbeiten an einer Psychotherapie des "höheren Selbst", parapsychologische Forschungen zur außersinnlichen Wahrnehmung werden zunehmend ernster genommen, Physiker denken grundsätzlich über die Beschaffenheit von Raum, Zeit und den Zustand dahinter nach und stellen Beziehungen zwischen Geist und Materie fest, Feldforscher studieren die Heilkünste und Rituale von Schamanen, Geistheiler scheinen über längere Strecken hinweg Heilungen bei schweren Krankheiten bewirken zu können, und Biologen beginnen über die Existenz morphogenetischer Felder zu diskutieren. Gern zitierte Ahnen dieser Trendwende sind Frauen und Männer wie E. Kübler-Ross, M. Planck, Heisenberg und Einstein, C. G. Jung, R. Cohn, G. Bateson und P. Feyerabend. Die solchen Gedanken zugrundeliegenden holistischen Konzepte von globaler Vernetzung und Systemdenken ziehen breite theoretische Diskussionen nach sich und finden in verschiedenen wissenschaftlichen Disziplinen Eingang (sozial-ökologische Ansätze in den Sozialwissenschaften, systemtheoretische Betrachtungsweisen in der Soziologie und Biologie, bestimmte Richtungen der psychosomatischen Medizin, der Aufschwung in der Hömöopathie oder auch das Come back der Gestalttheorie).

Zur Situation der Erziehungswissenschaft

Gänzlich unberührt davon scheint sich jedoch die Erziehungswissenschaft zu fühlen. Vokabeln wie Ganzheitlichkeit, Abkehr vom naturwissenschaftlichen Paradigma, systemisches statt mechanistisches Denken usw. gewinnen in den Nachbardisziplinen (nicht erst seit Capra) immer mehr an Raum und Buchseiten, während sie in der Pädagogik - besonders in ihren technokratischen Spielarten - recht wenig Einfluß haben. Randständige Richtungen wie beispielsweise die Gestaltpädagogik, personenbezogene Konzepte, wie die Antipädagogik oder humanistische Ansätze fristen ein marginales Dasein, ohne die "große" Theoriebildung entscheidend beeinflussen zu können. Zu streng scheinen das naturwissenschaftliche Paradigma, geisteswissenschaftliche Tradition und lineares Denken in der (deutschen) Pädagogik zu wirken, als daß ihre Theorieentwicklung in dieser Zeit des Umdenkens neue Strömungen konstruktiv verarbeiten könnte. Vielleicht liegt dies an der Definition des Gegenstandes selbst: Erziehung wird gerne und häufig - alltagssprachlich, aber auch in vielen Fachdiskussionen - als zwar sehr komplexes, im Grunde aber lineares Geschehen verstanden, bei dem jemand, der es besser weiß oder das zumindest glaubt, einem oder - wenn es geht - gleich mehreren anderen mit allen möglichen Mitteln von autoritärer bis partnerschaftlicher Art nahebringt, wie es denn zu deren Besten weiterzugehen habe. Im Vordergrund steht dabei die zielgerichtete "Veränderung von Verhaltensdispositionen" bei dem "Zögling". Die Ziele sind jeweils austauschbar und konjunkturabhängig: urdeutsche Tugenden wie Ordnung, Sauberkeit und Fleiß ("Leistungsmotivation") wurden mittlerweile abgelöst durch Eigenschaften wie Autonomie und Emanzipation, und diese machen inzwischen Zielen wie Friedensfähigkeit und ökologischer Gesinnung Platz - jedenfalls sofern man der "neuen Mehrheit" links von der Mitte angehört. Erziehung hat immer ein Bild vom "guten Menschen", und sie scheint alle möglichen Menschenbilder transportieren zu können und wollen, ja, sie bietet sich geradezu an, das zu tun und wird auch gerne von allen möglichen gesellschaftlichen Gruppierungen entsprechend genutzt. Unüberhörbar ist dann in der Regel die Klage darüber, daß die Kinder doch nicht so geworden sind, wie Linke, Rechte, Grüne oder andere es wollten. Die wenigen Erziehungswissenschaftler, die hier dezent und mit wissenschaftlicher Zurückhaltung zur Vorsicht mahnen (Giesecke, Kupffer, Rumpf, Baacke, von Hentig u.a.) werden zwar gedruckt, aber in ihren Anregungen zu mehr Nachdenklichkeit gerne überlesen bzw. mißverstanden. Und wer allzulaut auf die Pauke haut, wie beispielsweise die Antipädagogen, wird einfach totgeschwiegen, falsch rezipiert oder unsachlich angegriffen. Sogar ein ursprünglich hierzulande gern zitierter und geachteter Psychologe ist an der technokratischen Einstellung bundesdeutscher Pädagogik gescheitert: Solange man sich - gestützt auf die anfangs ungenaue Rezeption seitens des Hamburger Psychologen R. Tausch - von den Gedanken des kürzlich verstorbenen humanistischen Psychologen C. R. Rogers eine Verbesserung erzieherischen Wirkens erhoffte, reagierte die Pädagogenzunft mit vorsichtiger Begeisterung. Sie verfeinerte seine "Techniken" und pries sie als neue Qualität partnerschaftlicher Erziehung. Nachdem nun allerdings die Bücher Rogers fast ausnahmslos in deutscher Übersetzung erschienen sind und R. Tausch gemeinsam mit Rogers ausdrücklich betont hat, daß ein personenbezogenes Konzept eben nicht methodisch-technisch einsetzbar ist, also keine gezielte Planung ermöglicht oder gar intentional Verhalten von Menschen beeinflussen kann. sondern, daß es vielmehr um die "Arbeit an der eigenen Person", um die Entwicklung persönlicher Einstellungen geht, aus der heraus sich erst hilfreiche Beziehungen entwickeln können, läßt die Euphorie für den Ansatz auf Seiten der Pädagogen merklich nach. Man schreibt einfach nicht mehr darüber.

Zum Hintergrund des erzieherischen Weltbildes

Der nach wie vor das Klima der bundesdeutschen Erziehungswissenschaft prägende Glaube an die erfolgreiche Durchführbarkeit erziehungswissenschaftlich entwickelter und legitimierter Handlungsanweisungen hängt nicht zuletzt eng mit dem durchgängig noch als gültig anerkannten Wissenschaftsbegriff der Naturwissenschaft vergangener Zeiten zusammen. Zwar gibt es, gerade in den Geisteswissenschaften, durchaus eine Vielzahl unterschiedlicher Definitionen von Wissenschaft, doch läßt sich zumindest tendenziell eine von vielen geteilte Gemeinsamkeit benennen: Wenn jemand sagt, irgendeine Tatsache sei wissenschaftlich untersucht worden, dann meint er in der Regel damit, daß ein Forscher unter Einhaltung und möglichst auch Nennung bestimmter Regeln etwas beobachtet hat und darüber systematisierte Aussagen trifft. Dabei scheint die Trennung des Forschers vom Gegenstand (hier: vom Menschen) ein zentrales Gütekriterium wissenschaftlicher Arbeit zu sein. Hintergrund dafür ist die Auffassung, daß es möglich und sinnvoll ist, die "objektive Wirklichkeit" zu erkennen und sie systematisch zu beeinflussen. Das funktioniert, einfach gesagt, dann, wenn möglichst alle, zumindest aber die zentralen, elementaren Grundbausteine und Gesetzmäßigkeiten von Objekten und Phänomenen, deren Existenz vorausgesetzt wird, entdeckt werden. Dies kann durch quantitativ-empirische Erfassung geschehen (wie in positivistisch fundierten technokratischen Konzepten), das geht auch über den Weg systematischen Nachdenkens, historischer Analyse oder ideologiegebundener Theorieentwicklung (wie das in vielen geisteswissenschaftlichen oder ideologisch ausgerichteten Spielarten der Fall ist.) Die Mehrzahl der Erziehungswissenschaftler ist also noch der Auffassung, daß Welt und Gesellschaft analytisch zerlegbar und in ihren Gesetzmäßigkeiten erkennbar sind, und zwar so, daß man sie anschließend erfolgreich beeinflussen kann. Dieses Grundkonzept schwingt auch immer mit, wenn Erziehungswissenschaftler über pädagogisches Verhalten Menschen gegenüber reden.

Die Tradition dieses (typisch westlichen) Denkens geht im wesentlichen auf die Gedanken von Descartes, Bacon und Newton zurück, die solches Streben nach Macht und Naturbeherrschung salonfähig gemacht haben. Grob gesagt behaupten sie, die Welt sei eine Maschine, die nach strengen mechanischen (Natur-) Gesetzen funktioniert, die man herausfinden kann, indem man die jeweiligen Objekte in ihre Einzelteile zerlegt, damit experimentiert und nach den Regeln sucht, die das Verhalten des Untersuchungsgegenstandes bestimmen. Vorraussetzung dafür ist, daß Natur und Materie als vom Geist getrennt aufgefaßt werden und man sich ihrer von außen beobachtend und gezielt intervenierend bemächtigt.

Der in dieser Tradition stehende technokratische Erziehungsbegriff, unterfüttert durch ein anbiederndes Schielen auf das naturwissenschaftliche Paradigma, führt dazu, daß man sich eilfertig um die Übernahme dieser Vorgehensweise bemüht und "Wissenschaftlichkeit" dadurch unter Beweis zu stellen versucht, daß man deutlich macht, wie man diese

Trennung sowohl im Forschungsprozeß wie auch im konkreten Prozeß der gezielten Beeinflussung von Menschen aufrechthält.

Dabei können heutige Pädagogen auf eine recht lange Tradition zurückblicken, die allzu häufig wortreich-verschwommen rezipiert wird. Zwei ausgewählte Beispiele: Für den geisteswissenschaftlichen Pädagogen Schleiermacher "ist... jede pädagogische Einwirkung eine solche Ausfüllung eines Lebensmoments in dem zu erziehenden Subjekt, welche ihre Richtung zugleich auf die Zukunft berechnet und deren Wert in dem besteht, was in der Zukunft daraus hervorgehen soll" Und Rousseau, der oft als Pädagoge rezipiert wird, dem die Freiheit des Kindes über alles ging, forderte: "An dich wende ich mich, zärtliche, weitsehende Mutter... lege früh einen Zaun um die Seele deines Kindes; seinen Umfang mag ein anderer bestimmen, aber du allein mußt die Schranken setzen." Beispiele für die Kuriosität der verbalen Verrenkungen, die allseits geschätzte Pädagogen anstellen, um ihre im Grunde kinderfeindliche Haltung zu tarnen.

Zur Legitimität erzieherischer Akte

Das Zeitalter der Machbarkeit und Quantifizierung hat die Weiterentwicklung der traditionellen Pädagogik - besonders in ihren empiristischen, aber auch in den geisteswissenschaftlichen Orientierungen - entscheidend mitgeprägt; sie setzt sich auch heute noch schwerpunktmäßig mit jeweils aktuellen Zielen und Handlungsanweisungen auseinander bzw. mit deren theoretischem Überbau und stellt die Legitimität des erzieherischen Aktes selbst kaum mehr in Frage, ganz zu schweigen von einer konkreten Beschäftigung mit der Möglichkeit des Umgangs zwischen Menschen in einer erziehungsfreien Atmosphäre.

Auf der Grundlage eines nur selten problematisierten, technokratisch-linearen Erziehungsverständnisses operieren die Verkünder der "Erziehbarkeit des Menschen" sowohl in populär-wissenschaftlichen (Erziehungsratgebern) als auch in akademischen Publikationen bei der Methodenwahl und -findung mit linearen Wenn-Dann-Thesen, deren oft banale Schlichtheit der Komplexität und Ganzheitlichkeit menschlicher Existenz und zwischenmenschlicher Beziehungen in keiner Weise gerecht wird. Besonders drolliges, zugegeben plakatives Beispiel: "Die im Wenn-Satz der Hypothese angegebenen Bedingungen für das Eintreten eines Ereignisses werden nun zu den Mitteln, die eingesetzt werden können, um das im Dann-Satz der Hypothese angegebene Ereignis, das nunmehr zum Handlungs- bzw. Erziehungsziel wurde, eintreten bzw. erreichen zu lassen." Und was die Pädagogen Alisch und Rössner 1978 in luftigen Höhen gedanklicher Abstraktion formulierten, wurde zwei Jahre zuvor in einem Erziehungsratgeber bereits deutlicher gesagt: "Wenn Sie möchten, daß Ihr Kind ein bestimmtes Verhalten öfter zeigt, brauchen Sie es dafür nur zu loben." Oder, sieben Jahre später: "Ablenkungsmanöver sind eine der Hilfen, mit denen kluge Eltern ihr Kind lenken."

Hier zeigt sich, daß technokratische Erziehungsmodelle ein Menschenbild bevorzugen, das dem einer Maschine nicht unähnlich ist. Daß dies längst nicht für alle Richtungen der Pädagogik gilt, muß ausdrücklich betont werden; dennoch ist wohl kaum eine geisteswissenschaftliche Disziplin so offen für mechanistisch-lineares Denken und gleichzeitig so verschlossen ganzheitlichen Konzepten gegenüber wie die Erziehungswissenschaft.

Zusammengefaßt gehen die meisten Erziehungswissenschaftler weiterhin davon aus, daß

1. es auf der Grundlage empirischer Überprüfung nachweisbare Gesetzmäßigkeiten im menschlichen Verhalten gibt, die Berechenbarkeit im Einzelfall ermöglichen

2. die Gesetzmäßigkeiten nach linearen Wenn-Dann-Prinzipien funktionieren

3. Wissenschaft deshalb in der Lage ist, interaktionelle und materielle Realität "objektiv" zu erfassen

4. es auf der Grundlage dieses Wissens und eigener Vorstellungen und Werte legitim ist, Erziehungsziele zu formulieren

5. aus diesen Zielen Handlungsanweisungen ableitbar sind, die Richtlinien für den Prozeß der Formung anderer Menschen darstellen

6. erzieherisches Handeln von Vorstellungen getragen werden muß über "richtig" und "falsch", also von Bildern darüber, wie der erzogene Mensch möglichst bald auszusehen und sich der Erzieher zu verhalten habe.

Daß sich die Geisteswissenschaften und speziell die Pädagogik an einem naturwissenschaftlichen Weltbild orientieren, ist zunächst nicht unverständlich, war doch dieses Weltbild lange Zeit das gesellschaftlich einzig anerkannte, so daß jede Disziplin, die den Anspruch auf Wissenschaftlichkeit erhob, im Grund genötigt war, sich die geltenden Standards zu eigen zu machen. Nur so ist nachvollziehbar, daß in vielen wissenschaftlichen und alltagsweltlichen Konzepten beispielsweise Unterscheidungen zwischen "richtigen" und "falschem" Erziehungshandeln getroffen werden, die die Illusion nähren, man müsse nur die passende Methode anwenden, um das gewünschte Ergebnis zu erhalten. "Richtigkeit" leitet sich dabei konsequenterweise von dem jeweils angestrebten Zustand des "Zöglings" ab, der ja so werden soll, wie es der Erzieher wünscht. Neben der dadurch immer wieder neu erweckten Hoffnung der prinzipiellen Formbarkeit von Menschen weist diese Sichtweise noch ein anderes Defizit auf: die Person des Pädagogen scheint als emotionale Größe nicht zu existieren, sie hat sich den Anforderungen zu unterwerfen, die die Theorie stellt.

Worüber aber sonst könnten Erziehungswissenschaftler nachdenken, wenn nicht über dieses gesellschaftlich so geschätzte Geschehen, das da Erziehung heißt und an dessen Schluß gefälligst ein Mensch zu stehen hat, der dem zuvor erdachten Bild der erziehenden Instanz möglichst ähnlich ist? Womit kann sich denn diese Disziplin eigentlich befassen, wenn nicht mit der eigenen Geschichte, der Diskussion neuer Ziele und der Entwicklung immer listigerer Methoden (die übrigens in der Regel - bezogen auf die gesteckten Ziele - ziemlich wirkungslos sind und zunehmend von den Opfern - Schüler, Studenten, Klienten usw. - durchschaut werden)? was können denn schreibfreudige Pädagogen anderes tun als ständig die eigene Disziplin zu begründen, Ziele zu entwickeln oder Untersuchungen anzustellen, die hinterher keiner lesen will, es sei denn, sie passen in ein politisches Kalkül?

Kann bei dieser drohenden thematischen Langeweile ein Blick auf die Wendezeit-Theoretiker helfen?

Ein ganzheitliches Menschenbild und Erziehungswissenschaft

Die quicklebendige, aber auch manchmal naiv-schwammige Bewegung des New Age setzt einem mechanistischen ein ganzheitliches Weltbild gegenüber, in dem die Trennung zwischen Subjekt und Objekt problematisiert und zugunsten anderer Paradigmen in den Hintergrund gedrängt wird. Nun ist dieser Gedanke nicht ganz so neu, er findet sich u.a. insbesondere in philosophischen Traditionen, die aber von der "Mainstream-Wissenschaft" nie so recht akzeptiert wurden. Wir wissen aus physikalischen Forschungen spätestens seit der Quantenphysik, daß die von uns wahrgenommene Realität längst nicht mehr die einzig mögliche Realität darstellt und daß selbst Materie in ihrer wahrnehmbaren Erscheinung vom Standpunkt des Wissenschaftlers abhängig ist. Die kleinsten Teile der Welt entsprechen nicht mehr dem Bild der Maschine, sondern zeigen sich mehr und mehr als dynamisches System, innerhalb dessen alle Phänomene miteinander verknüpft und auf undurchschaubare Art und Weise miteinander verwoben sind. Es gibt auf dieser Ebene keine "Objekte" mehr, keine Teile, sondern nur noch Netze von Beziehungen. Daran anknüpfende Thesen sind, daß die Natur in sich dynamisch, daß Materie immer ruhelos in Bewegung und daß Masse im Grunde eine Form von Energie ist. Capra gebraucht das Bild, der Kosmos sei ein Tanz, Raum und Zeit seien miteinander verwoben. Die Vorstellung eines linearen Zeitablaufs ist zumindest im Bereich der Elementarteilchen nicht gültig; die Grenzen zwischen Physik und Metaphysik sind hier fließend.

Im subatomaren Bereich ist die Physik damit auf einen Widerspruch gestoßen, der im Rahmen des bislang gültigen Paradigmas und mit dessen Methoden nicht zu lösen war. In diesem Zusammenhang wurde gleichzeitig deutlich, daß das menschliche Bewußtsein ein entscheidender Faktor bei der Wahrnehmung und Konstruktion auch materieller (und damit angeblich "objektiver") Wirklichkeit ist. Eine Erkenntnis übrigens, die in der Gestaltpsychologie bereits in den 20er Jahren formuliert wurde: menschliche Wahrnehmung wird nach diesem Ansatz aktiv vom Wahrnehmenden organisiert, und somit müssen auch die wahrgenommenen Phänomene unter dem Blickwinkel der je individuellen Organisation gesehen werden. In der Diskussion um das "neue Paradigma" geht es nicht mehr um die grundsätzliche Eliminierung von Widersprüchen, sondern um die Akzeptanz des Widerspruchs als Grundstruktur allen Seins. Dies aber nicht nach dem Motto: "schade, daß das so ist, und laßt ihn uns deshalb möglichst berechenbar halten!", sondern mit einer Haltung, die den Widerspruch begrüßt und als kreatives Moment für menschliche Erkenntnis betrachtet.

Zugegeben: Es ist nicht ohne weiteres klar, was denn die Tatsache, daß die bislang kleinsten Einheiten der Materie (je nach Beobachter-Standort) gleichzeitig als Welle oder Teilchen erscheinen können, mit Pädagogik zu tun hat oder wo der Zusammenhang zwischen Erziehung und biologischen Erkenntnissen über Wachstum von Pflanzen und Weitergabe von Informationen liegt. Schaut man sich jedoch einmal die Folgen von Erkenntnisprozessen bei Wissenschaftlern in den oben genannten Bereichen an, wird vielleicht einiges deutlicher. Besonders in biographischen Notizen von Heisenberg und Einstein, aber auch von Capra und anderen Forschern, wird nachvollziehbar, wie tief der Veränderungsprozeß ist, der bei diesen Wissenschaftlern durch ihren Erkenntnisgewinn angestoßen wurde. Es scheint fast so zu sein, daß diese beiden Prozesse - Erkenntnisgewinn und persönlicher Reifeprozeß - sehr miteinander verwoben waren und sich gegenseitig beeinflußten. Es gibt sogar Forscher in diesen Bereichen, deren intellektuelle Thesen nur verständlich sind auf dem Hintergrund ihrer biographischen Aussagen bzw. ihrer Beschreibung über andere Bewußtseinszustände (beeindruckendstes Beispiel dafür ist der Physiker R. A. Wilson). Bestimmte Formen von Erkenntnis über ganzheitliche Zusammenhänge scheinen von sehr nachhaltig wirkenden persönlichen Bewußtwerdungsprozessen abhängig zu sein bzw. gehen damit einher, so daß die Beteiligung von Wissenschaftlern an ihrem Forschungsprozeß weit über das hinausgeht, was heute unter dem Stichwort "erkenntnisleitendes Interesse" konzediert wird.

Vergleichbares scheint sich auch bei Pädagogen abzuspielen, die in ihrer Praxis mit ganzheitlichen Erkenntnissen konfrontiert werden. Die beeindruckendsten Berichte von Lehrern über zentrale Erkenntnisse ihrer pädagogischen Praxis stammen nicht von denjenigen, die kognitiv Wissen rezipieren, sondern von solchen Lehrern, die - und davon gibt es viel zu wenige! - ihren eigenen Bewußtwerdungsprozeß im Kontakt zu anderen Menschen und zur Institution beschreiben und dabei oft sehr tiefgreifende Erfahrungen machen, die ihre Sichtweise von Schule, Unterricht und Erziehung nachhaltig verändern. Derartige Selbsterfahrungsprozesse, die häufig recht schmerzhaft und langwierig verlaufen, sind nur selten Bestandteil einer erziehungswissenschaftllichen Abhandlung oder pädagogischen Konzeptentwicklung: hier beschränken sich die persönlichen Mitteilungen meistens auf ein "herzliches Dankeschön" für den Doktorvater, den Lektor oder die Sekretärin. Subjektivität scheint nur im Vorwort gefragt, mit dem Forschungsprozeß hat sie angeblich wenig zu tun. Das gilt seltsamerweise sogar für Bereiche wie der pädagogischen Jugendforschung, in der ausdrücklich die Subjektivität von Jugendlichen zum Forschungsgegenstand wird, während die Subjektivität der Forscher bestenfalls ab und an in einer Fußnote erscheint.

Akzeptiert man jedoch, daß geistige und materielle Welt, Dinge und Menschen, nur in einer Sichtweise beschreibbar sind, die in Formen von Zusammenhängen sowohl zwischen Geist und Materie als auch zwischen Forscher und Erforschten denkt und sich nicht der Kausalität als Erklärungsansatz verpflichtet fühlt, dann muß auch die Erziehungswissenschaft von einigen gern akzeptierten Theoremen Abschied nehmen und folgende Aussagen bzw. deren Konsequenzen zumindest in Erwägung ziehen:

1. Es gibt Abläufe, Interaktionen zwischen Menschen, die sich dem Zugriff klassischen, wisssenschaftlichen Instrumentariums entziehen.

2. Lineares Denken in Kausalketten kann weder Wirklichkeit erschöpfend erfassen noch angemessene Grundlage von Handlungsanweisungen sein.

3. Jeder Versuch der ausschließlich externen Erfassung und Lenkung von Prozessen

menschlichen Wachstums auf dem Hintergrund von Bildern über diese Menschen muß scheitern.

4. Professionelles pädagogisches Handeln muß andere Begründungszusammenhänge für Kompetenz finden als technokratische Richtigkeit oder meßbare Folgen im Verhalten des "Zöglings".

5. Veränderte Sichtweisen des Erziehungsprozesses sowie die Entwicklung ganzheitlicher Beziehungsformen sind eng verbunden mit der Bereitschaft von Pädagogen und Erziehungswissenschaftlern, sich in persönliche Veränderungsprozesse zu begeben.

Folgen für die Pädagogik

Pädagogische Forschung müßte sich nach anderen Verfahren umsehen, liebgewordene Begrifflichkeiten über Bord werfen und einige Formen akademischer Beschädigung grundsätzlich in Frage stellen. Die Ausbildung derer, die in unterschiedlichen Feldern pädagogisch handeln sollen, wird verstärkt solche Anteile miteinbeziehen müssen, die - jenseits kognitiver Aktivität - ganzheitliches Denken und Fühlen, intuitive Fähigkeiten und personale Kompetenz beinhalten.

Schwerer und nachhaltiger wirken jedoch die aus solchen Gedanken folgenden Einstellungsveränderungen, die in ihrem Umfang durchaus mit denen vergleichbar sind, die viele Naturwissenschaftler erfuhren, als ihnen klar wurde, daß die Welt nicht dem Bild entsprach, das sie sich jahrelang von ihr gemacht hatten. Solche veränderten Haltungen finden sich heute bereits in einigen publizistisch weniger beachteten "Szenen" und Alltagszusammenhängen. Dort sind beispielsweise die Haltungen Kindern gegenüber nicht mehr aus der Attitüde des "Ich weiß, was für dich gut ist" gespeist sondern von der Überzeugung, daß der Wille des Kindes mindestens genauso viel zählt wie der Wille des Erwachsenen. In solchen Beziehungen kommt es dann häufig zu im vorhinein nicht berechenbaren Aushandlungsprozessen, in denen Menschen ihren Willen gegen - oder auch miteinander aushandeln; dies aber eben nicht auf dem Hintergrund vermeintlicher Besserwisserei sondern mit einer akzeptierenden und respektierenden Einstellung dem Willen und der Person des anderen gegenüber. Daraus wird deutlich, daß der Anspruch des Pädagogen, sei er noch so seitenreich historisch und systematisch begründet, auf zielgerichtete erzieherische Handlungen elementar in Frage gestellt wird, denn einerseits ist die Sinnlosigkeit dieses mechanistischen Unterfangens deutlich und andererseits steigt die Respektierung des Interaktionspartners als autonomes, selbstverantwortliches Wesen. Gleichzeitig verlieren stillschweigend vorausgesetzt und/oder rechtlich legitimierte Fakten ihren Unumstößlichkeitscharakter: Wieso zählt der Wille des Kindes grundsätzlich geringer als der Wille von Erwachsenen? Wieso müssen Kinder durch erzieherische Einwirkung oder durch polizeiliche Gewalt gezwungen werden, zur Schule zu gehen? Wieso ist es erlaubt, sein Kind körperlich zu züchtigen? Zweckrationales Denken wird Vorgehensweisen weichen müssen, die Umwege gehen, ohne zu wissen, welches Ziel sie anstreben. Akademische Ernsthaftigkeit würde durch Emotionalität, Intuition und Subjektivität ergänzt werden. Die patriarchale Macher-Haltung würde ihrer narzißtisch getarnten Ohnmacht entkleidet und die Grenzen objektiver Verfahren, die ja gerne zur Begründung dieser Haltung eingesetzt werden, in ihrer Begrenztheit deutlich. Und es kann sein, daß dann zu einer wissenschaftlichen Veranstaltung über Kindererziehung auch mal Kinder als Experten eingeladen werden. Eine verwegene Utopie und ein schrecklicher Gedanke für viele, die sich denkend und schreibend mit Kindern befassen. Denn es ist doch viel einfacher - und immer noch beschwerlich genug - davon auszugehen, daß Erwachsene wissen, was für Kinder gut ist; und wenn es tatsächlich so etwas wie einen "Heimlichen Generationenvertrag" (Braunmühl) gibt, dann wird es schwer sein, ihn umzuschreiben, solange politische, juristische und pädagogische Pflöcke dagegenstehen.

RÜCKFRAGEN von Ekkehard v. Braunmühl

Wieso ist es "viel einfacher" bzw. "beschwerlich genug", "davon auszugehen, daß Erwachsene wissen, was für Kinder gut ist"? Sehen Sie, Wolfgang Hinte/Christina Höhr, nicht, daß es in "der" Pädagogik noch niemals darum ging, was für Kinder gut ist, sondern realiter immer nur darum, was für die Erziehung gut ist? ("Antipädagogik" kann schwerlich etwas anderes sein als die Widerlegung der pädagogischen Prämisse, die diese Sichtweise legitimiert: daß nämlich Erziehung für Kinder gut - oder wenigstens nötig - sei.)

"Kinder als Experten" auf einer "wissenschaftlichen Veranstaltung über Kindererziehung"? Ich sehe da eine Versammlung von Schweinen, Rindern usw. vor mir, die von Fleischfabrikanten befragt werden, was gut ist für den Rollbraten, die deutsche Wurst usw.

Wollen Sie, Wolfgang Hinte/Christina Höhr, wirklich einen Paradigmawechsel "in der Pädagogik"? Finden Sie es wirklich richtig, den Heimlichen Generationenvertrag "umzuschreiben"?

Ich dachte, ich hätte in dem gleichnamigen Buch (rororo-Tb) deutlich gemacht, daß es darum geht, den "HGV" aufzudecken und dafür zu sorgen, daß das "Mindermensch-Paradigma" überwunden, durch das "Kindermensch-Paradigma" ersetzt wird (einfach, weil es die Wirklichkeit treffender beschreibt). Dann wissen klügere, erfahrenere, weitblickendere Menschen in vielen Fällen weiterhin, was für andere (irrende, unerfahrene, kurzsichtige) Menschen gut (bzw. besser) ist - und für den Frieden, die Natur/Ökologie etc. -, und sie werden auch weiterhin versuchen, ihr besseres Wissen weiterzugeben, aber sie (also die antipädagogisch aufgeklärten Menschen) setzen sich zu diesem Behufe nicht mehr über die Menschenrechte (die Menschenwürde, das Recht auf freie Entfaltung der Persönlichkeit, körperliche Unversehrtheit, Meinungsfreiheit usw.) der anderen Menschen hinweg, weder mit körperlicher noch mit geistig-seelischer Gewalt.

Stimmen Sie mir zu, daß es nach diesem Gewaltverzicht überhaupt keine "wissenschaftliche Veranstaltung über Kindererziehung" mehr geben kann?

Oder halten Sie mich für einen schlechten Kerl, weil ich tatsächlich zu wissen beanspruche, was für Kinder gut ist (z.B. Freiheit, Gleichberechtigung, Solidarität, Gesundheit,

Frieden, Toleranz)? Obwohl es Menschen, junge auch, gibt, die stolz sind auf ihre Unfreiheit etc., also die Erziehung, die sie "genossen" haben?

Ist Ihnen übrigens nicht aufgefallen, daß Ihr Plädoyer für Ganzheitlichkeit, Emotionalität, Intuition usw. auf "Werte" pocht, die in der Erziehung des - und zum - deutschen Faschismus umfassend realisiert wurden? —> *(das Recht in ihrien auszuleben -> 3jo Molk?)*

Und zum Schluß (wg. Platzmangels): Halten Sie es wirklich für wichtiger, "der Pädagogik" beizuspringen, indem Sie deren Fehler (z.B. den Machbarkeitswahn) kritisieren, als den realen Kindern (z.B. ihrer Würde, ihren Rechten), deren Ausbeutung (Mißhandlung, Funktionalisierung, Entwürdigung, kurz: Erziehung) doch nicht nur deshalb zu verurteilen ist, weil sie vielleicht nicht perfekt gelingen kann?

Juli 1988 - EvB - Walramstraße 8 - 6200 Wiesbaden - 06121/40 53 00

Auch die Hrg. haben eine kritische Distanz zu dem Beitrag Hinte/Höhr, insbesondere was den sog. "ganzheitlichen Ansatz" angeht, den wir so ablehnen! (G. Kern)

Erziehung - was ist das?

von Herzquadrat

Der Versuch Gedanken, Fragen und Ängste in Worte zu fassen
Einige Anmerkungen zum folgenden Text.
Uns ist die z.t. sehr verkürzte Sichtweise bewußt. Unser Wusch und unsere Hoffnung (und eigenes Ziel) ist es, daß sich Leute einzelne Blöcke im Zusammenhang nehmen und mit mehr und genauerem Inhalt füllen.
Es ist klar, daß in der "feministischen" Literatur viele Fragen angegangen wurden. Dies alles zu beschaffen und zu lesen ist uns schon aus zeitlichen und finanziellen Gründen unmöglich. Wir sehen dies als Gliederung und Gedankensammlung, in der möglichst viele mitdiskutieren und es auf Papier bringen. Wir würden uns freuen, wenn ihr uns Materialien kopiert und zuschickt.

Einleitung

Es soll sie tatsächlich geben, die Mütter, Väter und Kinder in der Szene. Eine Auseinandersetzung um dieses Thema findet in gemischten Zusammenhängen meist leider nicht statt, bzw. nur aus einer eigenen Betroffenheit der Frauen. "...viele beschissene Erfahrungen von Frauen, trotz guter Absichtserklärungen von Zweiten und Dritten, letztlich alleine für das Kind verantwortlich zu sein." (swing Nr. 14, S. 22, autonomes Rhein-Main-Info). Dies alleine ist schon bezeichnend (für uns Männer). Unserer Meinung nach greift die ganze bisher angeschnittene Diskussion, so auch in der swing Nr. 14, zu kurz bzw. es wird vieles vermischt. Wir werden versuchen die unserer Meinung nach verschiedenen Komplexe deutlicher zu machen.

1) Patriarchat

In allen heutigen Gesellinschaften wird vom Mann als Orientierung ausgegangen. Die Frau gilt als Anhängsel, hat in der Regel nicht mal in ihren geschlechtsspezifisch zugewiesenen Räumen eine Autorität. Selbst über ihren Körper soll verfügt werden.
Die meisten Analysen in unserem Sumpf sehen die Frau auch nur als Objekt der kapitalistischen Ausbeutung, sprich Reproduktionsarbeit und Arbeit: "Der Akt der gesellinschaftlichen Vernichtung der Frau ist allerdings ein doppelter: der Zwang, der aus Gesellinschaftsarbeit unsichtbare Frauenarbeit macht, setzt sich fort in der radikalen Entwertung dieser Arbeit." (RZ`s 2/89). Die Ungleichheit, was Bezahlung, Jobqualifikation, Einstellung etc. auf der einen Seite, die Hausarbeit "Erziehung", (sexuelle) Wiederherstellung auf der anderen Seite betrifft, ist unserer Meinung nach eine Abwertung, reduziert Frausein auf Objekt und Arbeit. Für uns sind die herrschende Kultur und die männerfixierte Sexualität von Frauen zwei Beispiele weiterer nicht-ökonomie-gebundener Hierarchisierung, die es zu erkennen und zu verändern gilt. Es gibt gerade hier schon seit Jahren Ansätze eine eigene, wenn auch nicht selbstbestimmte (im Kapitalismus und Patriarchat un-

ter den momentanen Bedingungen ein nicht erfüllbarer Anspruch) Vorstellungen zu konkretisieren. Auffallend ist die Selbsthandlung, die Bestimmung als Frau, sich nicht in die männergeschaffene Ökonomieanalyse einpressen zu lassen.
Dies als Ansatz für unseren Umgang mit der Entmischung im großen.
Zugegeben, etwas platt und oberflächlich, aber da es hier schon eine breitere Diskussion gibt, "übergehen" wir diese Grundlage (!).

Was uns beim Durchsehen unserer Ordner auffiel, ist das Verharren der Autonomen in der Vergewaltigungsdiskussion, was natürlich als gesamter Eindruck gilt. Wenige Papiere bringen die Knackpunkte an die z.T. derbe patriarchale Oberfläche. (Empfehlenswert der Wiener Infoladen-Reader 8/89).

Diese (notwendige) Diskussion reduziert das Patriarchat und deren gesellschaftliche Dimension aber auf eine "offene" Form der sexuellen Gewalt. Die Konsequenzen dieser Diskussion sind immer noch sehr individuell. Dies alles bezieht sich auf gemischte (!) Zusammenhänge. Eine Verbreiterung, geschweige denn Wirkung der Diskussion ist kaum zu sehen (Ansätze in der letzten Ausgabe des anarchistischen Magazins "Projektil" aus Münster). Und hier kommen wir zum Thema zurück.

2) Sexualität

Dieses Thema ist kein Thema, jedenfalls nicht in unseren Zusammenhängen. "Ja, wir haben eine Sexualität", "aber das ist ein ernstes Thema", "so einfach läßt sich nichts dazu sagen".

Wir schneiden hier uns aufgefallene Punkte an. Unsere Orientierung, was Sexualität betrifft, holen wir uns in jungen Jahren in der Regel von Freund/inn/en und aus den Medien. Neugierde und Unwissenheit führen oft zum Frust und schmerzhaftem Erwachen in den ersten (und oft folgenden) Liebesnächten. Aus einem zärtlichen und lustvollen Akt, der es sein könnte, wird auf Dauer eine Sportleistung des Mannes.

Auch hier gilt der Mann und seine Wünsche als Orientierung. die Gefühls- und Lustwelt der Frau wird übersehen. Die Männer erkennen diese Zerstörung nicht. Die Wirkung ist ihnen nicht klar, aber auch für sie spürbar. Aus Gesprächen und eigener Erfahrung wissen wir, daß Menstruationsblutungen und ihre Gründe nicht ernstgenommen bzw. als Krankheit gesehen werden. Hier kann eine Verwertung der Frauen nicht stattfinden oder der liebevolle Mann zeigt wahres Verständnis. die Menstruation als normal und gegeben zu sehen, ist durch Tabuisierung immer noch weit weg.

Sexuelle Enttäuschungen werden selten geklärt bzw. ausgetauscht. Das zweite "Versagen", der männliche Orgasmus (sexueller Höhepunkt?), trifft auf Verständnis, das gewöhnliche erste "Versagen", der (nicht stattfindende) weibliche Orgasmus auf Nichtbeachtung, Hilflosigkeit und Angst (aber psst!).

Homosexuelle und lesbische Beziehungen werden aus der geschürten Angst, aus der Uninformiertheit und Verdrängung, aus Vorurteilen und vielem mehr verhindert. Diese Form des Lebens mit ihrer Form von Sexualität soll und darf es nicht geben. (Wir haben kaum Materialien zum Befreiungskampf von Schwulen und Lesben gefunden und uns auch zu wenig darum gekümmert. Wenn ihr uns hier Material oder Empfehlungen schicken könntet, wäre es toll.) Die meisten in der AnarchistInnen-/Autonomen-Szene ziehen gemischt-geschlechtliche Nächte (oder Tage) vor. Die Verhütung ist weiterhin Frauensache.

Dies steht zu unserem Anspruch im direkten Kollissionskurs!

Die Bedingungen im Trikont (siehe e. colibri), was die Verantwortung für Verhütung betrifft, lassen die schweigende Männerkumpanei mit der Gummi-Alternative deutlich werden. Sterilisation von Männern, leicht begrinst, oder die "Züricher Schrittversuche" (ehemalige anti-sexistische Männerzeitung aus Zürich), also Ansätze einer antipatriarchalen Verhütungsdiskussion sind bisher auf massiven (das ist auch Ignorieren) Widerstand gestoßen. Aufklärung, Medien, Werbung, PorNos, Psychologie, Aids, Verhütung, Knast usw. sind gesamtgesellschaftliche Themen. Eine Diskussion in unserer Szene hätte genug Ansatzpunkte eine Utopie zu konkretisieren.

3) Abtreibung

"Es ist die Sache der Unterdrücker die Dynamik ihrer Unterdrückungsmethoden zu kapieren und nicht Sache der Unterdrückten, ihnen das beizubringen." So Ed Head, Gefangener aus der Georg Jackson Brigade (in "Antisexistische Schrittversuche" 1/87 Zürich). Dieses Zitat trifft die ganze antipatriarchale Diskussion, aber diesen Punkt besonders. Eine mehr oder weniger lustvolle Nacht ohne (selten - aber auch mit) Verhütung, egal ob one-night-stand oder Beziehungskiste, hat eine Schwangerschaft zur Folge. In der Regel kratzen die Typen, nicht ohne Überredungsversuche - ein Hammer für sich- und ohne irgendwelche eigene Gründe offenzumachen, die Kurve. Wenn ich als Mann mit einer Frau schlafe ohne (mit) Verhütung, muß ich mir über die "Folgen" klar sein! Hier gibt es kein wenn und kein aber!!!

Eine Abtreibung geht nicht einfach so. Gesellinschaftlicher Druck allgemein, der Druck von "Freund/inn/en", durch Ärztinnen, die "Beratungen", das Krankenhaus, Ängste, Tabuisierung, Unverständnis etc. schaffen eine ständige Belastung. Die Frau wird zum verantwortungslosen Subjekt, der Spermienschleuderer ist kein Thema mehr. In einer (unerwünschten) Schwangerschaft, bei einer Abtreibung kann der Mann nur, falls erwünscht, die Frau nach Möglichkeiten unterstützen. Dies gehört zur Klarheit und Verantwortung vor einem "Geschlechtsakt". Er hat danach kein Mitspracherecht. Diese Nichtthematisierung durch autonome Männer unterstützt indirekt die momentane konservativ/faschistische Offensive.

Selbstbestimmung der Frau, Möglichkeiten und Abtreibungsarten, Justiz und Gesetze, Verantwortung und Verbindlichkeit mit Konsequenzen etc. sind gesamtgesellschaftliche Ansatzmöglichkeiten (siehe Punkt 2) Ende).

Was ist nun, wenn frau Mutter werden möchte?

4) Kinderwunsch und Geburt

"Gibt es nicht auch so etwas wie einen Kinderwunsch? Finden wir nicht Kids einfach toll?" (Interim Nr. 45, autonomes Berliner Info). Woher kommt/was ist der Kinderwunsch? Warum sind Kids einfach toll?

In dieser Gesellinschaft sind Kids Stammhalter (Bangla Desh ist nur die Spitze des Eisbergs), Dressur-, Prestige- (Gruß an die "fortschrittlichen" Yuppieschweine) und Aggressionsobjekte. Ein/e kleine/r Klassenkämpfer/in?

(Zur Erziehung kommen wir später). Siehe auch Swing 14, S. 23 II. Projizieren nicht wir Verwaxenen Wünsche und Hoffnungen, aber auch Ziele in das Kind? Wollen wir nicht alles besser machen als Papa und Mama? Einsamkeit? Eine Aufgabe?

Das Kind wird schon sofort nach der Geburt in einen, wenn auch autonomen Käfig gesperrt. "Wir behaupten daher, daß die Kategorisierung (z.b. Alte, Kranke, Behinderte, Ausländer, Kinder) zur Aussonderung von bestimmten Lebensbereichen führt, die das "Kind" z.B. in Normen zwingt, die nicht die eigenen sind!" (Thesen der (Anti)Pädagogik Arbeitsgruppe des Forum Libertäre Information FLI). Wenn es anders wäre, würde diese Diskussion sichtbar sein. Eine Autonomie ist überhaupt nicht vorstellbar, so scheint es. Frau und Kind werden ihren Rollen zugewiesen, "so endet die Körperarbeit der Frau nicht an den inneren Grenzen ihres Leibes, die Abnabelung alleine macht aus dem Neugeborenen keineswegs ein unabhängiges, lebensfähiges Geschöpf." (RZ`s 2/89). Oh, doch (siehe ansatzweise hierzu z.B. Antipädagogik im Dialog, v. Schoenebeck, S. 64 ff). Hier schreiben die RZ`s eine Frauen- und Kinderrolle fest. Ein Gör, das Hunger hat, in Arm will oder kacken muß, tut`s oder erhebt seine/ihre unüberhörbare Stimme. Egal ob Mann oder Frau, es überlebt gesund mit einer Bezugsperson, wie die feministische Geschichtsform herausgefunden hat.

Zurück zur Ausgangsfrage: Der Kinderwunsch (hierzu auch v. Braunmühl, Antipädagogik). Was ist das? Dieses zu klären, ist mehr als wichtig, da es ja bekanntlich einschneidende Folgen hat. Aus "wahren Anarchist/inn/en" werden kriegerische Verwaxene. Der Kampf der Kinder ist grausam, wir Verwaxenen sitzen immer am längeren Hebel. Unsere spontanen Gedanken dazu: "Die Eltern sollst Du ehren und achten, aber wenn sie Dich quälen, sollst Du sie schlachten!"

Auf dem Geburtsvorgang in der Klinik, zu Hause etc. mit allen Aspekten und Konsequenzen z.B. Gefühle, Forschung, Wirkung... gehen wir nicht ein. Gesellschaftliche Aspekte sind der Kinderwunsch, das Interesse der Herrschenden (von hell-braun über rosa-rot bis grün), Forschung von Geburtsmöglichkeiten, Familien, Verfügungsgewalt etc.

Jetzt schauen wir uns die Szene mal an.

5) Szene und Kollektivität

Wenn nun ein Gör da ist, haben der Mann und der größte Teil der Szene die Kurve gekratzt. Das Kind und alles, was damit zusammenhängt, wird zur Frauensache. Es ist schon eher die Ausnahme, wenn der beteiligte Mann das Gör zwei Tage die Woche beherbergt und verpflegt. In dieser Zeit ist die WG entweder höllisch genervt, schon völlig resigniert oder bei Freund/inn/en bzw. bei den Eltern. Falls die Frauen überhaupt noch zur Szene gehören.

Wenn in der Interim Nr. 45 steht "Jeder `verantwortliche Familienvater' versucht wenigstens, sich genauso um die Erziehung seiner Kinder zu kümmern", dann ist das eine Hoffnung, hat aber nur eine geringe gesellinschaftliche Richtigkeit, gleiches gilt mindestens für die autonome Szene. In der Regel erzieht (unterdrückt) die Frau/Mutter. Sie bekommt noch Vorwürfe und Schuldzuweisungen für nichtgebilligte Verhaltensformen des Kindes, ihn interessiert höchstens ein (meist rollenspezifischer) Werdegang...

Zurück zur Szene. M. French schreibt in "Jenseits der Macht", daß es keine biologische Mutterschaft gibt und außerdem wäre es nicht bewiesen, daß "die ausschließliche Fürsorge der Mutter für Kinder besser ist als die Fürsorge einer Gruppe."(S. 853). Daß E. L. in Projektil Nr. 5 zum Schluß kommt, "daß es eigentlich weder Mütter noch Väter gibt, sondern nur schwangere Frauen und Bezugspersonen", wird durch die Geschichte bewiesen.

Wie sieht unsere Lebenssituation aus? In der Regel Einzelwohnung bis Vier-Zimmer-WG`s, außerhalb arbeiten. Hier kann unserer Meinung nach höchstens von ersten kollektiven Schrittversuchen gesprochen werden. Wie in der Swing Nr. 14 steht, ist vieles bei uns eher hohle Phrase, "wo die Annäherung im Alltag an kollektive Prozesse mit tausend Gründen verhindert wird, weil viele (un)ausgesprochene `Wenn`s und aber`s' `kollektiv' akzeptiert werden" (S. 25). Hier wird deutlich, daß eine Thematisierung unserer Lebensform(en) mit ausdrücklicher Einbeziehung von Kids, Alten, Behinderten... notwendig ist. Weiter ist die (immer wieder geforderte) Genauigkeit und das Aufeinanderbeziehen nötig. Fragen könnten sein: Materielle Organisierung, Umgang mit Kids.., Anzahl der Mitbewohnerinnen, Entmütterlichung und Perspektiven (Kinderläden?), Verantwortung aller, Wohnform (Haus, Bauwagen...) Tagesorganisierung, Arbeit, Bezugspersonen... Hier wird deutlich, daß wir aus einem bürgerlichen Rahmen unserer Kleinfamilien-WG ausbrechen würden. Dieser Ansatz hat aber u.U. auch eine breitere Wirkung: Volxküche, Perspektive gelebt, Kindergärten/läden und Entinstitutionalisierung, Arbeits(entlastung), antipatriarchale Aufgabenteilung, Kindautonomie... und Schutz.

Diesen letzten Punkt möchten wir noch genauer erklären. Je mehr Leute verantwortlich auf einen Haufen wohnen, desto einfacher kann die Alltagsorganisierung werden. Der Schutz vor Angriffen aller Art, die Nähe und die Gesprächs- und Machmöglichkeiten sind viel größer. Kids haben mehr Bezugspunkte, die Welt um sie ist lebendig und groß, nicht fixiert. Dies mal so als Gedankenansatz.

6) Sexualität und Kids

Wieder kein Thema für uns. Hier gilt gleiches wie bei den Verwaxenen. Da sie aber so sind, wie sie sind, ist es ein Thema. Die Gründe liegen in der Sozialisation, Medien, Schweigen, Männermacht... Alles bedingt sich. Beim Schweizer Sorgentelefon klingelte innerhalb von 59 Tagen 1000 mal das Telefon. 140 mal war das zweitmeiste genannte konkrete Problem die Sexualität. Rechnen wir noch Inzest dazu, ist es mit insgesamt 17,2 % das größte Problem (entfant t. Nr. 11/89). Die Dunkelziffer beim Letztgenannten ist weit höher. Ein noch tabuisiertes Problem. Kids werden sexuell bedroht und gequält, zu 90 % Mädchen (wir wehren uns gegen die Begriffe "Mißbrauch/Mißhandlung" durch Verwaxene, weil dann gäb`s ja auch eine(n) gute(n) sexuelle Behandlung (bzw. Gebrauch)!). Die Möglichkeiten und Hilfestellungen für die offengemachte oder entdeckte Quälerei sind durch Broschüren der Frauen-/Mädchen- und Notrufgruppen schon ausgiebig behandelt. Hier geht es jetzt um Öffentlichkeit und Perspektiven. Eine ausschließliche und frühe Vorbeugung ist in dieser Gesellinschaft schwer vorstellbar. Bücher, Broschüren, Filme, Parteilichkeit, Vertrauen, Theater etc. können es den Kids vereinfachen, offen zu reden und zu verarbeiten. Ein grundsätzliches Ziel "Kinder in ihrem Selbstbestimmungsrecht und ihren Selbstverteidigungsfähigkeiten zu stärken,..." (Graswurzelrevolution Nr. 1/90, anarchistischpazifistische Zeitung) ist ein erster Schritt, das Ziel sollte eine Haltung sein, "die Wünsche und Forderungen der Kinder als gleichberechtigt akzeptieren" (Graswurzelrevolution). Selbstbewußtsein und Autonomie sind der beste Schutz!

Warum dies so ausführlich? Wir denken, daß dieses Thema endlich in der Szene, und möglichst genau und klar, diskutiert werden sollte, bevor wieder ein derber Anlaß da ist. In diesem Zusammenhang liegt uns der "konkret"-Artikel (die "Hör Zu" der Radikalen Linken) 3/89 (auch in Interim Nr.44) immer noch im Magen. Es handelt sich um Pädophilie - die (sexuelle) Zuneigung Verwaxener zu Kids und Jugendlichen. Er geht ganz gut auf die strukturelle Gewalt gegen Kids ein und kritisiert zu Recht die juristischen Gegebenheiten. "Deshalb ist die generelle Strafandrohung für pädophile Handlungen nicht zivilisiert zu nennen, sie ist Unrecht, sie ist Verfolgung von Minderheiten, und sie gehört abgeschafft," (konkret). Hier tauchen Fragen auf, wir sehen auch immer den patriarchalen Hintergrund. Wie sehen die Kids dies, wie bewerten sie ihre ehemaligen Beziehungen danach? Werden nicht Tor und Tür für die Großen geöffnet? Wer/welche will hier werten? Welche Unterschiede bestehen zwischen Mann/Frau- und Pädo-Wunsch? Uns mißfällt auch der Begriff "zivilisiert". Kids sind, egal wo, durch ihre Situation (Ausreißerin, Trikont) zur Pädophilie (Kohlebeschaffung) u.U. gezwungen. Dies wird ausgenutzt. Strafe ist sowieso nur Herrschaftsabsicherung.

Diese Frage u.a. sind versuchte Schritte zu einem heiklen Thema. es interessiert uns keine objektive Darstellung, wie es sein könnte, durch uns (un)betroffene Große. Die Realität ist zu ergründen.

Eine breitere Relevanz ist deutlich: "Aufklärung", Sexualität, Medien, Justiz, Quälereien und Vergewaltigung von Mädchen und Frauen, Pädophilie...

(Leider zu "spät" bekamen wir einen neuen Antipatriarchatsreader aus Köln, der u.a. auf Männersexualität und Folgen eingeht. Wir empfehlen ihn hier auf`s heftigste).

7) Sozialisation, Erziehung und Pädagogik

Es ist schwierig diesen Komplex in Kürze darzustellen. Wegen seines Umfanges unterteilen wir nochmal: a) geschlechtsspezifische Erziehung/Sozialisation, b) Erziehung, c) Pädagogik

a) Die geschlechtsspezifische Erziehung beginnt bei der Geburt. Mütter, die "Bestenfalls wegen der anerzogenen Fähigkeiten besonders qualifiziert ist (sind) für die Kindererziehung" (U. Scheu: Wir werden nicht als Mädchen geboren, Ffm 1983, S. 72) üben ihr (unbewußtes) patriarchales Handwerk ab der Geburt aus. (Die Grundlage für die folgenden Aspekte ist eine Hausarbeit zweier Frauen "Aspekte der geschlechtsspezifischen Sozialisation", Fachhochschule Hildesheim, März 1988. Alle Aspekte stützen sich hierauf.)

Mütter nehmen ihre drei Wochen alten Jungen im Durchschnitt 27 Minuten länger aus dem Bett und in den Arm. Sinnesreize werden in den ersten Monaten durch die Haut aufgenommen. Hier werden also Tastsinn und Bewegungsempfindungen der Mädchen schon geringer "gefördert". diese geringere Stimulanz wirkt sich auf die Lebhaftigkeit aus. Mädchen sind eher passiv. Auch wird den Jungen beim Stillen ein eigener Rhythmus zugestanden. Mädchen werden zur Schnelligkeit angehalten. Im Alter von zwei Monaten dauert sie 20 (!) Minuten länger. Der Beginn der Sauberkeitserziehung beginnt bei Mädchen im 5. Monat, bei Jungen drei Monate später. Dies reicht als Einblick. Hieran wird deutlich, wie tief patriarchale Erziehung sitzt. Es ist ein wichtiger Bruchteil der Sozialisation. Wir haben diesen Punkt weiter ausgeführt, weil um uns herum eine große Unwissenheit ist, über die Unterschiede zwischen den verschiedenen Behandlungen bei Mädchen und Jungen.

Werbung, Medien, Schule, Druck durch Freund/in, Verwandte etc. spielen eine nicht unbedeutende Rolle. (Wer/welche kennt die "Bravo" nicht?) Ilse Brehmer schreibt in "Inspektion der Herrenkultur" (Hrsg. C. F. Pusch: " Die Fixierung auf das Persönlichkeitsbild eines autonomen Mannes läßt die Entwicklung von Mädchen nur als Rand- oder Sonderproblem zu"). So weit, so schlecht.

b) Erziehung

"... nichts nötiger brauchen als eine Mutter und nur eine, die alles das wieder gut machen kann, die Schutz und Sicherheit gibt, durch die alle schlechte Erfahrungen kompensiert werden können." (Swing Nr. 14). Hieran wird unserer Meinung nach schon vieles deutlich. Was früher rausgeprügelt wurde, wird heute weggeliebt. Die Wirkung ist genauso qualvoll, hierarchisch und entmutigend. Kids sind doof, verstehen nichts und können Erlebnisse nicht verarbeiten. Mütter müssen ihre Kids erziehen, ist dann eine liebevolle, verständliche und hoffnungsvolle Konsequenz.

Wir fragen uns häufig, warum die Bevölkerung, darunter auch der große Teil der Szene, so "führer/inhörig" ist, warum so wenig Selbstverantwortung, Selbstbewußtsein, aber auch Konsumdenken und soviel Bequemlichkeit (enger Horizont) da sind. Einer, wenn nicht sogar der wichtigste Punkt, ist die Erziehung. Als Kids wird uns gelehrt, Autoritäten zu gehorchen, da sie immer Recht haben. Selbst wenn`s anders sein soll, gilt dies. Die Gefühle, die Gegenbeweise zählen ersteinmal nicht. So nach dem Motto "ich weiß besser, was gut und richtig ist". Hieraus entsteht logischerweise eine Verwirrung des "kleinen" eigenen Inneren. Mit der Zeit wird aus dem Selbstbewußtsein, aus dem tiefen Ich ein Schlachtfeld. Orientierungslosigkeit und Vereinsamung (verstärkt durch Kleinfamilie und Wohnisolation) führen zum blick auf "Führer/innen", auf Leute, die den Durchblick haben, die anbieten, meine äußerlichen Widersprüche (Wohnung, Arbeit, Kohle) zu lösen, und wo wir hoffen können, damit auch das Innere zu klären.

Die Verantwortung für mich tragen die Autoritäten, denn die wissen ja besser Bescheid. Dies lernen wir von Kind auf. Nicht meine Entscheidung als Kind ist wichtig, sondern was der/die Verwaxene will; nicht, was ich tue ist wichtig, sondern wie es die Großen bewerten; nicht das, was ich mache, ist wichtig, sondern ob der/die Herrscher/in dies gut findet. Belohnung und Bestrafung. die Grenzen des Erlaubten können auch unendlich sein (antiautorität), aber dann lerne ich, daß die Großen sich nicht ernst nehmen, sich quälen lassen von mir als Gör etc.

H. Giesecke erkannte 1969, noch als Erzieher: "Erziehung impliziert (beinhaltet d.T.) immer ein Gewaltverhältnis von Menschen über Menschen...". "Ich weiß besser, was für dich gut ist" Leitspruch des Imperialismus, des Patriarchats, des (Staats-) Kapitalismus und jeden Staates - Leitspruch der Erziehung.

Es ist konsequent, daß Erzogene in der Regel später selbst erziehen. Dies in Kürze. es ist hoffentlich deutlich geworden, was Erziehung ist - Mord an Lebendigen!

c) Pädagogik:

Früher Kinder- und Knabenführung, heute die wissenschaftliche Absicherung von Kontrolle und Dressur. Sie umfaßt Erziehung und Bildung, Philosophie davon und ihre Geschichte. (Das letzte ist immer gut, sehen wir doch, wie weit wir heute sind!) Pädagogik ist der Versuch, Vorgänge zwischen Männern und Frauen zu versachlichen, Kriterien und Antworten zu finden. Sie ist Profilierungsfeld der Erwaxenen auf den Körpern ihrer Kids (Versuchskarnickel!). Ihre Grundlage ist eine zu formende Noch-Unperson - das Neugeborene!

Die Alternativen zu den großen Pädagogik-Strömungen dienen der weiteren Herrschaftsabsicherung und sind Ausdruck der bürgerlichen Gesellschaftsströmungen. Sie möchten sich ja auch ausleben, und nach 20/30 Jahren Unterdrückung möchte ja auch ein/e Grüne/r ein bißl mächtig sein. Aber auch ein Großteil der Antipädagogikvertreter/innen sind inkonsequent. Ihr reduzierter Blick auf Nicht-Erziehung von Kids ist eine verlogene und meist defensive Inselmentalität.

Eine konsequent anti-pädagogische und gesamtgesellinschaftliche offensive Herangehensweise mit einer libertären Perspektive (Schule und Entschulung, Unis, Lebensisolation, Kinderselbstbestimmung, "Rechte" etc.) ist eine individuelle Veränderungsmöglichkeit, aber auch ein Kampf der Unterdrückten gegen die Herrschaft. Die Praktizierung/Umsetzung ist heute möglich! Die Auflösung der Hierarchien Kinder, Alten, Behinderte etc. ist ein wesentlicher Punkt.

8) Institutionen

Vom Kindergarten über Schule, Ausbildung bis Uni, Büros und Betrieben wird unterdrückt. Aus mutigen kleinen Rebell/inn/en werden angepaßte Erzieher/inn/en oder sie fallen unter den konsumgesellinschaftlichen Tisch. Wenigen gelingt es, ihr Selbstbewußtsein und ihre Gefühlswelt zu bewahren (unsere Autonomie ist meistens nur eine Verneinung unserer Eltern, der Erziehung und Schule und die bekämpfen wir oft in Form von Bullen auf der Straße). Innerinstitutionelle Konkurrenz, Bewertungen, Zwänge bauen ein Heer von Masken auf. Wir sollen oft zu Objekten einer sadistischen Einpressung in die so gehaßte Ellenbogenschaft werden.

"Wir brauchen keinen Streß, keine Gehirnwäsche, keine Lebens- und keine (Welt)Muster, sondern lernen die Sachen, die wir wissen wollen von unseren Freunden, mit denen wir freiwillig zusammenleben" (Indianerkommune Nürnberg, Flugi 10/87).

Der Pädagogikbereich und deren Institutionen (dazu gehört auch die Lehre oder Erziehung zu sozialer Kontroll-Blockwart/wärtin/mentalität) haben sich kaum verändert. daß z.b. die Sozis jetzt getrennt-geschlechtliche Schulklassen wegen der Chancengleichheit befürworten, ist Klitterung. Es geht weiterhin um die maximale Ausbeutung menschlicher Ressourcen.

Innerinstitutionelle Veränderung (die ihnen eigene Struktur und Bürokratie und die vermittelten Inhalten) sind fast unmöglich und nur mit einer Masse Leute zu bewirken. Hier ist es einfacher, gleich den Überbau zu kippen, um gemeinsam die diskutierten und ausprobierten eigenen Sachen aufzubauen, denn Institutionen schaffen durch staatliche Vorschriften und Wert- und Normenvorstellungen auf Dauer Zwänge und Erwartungen, was in der Regel zu Distanzierungen, Ängsten, Konservierung, Sicherheitsdenken, Machtansprüche etc. führt.

9) Mittel

Ob Kinderbücher, ob Schulbücher, ob Sportunterricht oder Klassenarbeiten, immer wird sich am Mann orientiert. Ausnahmen sind die "frauenspezifischen" Aufgaben, die zu Ende gedacht aber auch nur unterstützend dem patriarchalen Gebilde dienen.

Spielzeug, Freizeitangebote, Diskussionen, Zeitungen, Werbung, TV und Bücher: in fast allem wird eine Rolle festgelegt, die Mittel sind dem angepaßt. Es geht nicht um gleichmachende Mittel oder Mann/Frau-Gleichheit, sondern um die vom Kapitalismus produzierten Mittel, dies zu festigen und auszubauen. Es geht uns darum, die Geschichte der Unterdrückten zu entdecken, um neue (alte) Mittel zu finden, eine nichtleistungsorientierte und antipatriarchale Gesellschaft wenigstens ansatzweise zu konkretisieren. Literatur von und für Verwaxene je nach Interesse gibt`s genug. Warum sollte es nicht in allen Bereichen möglich sein?

Dunkle Zukunft (Wilhelm Busch)
von *Rudi*

Fritz, der mal wieder schrecklich träge,
Vermutet heute gibt es Schläge,
Und knöpft zur Abwehr der Attacke
Ein Buch sich unter seine Jacke,
Weil er sich in dem Glauben wiegt,
Daß er was auf den Buckel kriegt.
Die Schläge trafen wirklich ein.
Der Lehrer meint es gut. Allein
Die Gabe wird für heut gespendet
Mehr unten wo die Jacke endet,
Wo Fritz nur äußerst leicht bekleidet
Und darum ganz besonders leidet.
Ach, daß der Mensch so häufig irrt
Und nie recht weiß, was kommen wird!

Im Kinderbuch ist gleich neben diesem Gedicht ein ebenso "lustiges" Bild eines schwingenden, erhobenen Rohrstocks, in der Hand des gut-meinenden, Gabe-spendenden Wohltäters, der den Fritz, der doch nicht klug genug war, übers Knie gelegt hat.

Ein wahrlich unanarchistisches Gedicht mit überkommener Dramatik - zumindest in der Intensität (1959 erschienener Gedichtband, somit also Erziehungsgut unserer Generation!) Heute spielt sich. wie hier gezeigt werden soll, auf subtiler Ebene immer noch das gleiche ab: Die Erzieher, am längeren Hebel, manipulieren willkürlich am Leben des Kindes herum - und noch immer ...wie der Schläger im Gedicht... meinen die Erzieher es dabei gut mit dem Kind.

Welche Folgen schon ein vergleichsweise harmloser Erziehungsakt moderner Pädagogik haben kann, zeigt Klaffkis Musterbeispiel pädagogischen Denkens. Die Szene spielt sich im Kinderzimmer ab. Das Kind spielt mit Bauklötzen. Als die Mutter kurz weggehen will, entwickelt sich folgender Dialog:

Kind: Ich darf doch mitgehen?

Mutter: Ja, aber erst mußt du die Bauklötze wieder einräumen!

Klaffki folgert daraus, daß die Mutter Herrschaft ausübt, wodurch Herrschaft ausüben für das Kind erstrebenswert wird. Erpressung wird zur Selbstverständlichkeit, die Mutter schätzt die Ordnung höher ein, als den Wunsch des Kindes, obgleich sie der Ordnung wiederum mißtraut, da sie sich nicht selbst zur Geltung bringen kann. Das Kind lernt, daß die

Mutter ihm mißtraut, denn ohne Erpressung scheint es nicht zu gehen. Das Kind lernt, daß man es für korrupt hält, und daß man es ungestraft demütigen darf.

Individuelles Verhalten des Kindes (wie die Trägheit im Gedicht) wird nicht toleriert. "Sozialisation" wird Erziehung heutzutage genannt. Darunter versteht man den Prozeß, "durch den ein Individuum, das mit einer enormen Variationsmöglichkeit von Verhalten geboren wird, zur Ausbildung seines faktischen, weit enger begrenzten Verhaltens geführt wird" (I. L. Child, in Weber 1978). Da nützt es auch nichts, wenn die Erzieher davon sprechen, daß Sozialisation schließlich zur Emanzipation führen soll. Emanzipation kann konsequenterweise, ebenso wie Freiheit und Anarchismus, nicht anerzogen, verordnet oder befohlen werden. "Befolge meinen Befehl und emanzipier'dich endlich!"

In dieser widersprüchlichen Situation, in der das Schlimme ausgerechnet das Beste sein soll (Schläge z.B.), bleibt dem Kind, ebenso wie Fritz, nur eins: Es identifiziert sich mit dem Angreifer, seine individuelle Persönlichkeit wird unterdrückt, bzw. gespalten in unerwünschte, zu unterdrückende und unterdrückte eigene emotionale Interessen und bekräftigtes, angepaßtes, rein geistiges Jasagertum eines gut Erzogenen. So verläuft der soziale Prägungs- und Eingliederungsprozeß erfolgreich.

Das vielfach gebrochene Rückgrat wird gestützt durch Normen und Werte. Diese Werte verhalten sich allerdings indifferent: Für Pädagogen - und somit brave Zöglinge - ist ganz klar: ein Kind, das lügt, ist böse!

Sagt das Kind wahrhaftig, daß es die schlagenden Eltern als schlecht empfindet, sollte es doch lieber lügen.

Die Eltern, selbst wandelndes Vorbild, eingebettet in ein intolerantes gesellschaftliches System, ziehen im engen Kreis der Familie über Onkel X her, verhalten sich ihm gegenüber aber äußerst freundlich.

Lüge ist ein geheiligtes Mittel, um das Ziel zu erreichen. Kinder so zu erziehen, daß sie nicht mehr lügen (die Lüge vom bösen schwarzen Mann, der das ungehorsame Kind "bestraft").

Die traditionellen Werte müssen relativiert werden, je nachdem auf wessen Seite die Macht ist. Sie entscheidet, ob eine Handlung gut oder schlecht ist (natürlich gilt das ebenso in der Familie übergeordneten Systemen, z.B. dem Staat. Zur Zeit des NS war es "gut", Juden zu beseitigen).

Die dem gebrochenen Kind gegebene Stütze "Wertsystem" hilft nur den Kindern, die wirklich so gut erzogen wurden, daß sie auch die auftretenden Widersprüche nicht hinterfragen. Die zweifelnden Kinder sind wegen auftretender Trotzanfälle besonders streng zu erziehen, sie werden "Problemkinder", weil die Erzieher Ursache und Wirkung verwechselt haben.

Das erzogene Kind funktioniert als Kind, wird ordnungsgemäß heranwachsen zu dem, was dann "mündiger Bürger" genannt wird. Fritz ist vielen braven Kindern wahrscheinlich dadurch überlegen, daß er die Attacke, wenn auch möglichst passiv, abwehren will. Wut oder Verzweiflung, eine Quelle, aus der Kraft zu aktivem Widerstand erwachsen könnte, spürt er allerdings nicht. Wie denn auch ... der Erzieher meint es ja auch nur gut!

Wie undankbar wäre Fritz, wenn er die "Gabe" nicht anerkennen und lieben würde! Der gute Zweck heiligt doch wohl die Mittel! Fritz leidet an den Schlägen, weil er besonders leicht bekleidet ist... nicht etwa, weil sein Stolz, sein "Sein" gebrochen wurde. Er ist eben erzogen, hat gelernt und wird seine Kinder ebenso erziehen, denn: "Wenn man ein Kind erzieht, lernt es zu erziehen, (...) wenn man es demütigt, lernt es demütigen, wenn man seine Seele tötet, lernt es zu töten" (A. Miller, 1980).

Wir haben gesehen: man kann zur Freiheit nicht erziehen, da Erziehung Zwang bedeutet, die Freiheit also zunächst genommen werden muß. Folglich kann man Kinder auch nicht zu anarchistischem Denken erziehen, da es hieße, Mittel einzusetzen, die dem Zweck widersprechen; dem Zweck, freie und sebstbestimmte Kinder um sich herum aufwachsen zu sehen. Ich möchte von Kindern und Erwachsenen umgeben sein, die Autorität ablehnen und ihr Zusammenleben auf der Basis der Freiheit verwirklichen zu wollen.

Wie können Kinder heranwachsen, ohne daß sie dem Zwang ausgesetzt werden, ohne daß sie erzogen werden?

Hier denkt mancher an die Idee der antiautoritären Erziehung. Noch immer Erziehung, doch mit dem Ziel, autoritäres Verhalten zu eliminieren. Wiederum fassen hier die Erwachsenen einen Vorsatz, der als gut für das Kind dargestellt wird und wiederum gutgemeint fremdbestimmt. Der "Werterelativismus erlaubt die Wertverschiebung der Erwachsenen, und macht die neuen Werte zum Maßstab für die Kinder. Im Kursbuch 72, "Die neuen Kinder" fand ich ein interessantes Interview mit einem Mädchen, das in einem antiautoritären Kinderhort aufwuchs. Im Nachhinein beschwert sie sich darüber, daß alle Kinder nur ein Handtuch benutzen durften. Eine Frage lautete: "Wir haben uns früher sehr genau überlegt, welche Lieder wir dir vorsingen wollten... Wir haben dir zum Beispiel Arbeiterlieder vorgesungen, Volkslieder, in denen von Unterdrückten die Rede ist. Welche Musik hast du denn heute besonders gern?" Die Antwort lautet "Neue Deutsche Welle". Ohne Frage war die Idee der antiautoritären Erziehung ein notwendiger Fortschritt auf dem Gebiet der Erziehungswissenschaft sowie der Verbesserung der Atmosphäre zwischen Erzieher und Zögling. Sie führt bestimmt auch zu größerem Selbstvertrauen des Kindes, das Grundlage für Kritikfähigkeit ist.

Hinter dem ganzen Konzept steht aber der erzieherische Grundsatz: Ich weiß, was für dich, Kind, am besten ist.

Auf subtile Art wird auch hier das Kind wieder entmündigt, mit dem Ziel, es durch die Erziehung mündig zu machen.

ERZIEHUNG ZUM ANARCHISMUS IST EIN PARADOXON

also, was tun?

Zunächst erscheint es mir sinnvoll, die eigene Verziehung zu bewältigen. Wenn wir Glück haben, wurden wir so schlecht erzogen, daß uns z.B. durch Trotz in der Kindheit ein Teil Individualität und Selbstwertgefühl erhalten blieb. Es gilt den Schaden zu durchschauen, Erinnerungen mitzuteilen und sich freizureden. Dagegen gibt es starke Widerstände. Zum einen gilt es in vielen Kreisen den Jugendlichen als modern verschlossen und "cool" zu sein, zum anderen ist Kritik an der Erziehung noch immer zu großen Teilen tabu. Die

Kindheit ist schließlich die "Glücklichste Zeit im Leben", und wer das nicht denkt, verhält sich gegenüber seinen Eltern undankbar.

Aus dieser Situation heraus wird man den eigenen Kindern dieselben Werte anerziehen ... schon allein, um endlich mal auf der anderen Seite zu stehen, in der Position der Stärke, auf die man in der Kindheit hat verzichten müssen.

Manch einer kann den ihm zugefügten Schaden an sich dadurch wieder gutmachen, daß er sich für die Gewalt, die ihm angetan wurde, am Kind rächt.

Der anarchistische Weg muß anders sein.

Jeder Mensch sollte als individuelles, selbstbestimmendes Wesen akzeptiert werden, Kinder sind von Anfang an Menschen!

Menschen mit individuellen Wünschen und der Fähigkeit, darüber zu kommunizieren (100% kommunikative Kompetenz). Daraus, daß Erwachsene im Vergleich zu Kindern oft eine größere Handlungskompetenz besitzen, darf, unter Berücksichtigung der Menschenwürde des Kindes, noch kein Erziehungsanspruch erwachsen. Nur so kann das übliche Oben-Unten-Denken mit seinen Unterdrückungsmechanismen verhindert werden (es ist kein Grund zu unterdrücken, nur weil man die Macht dazu hat). Die Einstellung der Menschen zueinander sollte nicht pädagogisch sein, sondern freundschaftlich. In einer Freundschaft ist jeder für sich verantwortlich, keiner entscheidet für den anderen, doch man hilft sich dort, wo auf beiden Seiten der Wunsch zur Unterstützung besteht. Diese Unterstützung ist anders motiviert als Erziehung, weniger kopflastig als pädagogische Ideen und Theorien, und ohne die Souveränität des Partners zu stürzen. Ein hungriges Baby ist kompetent, seinen Hunger auszudrücken. Die Erwachsenen können nicht, so wie es früher üblich war, besser wissen, wann das Baby Hunger zu haben hat. Wird das Baby nicht als Objekt, sondern als Mensch gesehen, wird die Aufoktroierung fester Essens- und Schlafzeiten unmöglich. Es bekommt Nahrung, weil es Hunger hat, und nicht, weil es pädagogisch sinnvoll ist, ihm dann etwas zu Essen zu geben, wenn es will.

Wer über den Anarchismus stöhnt: "das endet ja doch alles im Chaos", wird über antipädagogische Ideen das Gleiche denken. Individueller Freiheit wird unterstellt, sie führen zu Verrohung und Verbrechen. Mißtrauisch wird geglaubt: "Nur Moral und Sittengesetze verhüten Mord und Totschlag". Die Einstellung wird bei Freud untermauert, der in Bezug auf den Ödipuskomplex und Inzucht manifestiert, Gesetze entstünden nur dort, wo der Wunsch besteht, sie zu übertreten.

Wer glaubt, nur unsere "Rechtsprechung" schützt vor Mord, scheint aus Erfahrung zu sprechen und selbst in ständigem Kampf gegen Mordgelüste; bürgerliche Pflicht hält ihn zurück. Ich unterstelle, daß dieses Gefühl auf den Menschenmord (Seelenmord) in der Kindheit zurückzuführen ist.

Ich habe so viel Vertrauen zur Menschheit, so viel Vertrauen zu mir, daß ich glaube, daß die Menschen ohne Gesetze und Erziehung gelassen, in Ruhe und Frieden leben könnten. Erst die Gesetze laden dazu ein, sie zu brechen.

Max Stirner hat so viel Selbstvertrauen, daß er meint, sein "Ich" sei allemal besser, als das, was Gewalt (Gesetze) anderer jemals aus ihm machen könnte.

Ich würde das "Ich" definieren durch das Verhältnis des freien Willens zum gebundenen Gefühl. Das Handeln des Ichs ist situationsgebunden, ist nicht genormt, nicht normierbar, da es schließlich keine Situation ein zweites Mal gibt.

Ich glaube, daß das Handeln der Menschen in einer freien Gesellschaft nicht böswillig sein kann, selbst wenn jeder seinem Ich freien Lauf läßt (doch jetzt, zwischen all den erzogenen Menschen wage ich es nicht, im Dunkeln allein durch die Stadt zu gehen!). Wenn ein anderer, in der fiktiven freien unerzogenen Gesellschaft, durch sein Handeln mein Ich unvertretbar einengen sollte, wehre ich mich natürlich, in Notwehr, mache meine Grenzen und Ansprüche klar. Ich lasse keinen Fremden (Gesetzgeber) über meine Grenzen richten und nicht über den Grenzbrecher. ich kläre meine Interessen und glaube, daß es unblutige Kompromisse gibt, die allen Beteiligten die gleichen Freiräume lassen, und da sich die Menschen gegenseitig achten, keine Vorteile für den Stärkeren.

Da ich für mich verantwortlich bin, muß ich mich natürlich wehren dürfen, es gibt keinen, der mir das abnähme. Ich wende keine Tricks an, keine Theorie, sondern mache meine Gefühle klar. Ich achte die Grenzen der anderen, nicht weil es Gesetze gibt, sondern weil ich mich dabei wohler fühle.

Kein Erzieher, kein Ordnungshüter, kein Staat kann die Verantwortung für uns übernehmen.

Der Lehrer im Gedicht übernimmt die Verantwortung für Fritz`Sein. Sicher könnte er in der Zeit, in der er Fritzens Trägheit "rausprügelt", Sinnvolleres tun... ein Buch lesen (z.B. aber er würde ja doch nur ein pädagogisches Buch lesen!).

Durch seinen erzieherischen Eingriff befriedigt er bestimmt sein Gewissen. Alice Miller führte das zu der Aussage, daß erzogen wird, weil die Erwachsenen es brauchen.

Ich glaube anarchistische Menschen haben das nicht nötig.

Anarchistisch "erziehen" kann ich für mich nur etwa so übersetzen:

Ein freies Leben in toleranter authentischer Enpathie und Gemeinsamkeit, mit großen und kleinen Menschen führen.

Wie schwer die Realisierung antipädagogischer Lebensweise ist, zeigt mir dieser Artikel, den ich nicht ganz ohne die Ahnung eines missionarischen Anspruchs schrieb... ich bin eben auch nur eine Erzogene. Ich versuche mich damit zu trösten, daß ich schließlich nicht die Verantwortung dafür übernehmen kann, was dieser Artikel mit dir macht. Solange ich glaube, der Anarchismus wäre das gegebene System für alle Menschen, kann ich meinen Verzicht auf Erziehungsanspruch natürlich nicht glaubhaft vertreten. Aber ICH bin fest davon überzeugt, es wäre das Beste für MICH..., wenn doch jeder davon überzeugt wäre...

Können wir die Schuld abschaffen?
Sich beschuldigen lassen
von *Helmut Walter*

Tabitha (5) ist mir gegenüber oft aufgeschlossen, zeigt mir Sachen, blödelt mit mir, stellt mir Fragen oder erzählt mir Erlebnisse und Geschichten. Einmal spielen wir "Bedienung"; wir backen Kuchen, kochen Kaffee und bedienen die Gäste. Wir siezen uns und reden hochdeutsch: "Frau Tabitha, ach bringen Sie doch schon den Kuchen zu den Gästen." "Ja, aber vergessen Sie ja nicht den Kaffee!" ... Irgendwann hören wir mit dem Spiel auf und sie will mit mir ca. 200 m von ihrem Haus weg die Wiese hinuntergehen, um mir ihr Nest zu zeigen. Sie ist währenddessen ganz vertieft und erzählt von sich, bis wir wieder beim Haus sind. Ich spüre ihr Vertrauen. Es ist schön.

Oft erlebe ich aber auch andere Zeiten. Ich spüre Mißtrauen und Abweisung. Am Nachmittag sitze ich mit ihren Eltern im Garten. Wir haben es uns am Kaffeetisch gemütlich gemacht. Irgendwann beginne ich spaßeshalber, ihre Eltern mit kleinen Kieselsteinen zu bewerfen. Unser bald gegenseitiges Spiel zieht sich, immer wieder unterbrochen, neben Gesprächen in die Länge. Als Tabitha dies mitbekommt, nimmt sie ihre Eltern in Schutz und will, daß ich aufhöre. Ich erkläre ihr, daß ich es nicht so meine und daß es nur Spaß sei. Für sie stimmt das trotzdem nicht; ihr Ausdruck bleibt weiter ernst und ich merke, daß es ihr wichtig ist. Schließlich droht sie mir an, daß ich gehen müsse, wenn ich nicht aufhöre und nie mehr herkommen dürfe. Die Ernsthaftigkeit und Betroffenheit, mit der sie das sagt, weckt in mir Schuldgefühle. Ich hatte nicht die Absicht, sie in diese für sie offensichtlich bedrohliche Situation zu bringen. Außerdem entsprach die von ihr erfahrene Bedrohlichkeit nicht im geringsten meinem eigenen Erleben. trotzdem, das flaue Schuldgefühl bleibt.

Ich will nicht die Sichtweise des Kindes interpretieren oder irgendwelche Gründe für ihr Verhalten finden. Ich will wissen, warum ich mich schuldig fühle. Was ist das, meine Schuld?

In einem ersten Zugriff könnte ich sie etwa so beschreiben: "Ich kann meinen Spaß nicht alleine verantworten und brauche die Mit-Verantwortung von euch. Gibst du, Tabitha sie mir nicht, kann auch ich meine Handlung nicht mehr mit gutem Gefühl verantworten. Deshalb fühle ich mich schuldig." Schuld kommt, wenn ich die unterstützende Mit-Verantwortung anderer brauche, aber nicht erhalte. Die Not zur Mit-Verantwortung durch andere droht die Möglichkeit der Schulderfahrung an. Schulderlebnisse wiederum lassen mich meist nicht so schnell wieder los, wenn überhaupt. Die Zeit treibt hier ihr falsches Spiel. Sie kann nicht zurück, aber nur das Zurück allein könnte mich von der mahnenden Stimme befreien, denn so bleibt das Mit-der-Zeit-vergessen und die Wiedergutmachung. Aber beide schützen nicht vor der Macht der klaren Erinnerung an die schuldauslösende Handlung. Da gibt es kein Heraus. Schuld ist unerbittlich; sie kennt keine Gnade.

Ein zweiter Zugriff. Mein Schuldgefühl gegenüber Tabitha ist konkret. Es muß Inhalte haben.

Mein Verhalten hat auf Tabitha (vermutlich, denn das ist meine Sicht der Dinge) bedrohlich gewirkt. Das schließe ich aus ihrer abweisenden Reaktion mir gegenüber. Diese Abweisung erlebe ich als Anlaß, denn mein Schuldgefühl folgt. Was bedeutet mir diese Abweisung? Ich werte sie als Resultat meines "Angriffs" auf Tabitha, als eine Kränkung, die ich ihr zugefügt habe und die sie nicht über sich ergehen lassen will. die Abweisung ist das Ab-weisen dieser Kränkung. Ich habe ihr vorher zufriedenes Selbst- und Situationserleben gestört und ihr unzufriedenes verschafft. Ich habe Schuld daran, daß sie nicht zufrieden ist.

Was sind nun die Vorraussetzungen dafür, daß ich hier genau so und nicht anders denke, daß ich Schuld erfahre? Klar ist, daß im Moment ihrer Abweisung weit entfernt bin vom "lustvollen" Erleben meines Steinwerfens. An dessen Stelle tritt die Fokussierung meiner Wahrnehmung auf ihre Verärgerung und auf die ursächliche Verbindung dieser mit meiner Handlung. Das könnte eine erste Vorraussetzung sein: Ich tausche mein ursprüngliches Empfinden gegen die fremde Verärgerung, die ich fast "wie am eigenen Leibe" erfahre. Aber diese Verärgerung, die ich miterleide, ist es nicht allein. Schon öfters habe ich Tabitha verärgert erlebt, ohne daß ich mich gleich schuldig fühlte. Was bedeutet das andere, diese "ursächliche Verbindung" meiner Handlung mit ihrer Verärgerung? "Ursächlich", das beinhaltet das scheinbar unumstößliche Schema der (Mono-)kausalität: wenn das und das gegeben ist, dann passiert hundertprozentig das und das. Da ist kein Platz mehr für selbstbestimmte Subjekte. Stimulus and response. Ich gehe für einen Moment davon aus, daß Tabitha keine Souveränität über sich hat und alle Macht von mir ausgeht. "Stimulus and response", das ist eine Sichtweise der Interaktion, die unter der Annahme des Ausschlusses sich-selbst-bestimmungsfähiger Subjekte gilt. Das wäre also eine zweite Voraussetzung für mein Schuldgefühl. Ich nehme (vielleicht nur für den kurzen Moment der Situation) Tabitha und mich nicht als eigenständige Personen wahr, die ihr je eigenes Erleben und Handeln haben, sondern betrachte und in der Verquickung der Kausalität: Ich werfe Steinchen, Tabitha fühlt sich bedroht, wird verärgert und sagt: "Wenn du nicht sofort aufhörst, mußt du gehen!" Ich habe Schuldgefühle. Das Bei-seinen-eigenen-Erlebenbleiben und den anderen in dessen eigenem Erleben wahrnehmen können, ist eine grundsätzlich andere Erlebens- und Wahrnehmensweise. Schuldgefühle passen da nicht hinein. Meins und Deins, beide sind wahr und richtig, keines ist besser, schlechter oder höher als das andere, wenn beide gegeneinander stehen. Die Verflechtung von Schuld und Verantwortung wird jetzt deutlich. Das kausale Wahrnehmungsmuster macht Schuld und braucht zu seiner Installation und Aufrechterhaltung die Sichtweise des Sich-für-den-anderen-verantwortlich-fühlen. Konkret meine Verantwortung für Tabithas Verärgerung. In der Haltung der Selbstverantwortlichkeit gibt es meine Verantwortung für Tabithas Verärgerung nicht. Ihre Verärgerung gehört zu ihrem Selbst und dessen Autorität. Da habe ich nichts zu suchen. Ihre Entscheidung, sich über mein Verhalten zu ärgern, ist kein Automatismus auf meinen Steinchenwurf, für den ich dann verantwortlich wäre und mich sodann schuldig zu fühlen hätte, sondern ihre Entscheidung und ihr Weg, sich diesen Steinchenwerfer vom Hals zu schaffen. Dagegen steht meine Aktion, die mir Spaß gemacht hat, für die ich mich entschieden habe und die ich mir nicht entwerten lassen muß (durch mein Schuldgefühl). Wie der Konflikt konkret ausgeht, ist in dieser Sichtweise dann eine zweite, neue Frage. Vielleicht setze ich mich durch und werfe weiter, weil ich die körperliche Überlegenheit habe; vielleicht gewinnt sie, indem ich aufhöre, weil ich sie nicht verärgern will (aufgepaßt: "jemanden nicht ärgern wollen" ist nicht gleich mit "sich schuldig fühlen, wenn man jemanden verärgert hat"); vielleicht setzt sie sich durch, nachdem ich weitergemacht habe, indem sie mich mit ihrem unnachgiebigen Kritisieren nervt und ich lieber ein ruhiges Kaffeekränzchen hätte; ... Alles sind Handlungsmöglichkeiten, die jedoch von der Frage nach den Wahrnehmungsmustern des Konflikts verschieden sind. Äußerlich betrachtet (Handlungsebene) kann es gut sein, daß ein schuldmotivierter Ausgang des Konflikts sich von einem auf Selbstverantwortung beruhenden nicht unterscheiden läßt: "O.k., O.k., ich höre ja schon auf!" sage ich zu Tabitha und kann beides "fühlen": "(bedrohendes Gefühl im Magen) ... wegen mir ist sie jetzt verärgert ... wie kann ich das wieder bereinigen" oder "wenn ich aufhöre, können wir vielleicht ungestört weiter Kaffee trinken... (Lust auf Kaffee trinken)".

Andere Beschuldigen

Warum beschuldige ich andere? Welchen Sinn macht das für mich? Ich erinnere mich an Dialoge, in denen immer eine Verantwortlichkeit meinerseits für fremde schlechte Gefühle behauptet wird. Ich höre die Botschaft "Du bist schuld daran, daß es mir jetzt so schlecht geht!". "Wenn du mich angerufen hättest, daß du so spät kommst, hätte ich nicht schon das Essen gemacht!", das heißt "Ich habe schon das Essen gerichtet, da ich dich um 17.00 Uhr erwartet habe. Du hättest das wissen können und wenn du später kommst, hättest du mich anrufen können. Ich bin sauer auf dich." Mein Nichthandeln hat des anderen Ärger hervorgerufen. Ich werde zur Verantwortung für dessen Gefühle herangezogen.

Normalerweise nehme ich diese Verantwortung an. Ich fühle mich dann schuldig. Ich habe das Gefühl, mich schlecht verhalten zu haben. Nach einigen Beschwichtigungsversuchen, geht meine Verteidigung dann bald in einen Gegenangriff über. Ich beschuldige den, der mich beschuldigt: "Jedesmal das Gleiche. Du kannst doch nicht erwarten, daß ich genau um 17.00 Uhr nachhause komme. Kann ich denn nicht mal mehr heimkommen, wann ich will?". Der Effekt: Jetzt geht es beiden schlecht. Ich will nicht sagen, daß ich das in bewußter Absicht herbeiführe, aber es ist mir erträglicher, wenn nicht nur ich derjenige bin, der was falsch gemacht hat. "Ich liege nicht ganz richtig, o.k., aber du auch nicht!" oder "Wenn`s bei mir schon nicht stimmt, dann braucht`s das bei dir auch nicht!"

Ich frage nach dem Sinn, den es für mich macht, andere zu beschuldigen. Die Antwort ist jetzt klar. Ich kompensiere meine Verletzung, indem ich des anderen Mit-Verantwortung und damit Mit-Schuld nachweise (Verstandesebene) und ihn gleichzeitig zurück-verletze (Gefühlsebene) nach dem Motto "Du bist auch nicht besser als ich!" oder "Dir soll`s auch nicht besser gehen als mir". Dies ist eine Möglichkeit, mit der eigenen Verletzung und Verletzlichkeit umzugehen. Sie ist nicht sehr befriedigend, denn mir geht es dabei nicht sonderlich besser. Es hilft, aber es hilft nicht viel. Ich spinne den Dialog weiter und erkenne, daß ein weiterer Gegenangriff des anderen sehr wahrscheinlich wird. Rüstungsspirale. Andere beschuldigen geht von der Fremdverantwortung aus. "Du bist dafür verantwortlich, daß es mir jetzt schlecht geht". Andere sollen meine Gefühle verantworten, nicht ich selbst. Was heißt es, sebstverantwortlich zu sein? Soll ich meine Verletzung als selbstverschuldet ansehen? Aber der andere war es doch? Wieder basiert meine Wahrnehmung auf dem Ursache-Wirkung-Muster. Ich habe die Autorität über meine Gefühle abgegeben. Deswegen sind die anderen schuld an meiner Verletzung. Ich bin ganz Reaktion auf des Anderen Reiz.

Selbstverantwortet ist es, wenn ich die Entscheidung selbst treffe, was ich mit der Beschuldigung mache, ob ich sie annehme oder abweise, welche Gefühle ich habe. Die letzte Entscheidung bei sich behalten, heißt grundsätzlich zu sich zu stehen und sich so zu mögen, wie man ist. Das heißt nicht, den anderen mit seinem kalten Essen und dem Ärger alleinlassen zu müssen. Ich kann es schade finden, daß das Essen jetzt kalt ist; ich kann auch Mitleid haben und ihm helfen, seinen Ärger zu überwinden; ich kann sagen "Tut mir leid, daß das nicht so geklappt hat, wie du wolltest. Wie wär`s, wenn ich das Essen jetzt noch warm mache?" ... Selbstverantwortet ist es, wenn ich mein vergangenes Handeln auch im Nachhinein nicht entwerte. Wenn ich sagen kann "Ich stehe zu dem, was ich gemacht habe. Ich wollte es so und nicht anders. Es ist gut, was ich gemacht habe". Natürlich kann ich hinzufügen "Wenn ich gewußt hätte, daß du kochst, wäre ich früher gekommen. Ich hätte gerne mit dir gegessen". Es ist nicht wichtig, daß ich um jeden Preis nochmal so handeln würde. Es ist wichtig, daß ich spüren kann, daß mein Handeln gut war, auch wenn ich in Kenntnis anderer Fakten wieder anders handeln würde. Aus dieser Selbstwahrnehmung und Selbstliebe heraus bin ich nicht mehr in der Rüstungsspirale gefangen. Ich brauche nicht mehr zu beschuldigen, denn ich bin nicht verletzt. Ich kann viel leichter aus eigenem Willen versöhnlich sein, weil ich mich mag, und das ist die Voraussetzung dafür, daß ich niemanden beschuldigen muß. Selbstverantwortung ist getrieben von Selbstliebe, ein (rechtverstandener) Egoismus für sich, aber kein Egoismus gegen andere.

Die deutsche Berufung zur Besserung der Welt.

von *Gottfried Mergner*

"Als unsere Kolonien vor Jahren/ noch unentdeckt und schutzlos waren/ schuf dort dem Volk an jedem Tage/ die Langeweile große Plage/ denn von Natur ist nichts wohl träger/ als so ein faultierhafter Neger./ Dort hat die Faulheit, das steht fest/ gewütet fast wie eine Pest./ Seit aber in den Kolonien/ das Volk wir zur Kultur erziehen/ und ihm gesunde Arbeit geben/ herrscht dort ein munteres, reges Leben./ Seht hier im Bild den Negerhaufen/ froh kommen die herbeigelaufen/ weil heute mit dem Kapitän/ sie kühn auf Löwenjagden gehn..." (Kindergedicht um 1910). (1)

Mein Aufsatz handelt von der Gewalt der Wahrnehmung. Oder anders formuliert: Ich behandle die These, daß der weltweite zerstörerische Prozeß der europäischen Zivilisation technische, militärische, institutionelle und ökonomische Gewaltmittel mit anerzogener Borniertheit verband und verbindet. Die zur Verfügung stehenden Gewaltmittel und Sichtweise gegenüber den Objekten der Gewalt, verbinden sich zur aggressiven Ausbreitung Europas auf die übrige Welt.

Wobei Alice Miller, einer Schweizer Psychoanalytikerin, Recht zu geben ist, daß jeder nur die Gewalt und die Sichtweise auf andere anwenden wird, die ihm selbst als Kind zugefügt worden ist. So ist die Geschichte der gewalttätigen Ausbreitung Europas über die Welt auch Ausdruck der Geschichte dessen, was den einheimischen Wilden, den Kindern im eigenen Land, in der eigenen Kultur angetan wurde und wird. (2)

Diese gegenseitige Bedingtheit von eigener Erfahrung mit der Gewalt des zivilisatorischen Prozesses als Kind und der Bereitschaft zur Anwendung der zivilisatorischen Gewalt gegenüber den Erziehungsobjekten in aller Welt erklärt auch die Wucht und Dynamik der europäischen Ausbreitung. Der Neger, "halb Bestie, halb Kind" (so ein deutscher Kolonialist) ist deshalb auch - in der Wahrnehmung seiner europäischen Erzieher - ein Kind und eine Bestie, weil er ihn genauso wenig verstehen kann, wie er selbst als Kind von seinen Erziehern verstanden worden ist. Er wird ihn deshalb als fremd, minderwertig und bedrohlich wahrnehmen, solange er ihn in analoger Weise bezwingen, erziehen, dressieren will, wie er selbst bezwungen, erzogen und dressiert worden ist.

Der Begleiter des deutschen Kolonialpioniers Carl Peters schreibt über seine Wahrnehmung während eines Eroberungsaufenthaltes im Kilimandscharo in Ostafrika.

"... Dabei gärt es überall - (...) Mit Nachsicht und Güte ist nichts auszurichten. Gestern haben wir hier einen Schwarzen wegen nächtlichen Einbruches und großen Vertrauensbruches gehängt. Wir gehen mit nur aller möglichen Strenge vor, es ist das Beste. Daß wir sämtlich alle nur mit geladenem Gewehr im Arm schlafen, ist bei diesen Verhältnissen selbstverständlich." (3)

Die Sprache verrät ihn. Er weiß in einer fremden Umgebung nichts anderes, als was er am eigenen Leibe kennengelernt hat: "Mit Nachsicht und Güte ist nichts auszurichten". Zumal er als gewalttätiger Fremder selbst keine Nachsicht und Güte für sich erwartet. _Nun geht es mir darum, unsere Großväter bzw. Urgroßväter selbst zu Exoten zu machen. Das europäische Gewaltpotential hat sich in seiner Erscheinungsweise gewandelt, ist strukturell und institutionell allgemeiner geworden und erscheint mit seiner verselbstständigten verdinglichten Zerstörungsgewalt in objektive Sachzwängen. Daher wirken Vertreter heute auch so viel freundlicher. Doch zweifle ich, daß wir den Prozeß der Zivilisation (4) so bewältigt haben, daß er weder uns noch andere nicht weiterhin bedrohen würde. So erscheint mir die kurze Geschichte der deutschen Kolonisation mehr ein Beispiel für zivilisatorische Gewalt als erledigte Vergangenheit zu sein. Das deutsche Reich hatte ca. von 1880 bis 1918 Kolonialbesitz in Dritte-Welt-Ländern.

(Togo/ Kamerun/ Ostafrika/ Deutsch-Südwest-Afrika/ einige Südseeinseln, einen Stützpunkt in China und einen Teil Neu-Guineas). Der Versailler Friedensvertrag beendigt die deutsche Kolonialzeit in diesen Gebieten. Der zweite Weltkrieg revidierte - trotz Anstrengungen der Nazi-Regierung - dort diesen Sachverhalt nicht. Das bedeutete aber nicht ein Ende der Kolonialmentalität, die sich häufig bis in die sogenannte Entwicklungshilfe und im alltäglichen rassistischen Metaphern bis heute fortsetzt.

"Die tiefe Heuchelei der bürgerlichen Zivilisation und die von ihr nicht zu trennende Barbarei liegen unverschleiert vor unseren Augen. Sobald wir den Blick von ihrer Heimat, in der sie unter respektablen Formen auftreten, nach den Kolonien wenden, wo sie sich in ihrer ganzen Nacktheit zeigen." (5)

1. Die Mechanik der bürgerlichen Psyche.

Der sozialdemokratische Marxismus hat die Wertfrage zur ökonomisch gesellschaftlichen Prognostik verkürzt und damit - so meine ich - politisch entschärft. Als Prognostik muß der Marxismus schon deswegen versagen, weil - wie Marx in den GRUNDRISSEN ausführt - der Widerstand der Arbeiter, der Widerstand der noch nicht industrialisierten Völker, die Traditionen und die Antworten der staatlichen Macht auf Widerstand eine mögliche ökonomische Gesetzmäßigkeit der Wertentwicklung stören, teilweise aufheben, verändern - sie einem geschichtlichen Prozeß unterwerfen.

Die industrielle Verwandlung menschlicher Handlungen, Wünsche und der Arbeit in Tauschwerte setzt gesellschaftliche und individuelle Prozesse in Gang, deren Gewalt und Wirkungsweise keinesfalls durch den "tendenziellen Fall der Profitrate" oder durch Leerformeln (v plus m) : c beschreibbar oder gar hieraus völlig erklärbar würden.

Die europäische Sozialdemokratie hätte dies schon relativ früh erkennen können, wenn sie, statt einem hohlen und mechanischen Entwicklungsbegriff zu folgen, den Widerstand der HeHe oder der Namas oder Hereros in den afrikanischen Kolonien als Widerstand gegen das Kapital begriffen und analysiert hätten. So erkannten sie in diesen Aufständen nur einen vergeblichen Widerstand des Primitiven gegen den Fortschritt und bedauerten die inhumanen Begleiterscheinungen des Zivilisationsprozesses. (6)

Doch was birgt die Wertproblematik in sich? In den traditionellen Gesellschaften - und zu ihnen gehörte z.b. auch noch das Herzogtum Oldenburg vor 1800 - regelt sich gesellschaftliches Leben über formale Abläufe, die ihre Entstehung erfahrungsgeleiteten Problemlösungen verdanken. Sie sind letztlich - auch wenn die Situation und die Bedingungen ihrer Hervorbringung längst vergessen sind - aus dem Lebenszusammenhang erklärbar, sie haben ihren Sinn, weil sie einen gemeinschaftlichen Zweck haben oder hatten, der aber wie gesagt, aktuell nicht präsent zu sein braucht: Als Illustration für diese Form der Daseinsbewältigung in tradierten Gesellschaften erinnere ich an den Herzog-Film: "Wo die grünen Ameisen träumen." Herzog zeigt hierin die tödliche Konfrontation der Profit-Vernunft einer Uranabbaugesellschaft mit der Schlauheit und Weisheit australischer Ureinwohner. Die Ethnologische Forschung ist immer wieder erstaunt, wie gesellschaftliche Regelungen in tradierten Gesellschaften Sinn bekommen, wenn man sich nur umfassend und tief genug mit ihnen beschäftigt. (7) Als Beispiel erinnere ich an die von europäischen Missionaren viel beschimpfte und bekämpfte Polygamie, die am Kilimandscharo bei den Dschaggas gerade den Sinn hatte, die Zahl der Geburten zu beschränken, die Kinder in der ersten Lebensphase optimal zu versorgen und die Macht der Männer über die Frauen kontrollierbar zu machen. (8) (In anderen Kulturen - z.B. einigen arabischen, wirkte die Polygamie z.T. aber anders)

In tradierten Gesellschaften gehen gesellschaftliche Lernprozesse in der Regel langsam im Generationendialog (bzw. - Konflikt) vor sich, es sei denn, sie werden von außen erzwungen. Dies aber führt zur Zerstörung der tradierten Regelsysteme. Es geht mir nicht um eine Idealisierung traditioneller Lebensformen. Auch für sie ist es lebenswichtig über gemeinsame und für die Gemeinschaftsmitglieder nachvollziehbare Lernprozesse sich zu verändern. In unserem Zusammenhang geht es mir um die Folgen des imperialen Kultur-Kontaktes traditioneller Gesellschaften mit hochindustrialisierten bzw. industrialisierten Ländern. (9)

In den europäischen Gesellschaften basieren die Forderungen der Aufklärung nach Freiheit und Gleichheit der Individuen auf realen gesellschaftlichen Verhältnissen, die sich in der Neuzeit mit viel Gewalt und Zerstörungen durchgesetzt haben. Ich erinnere hier an die Arbeiten von Norbert Elias, Foucault und Gstettner. (10)

Zur "Gleichheit" wurde in einem jahrhundertelangen Prozeß die Vergleichgültigung der Gebrauchswerte gegenüber den Tauschwerten. Zur "Freiheit" wurde die gesellschaftliche Möglichkeit, alles dem Markt zu unterwerfen: Anstand, Sitte, Moral, Arbeitskraft, Kindheit, Glück, Geborgenheit.

Dies alles wird potentiell im Tausch entwertet und neu bewertet. Darauf hat sich auch die Erziehung der nachwachsenden Generation einzustellen. Nicht - wie in traditionellen Gesellschaften - lernt das Kind vorgelebte und erfahrbare und daher lebenslänglich. gültige Verhaltensweisen. Dagegen lernt es eine Vielzahl abstrakter Fertigkeiten und Einstellungen, die alle den einen Sinn haben, daß das Individuum für eine vorab unbestimmte Situation brauchbar wird, zur Verfügung steht, funktioniert, sich immer neu im Austausch bewerten lassen kann. Nicht Würde, Identität, Dignität lernt der Einzelne, sondern Wertfreiheit, Unsicherheit, Beliebigkeit, Angst vor drohender, unberechenbarer, willkürlicher

Wertlosigkeit, Kampfbereitschaft gegen eine beliebige Konkurrenz, Angst und Unsicherheit und eine ungeheure Energie diese zu kompensieren: mit Anpassung, mit Funktionstüchtigkeit, mit Konkurrenzbereitschaft und mit Bereitschaft zur Erziehungsgewalt, um auch die eigenen Kinder markttüchtig und damit existenzfähig zu machen.

Dazu kommt noch, daß lebensgeschichtlich die Herstellung der abstrakten individuellen Wertpotenz und die gesellschaftliche konkrete Wertrealisation getrennt sind: durch die Erziehung als Kind werde ich auf die Gesellschaft, sprich auf den Markt, vorbereitet, als Erwachsener muß ich die in mich investierten Erziehungsmaßnahmen wertmäßig realisieren. (11)

Ich will auf diese Prozesse nicht näher eingehen. Für unseren Zusammenhang ist es wichtig, daß

- der Erziehungsprozeß zur freien Verfügbarkeit ein qualvoller mit Entwertungsschmerzen, Verletzungen und Kränkungen verbundener Prozeß ist;
- die lebenslangen Schmerzen dieses Prozesses in der Regel durch Abwertung des gesellschaftlich Abgewerteten und durch Identifikation mit dem gesellschaftlich Aufgewerteten zu stillen gesucht werden;
- das eigene Streben und Sehnen, also das Fühlen unrecht ist, weil es schon von klein auf konditioniert wurde, sich Zweck-Mittel Beziehungen zu unterwerfen, in ihnen sich wiederzufinden, sich in sie einzuordnen;
- man immer nach Wertsicherheit strebt, ohne sie je sicher zu besitzen und daß in Konfrontation mit dem Fremden zwangsneurotisch die selben Abwertungen versucht werden, die man an sich selber erfahren hat.

Diese vier Momente bewegen die Mechanik zur Bereitschaft des Europäers zur Unterdrückung der Welt, zur Vernichtungsbereitschaft von Allem, was dem eigenen Wertsystem fremd ist, zu einem Erziehungsfeldzug rund um die Welt.

"John war darunter und Jim war dabei/ und Georgie ist Sergeant geworden/ Doch die Armee sie fragt keinen, wer er sei/ und sie marschieren nach Norden/ Soldaten wohnen/ auf den Kanonen/ vom Cap bis Couch Behar/ Wenn es mal regnete/ und es begegnete/ vielleicht daraus ihr Beefsteak Tartar."

Drei Groschen Oper, "Bert Brecht".

2. Die Dialektik der bürgerlichen Aufklärung

Stefan von Kotze (1911)

"Der Neger ist ein halbes Kind. Die andere Hälfte ist die Bestie." (12)

Die bürgerliche Identität muß sich nicht nur auf dem Markt, in wechselnden Konjunkturen, gegenüber einer staatlichen Politik und ihren ökonomisch bedingten Wechselfällen behaupten, sie muß sich erst einmal selber begründen. Da ihre einzige Rechtfertigung das Heil, Wohl und Glück der Menschen ist, muß sie das, was sie auf Lager hat, als Glück, Freiheit, Heil oder Wohl der ganzen Menschheit darstellen.

Da ja letztlich alles auf den Markt über den Markt gehen soll, sich dort bewerten lassen soll, entspricht es den Geschäftsgepflogenheiten der bürgerlichen Gesellschaft alles durch den Erfolg, der letztlich Markterfolg, Extraprofit, Investitionskapital ist, definieren zu lassen.

Über die Realabstraktion wird alles potentiell zum Objekt und erhält seine Existenzberechtigung, seine Wertigkeit, seine gesellschaftliche Stellung, seine kulturelle Bedeutung auf dem Markt.

Da Wertrealisation, wie gesagt, von der Wertproduktion getrennt ist, bedarf es neben einer staatlichen Gewalt, der dieses freie Spiel der Kräfte absichert, auch Erkenntnis- bzw. Wahrnehmungsweisen der Individuen, die diese Kräftespiele ideologisch absichern.

Die ideologischen Voraussetzungen dazu wurden geschichtlich mit der pädagogischen Wende der Aufklärung geschaffen. Sie vollzog sich analog zur politischen Entmachtung (Selbstentmachtung) des ökonomisch und kulturell aufsteigenden Bürgertums nach der französischen Revolution.

Die Aufklärer, die das Glück der Menschen durch Freiheit, Gleichheit und Brüderlichkeit definierten, mußten frühestens am Elend der englischen Industriearbeiterschaft oder an dem Schicksal der schlesischen Weber oder in der Kinderarbeit erkennen, daß in der politischen Realität diese Versprechungen kaum eingelöst werden konnten. Dies galt insbesondere auch für das Los der Sklaven des 18. Jahrhunderts, das sich mit der Ausbreitung der Plantagenwirtschaft von Europa aus vertausendfachte. Eigentlich hätten die Philosophen nun das politische Versagen der bürgerlich bestimmten Aufklärung konstatieren und nach den gesellschaftlichen Bedingungen für das menschliche Glück jenseits des bürgerlichen Besitzes suchen müssen. Doch sollten sie damit zugeben, daß zumindest die real vorfindbaren kapitalistischen Gesellschaften das menschliche Glück für alle kaum realisieren würden und damit die empirische vorhandene Gesellschaftsform kritisieren? Damit wären sie in Gefahr gelaufen, als Revolutionäre verfolgt zu werden. Sollten sie ihre Ideale aufgeben und zugeben, daß die bürgerliche Gesellschaft nur die Freiheit des Profits und die Gleichheit der Waren gebracht habe? Dann würden sie ihre Berufungschancen als Ideologen, Bürokraten, Künstler und Wissenschaftler, Lehrer usw. schon vorab innerlich aufgegeben haben.

Es bot sich ein anderer Ausweg: Nicht die schlechte Wirklichkeit und ihre Funktionsweise sollten nunmehr verändert werden, sondern der unvollkommene, der noch nicht angepaßte Mensch, der ja offensichtlich seine Unfähigkeit als Bürger durch seine Not und seine Leiden beweise. Seine Erziehung sollte nun zur unabdingbaren Voraussetzung einer gesellschaftlichen Veränderung zum Besseren werden. Der Mensch erscheint nun gespalten in Natur (Objektzustand) und Wille (Subjektzustand). Und als Natur hat er keine Rechte gegenüber dem zivilisierenden Willen. Der Unerzogenen, Ungezogene, Schwer-Erziehbare, der Nichts-Nutz sollte als letzter wertloser Rest einer alten Zeit, in der jeder unglücklich gewesen sei, zum Objekt der Erziehung für eine neue Zeit werden, oder - wie das Kind, die Frau, der Wilde oder der Handarbeiter - vorläufig oder auf Dauer von den Bürgerrechten ausgesperrt bleiben. Dies bedeutete: statt der Selbstbestimmung aller auf der Basis der brüderlichen Gesellschaftsordnung die Hierarchisierung der Gesellschaft durch Erziehung. Statt der Freiheit von Gleichen, die Erziehung zur Ungleichheit und zur freiwilligen Anpassung an die Notwendigkeit von ungleicher Macht- und Besitzverteilung. Diese pädagogische Wende der Aufklärung ist dem Inhalt nach die Aufgabe einer umfassenden politischen und kulturellen Revolution und sie findet zu Beginn der bürgerlichen Gesellschaft statt, auf ihr basiert ideologisch der Gesellschaftsvertrag von adliger politischer Macht und bürgerlicher ökonomischer Macht. Als Kronzeuge für diese Wende dient mir im Rahmen dieses Vortrages Hegel.

Ich möchte Ihnen dies am Beispiel der Behandlung des Negers in der Vorlesungsreihe, "Die Vernunft in der Geschichte" vorführen. Hegel hat diese Vorlesung von 1822 bis 1831 fünf Mal gehalten. Sie ist als Vorlesungsmitschrift seiner Studenten überliefert. (13) Die Vorlesung befaßt sich mit der Weltgeschichte bis zu den Voraussetzungen für die Offenbarung der Vernunft im sittlichen Staat. Diese Weltgeschichte zeigt bei näheren Zusehen ein borniert eurozentristisches geschichtliches Selbstverständnis und liefert die philosophische Begründung für die oben beschriebene pädagogische Wende der bürgerlichen Aufklärung. Der Geist setze sich bei seiner geschichtlichen Entfaltung mit Notwendigkeit in Gegensatz zu seiner jeweiligen schlechteren Gestalt - also zur Natur. Daher: Wo die Natur zu stark ist, kann sich der Geist nur schlecht entfalten.

"Die heiße Zone und die kalte sind also nicht Schauplatz der Weltgeschichte. Diese Extreme sind von dieser Seite vom freien Geist ausgeschlossen. So ist es im ganzen die gemäßigte Zone, die das Theater für das Schauspiel der Weltgeschichte bieten muß." (S. 191)

Diese etwas simple und nur aus der europäisch christlichen dogmengeschichte heraus erklärbare Weltsicht, hat nach Hegel für die Betroffenen gewaltige Konsequenzen. Hier denkt nun Hegel bürgerlich zukunftorientiert und als Erziehungstheoretiker.

"Im eigentlichen Afrika ist es die Sinnlichkeit, bei der der Mensch stehen bleibt, die absolute Unmöglichkeit sich zu entwickeln. Er zeigt körperlich große Muskelkraft, die ihn befähigt, die Arbeit auszuhalten, und seelische Gutmütigkeit, neben ihr aber auch ganz gefühllose Grausamkeit." (S. 212)

Bevor ich die weitreichenden Konsequenzen aus dieser Analyse schildere, möchte ich noch etwas das Negerbild Hegels vertiefen:

"Der Neger stellt den natürlichen Menschen in seiner ganzen Wildheit und Unabhängigkeit dar: wenn wir ihn fassen wollen, müssen wir alle europäischen Vorstellungen fahren lassen. Wir müssen nicht an einen geistigen Gott, an ein Sittengesetz denken, von aller Ehrfurcht und Sittlichkeit, von dem was Gefühl heißt, muß man abstrahieren, wenn man richtig auffassen will." (S. 218)

Das hat einmal zur Folge, daß er ein Kannibale ist und daß er der geborene Sklave ist: "Die Neger werden von den Europäern in die Sklaverei geführt und nach Amerika hin verkauft. Trotzdem ist ihr Los im eigenen Land fast noch schlimmer, wo ebenso die absolute Sklaverei vorhanden ist; denn es ist die Grundlage der Sklaverei überhaupt, daß der Mensch das Bewußtsein seiner Freiheit noch nicht hat und somit zu einer Sache, zu einem Wertlosen herabsinkt." (...) "Die Lehre, die wir aus dem Zustand der Sklaverei ziehen, und welche die allein für uns interessante Seite ausmacht, ist die, welche wir aus der Idee kennen, daß der Naturzustand selbst der Zustand absoluten und durchgängigen Unrechts ist. jede Zwischenstufe zwischen ihm und der Wirklichkeit des vernünftigen Staates hat ebenso noch Momente und Seiten der Ungerechtigkeit; (...)" Sklaverei und Leibeigenschaft werden sich auch in den zivilisierten Staaten finden: "So aber im Staate vorhanden, ist sie selbst ein Moment des Fortschreitens von der bloß vereinzelten, sinnlichen Existenz, ein Moment der Erziehung, eine Weise der Teilhaftigwerdens höherer Sittlichkeit und mit ihr zusammenhängender Bildung. Die Sklaverei ist an und für sich Unrecht, dann das Wesen des Menschen ist die Freiheit: doch zu dieser muß er erst reif werden." (S. 226) Hier haben wir nun den entscheidenden Satz, der nach Hegel und wie zu zeigen sein wird, nicht nur nach ihm, das Schicksal des Afrikaners im Kulturkontakt mit den Europäern besiegelte. Reif werden und rein bleiben (Walter Felix) ist die profane Version dieser Art von Bürgerrecht, das durch das Subjekt erst über eine gelungene Erziehung zur (immer schon als Offenbarung des Geistes im vernünftigen Staat vorgegebene) sittliche Reife erworben werden muß. Kriegerischer Mut, Polygamie, Heimatliebe und Familiensinn werden, wenn sie der Unterwerfung durch den sittlichen Europäer entgegenstehen so als primitiv, als unerzogen, als unwert ansehbar. Ein Beispiel für viele: "Diese Nichtachtung des Lebens ist auch die große, von ungeheurer Körperstärke unterstützte Tapferkeit der Neger zuzuschreiben, die sich zu Tausenden niederschießen lassen im Kriege gegen die Europäer." (S. 228)

p.s. Natürlich fehlt in der Märchenstunde Hegels auch nicht das Schreckensbild der kriegerischen ihre eigenen Kinder fressenden Afrikanerin. (S. 233)

Doch uns interessiert das Resümee für die Erziehungswissenschaft: "Aus allen diesen hier angeführten Zügen geht hervor, daß es die Unabhängigkeit ist, welche den Charakter der Neger bezeichnet. Dieser Zustand ist keiner Entwicklung und Bildung fähig, und wie wir sie heute sehen, so sind sie immer gewesen. In der ungeheuren Energie der sinnlichen Willkür, die hier herrscht, hat das Sittliche keine bestimmende Macht. Wenn man fürchterliche Erscheinungen in der menschlichen Natur will kennenlernen, in Afrika kann man sie finden." (S. 234)

Um aber die ganze in dieser Erziehungsphilosophie enthaltene Gewaltpotenz deutlich zu machen, will ich noch ein Zitat aus den Zusätzen anführen.

"Die Neger haben keine Empfindung und Trauer über diesen Zustand der Sklaverei. Wenn die Negersklaven den ganzen Tag gearbeitet haben, sind sie vollkommen vergnügt und tanzen die ganze Nacht mit den heftigsten Bewegungen." (S. 269)

Zwar sei der Neger nicht entwicklungsfähig - aber er stelle den Menschen auf der "ersten, vollkommenen Naturstufe" (S. 266) dar - also vor einer geschichtlichen Entwicklung. Er habe daher auch keine Schuld, denn Schuld setze Sittlichkeit voraus. Er steht damit auf der Stufe des Tieres oder des Kindes. (S. 267)

Was ein Afrikaner aber vom europäischen Kinde unterscheidet, ist, daß das Kind (im Regelfalle) erziehbar und daher entwicklungsfähig ist, der Neger aber nur kaum oder wenig erziehbar ist. Damit haben wir alle Momente einer Erziehungstheorie des Aufklärers Hegel zusammen:

Europa ist wegen seiner natürlichen Lage prädestiniert zur sittlich-zivilisatorischen Entwicklung. Aus der materiellen Voraussetzung seiner natürlichen Umgebung, die die Befreiung des Geistes von der Natur ermöglicht, ist es zur Entwicklung geboren, die im vernünftigen d. h., bürgerlich-monarchistischen Staat ihre Vollkommenheit erreicht. Erziehung ist Befreiung aus dem Naturzustand, Integration in die vernünftige staatliche Ordnung und Voraussetzung einer vernünftigen gesellschaftlichen Hierarchisierung. Da der Neger unter der Sonne leidet, bleibt er im Zustand der unmittelbaren Natur. Dies bestimmt ihn zum Objekt vernünftiger europäischer Herrschaft. "Der Mensch ist das Höhere, das Herrschende über das Natürliche. Ihm muß das Natürliche sich unterwerfen; es gibt nichts gegen ihn." (S. 268)

Das Ziel der Beherrschung ist der Dienst am Fortschritt, an der Entwicklung der Vernunft. Auf dem Wege zur Vernunft kann und ist die Unfreiheit, die Beherrschung notwendig und durch die Vernunft gerechtfertigt.

Der Erziehende hat solange das Recht bzw. die Pflicht zur Unterwerfung, bis er den Zögling an das Niveau des vernünftigen Staates und seiner Ordnung angepaßt hat. Er darf dann die erwachsene Bevölkerung anderer Kulturen als Kinder, als minderwertig betrachten.

Dem Neger wird dabei von Hegel schlechte Chancen gegeben jemals dem Europäer adäquat zu werden. Er dient so als abschreckendes Beispiel für Schwer-Erziehbare. Seine spätere koloniale Beherrschung wird ebenso vorab als vernünftig angesehen. Als Empirie diente Hegel die Berichte europäischer Reisender, die sich bei näherem Hinsehen als scheinwissenschaftlich formulierte europäische Vorurteile und als zum Wissen hoch stilisiertes Nichtwissen entpuppen.

Hegel`s Typisierung, Verallgemeinerungen und seine Unterordnung des Negers unter ein einheitliches Ordnungsprinzip bzw. Entwicklungsprinzip abstrahiert von der vorfindbaren menschlichen Vielfalt und führt zu einer Hierarchie im Nutzen des sich zur Charaktermaske verfremdenden männlichen bürgerlichen Europäers. Hegels Negerbild wäre ja nicht weiter wichtig, wenn es allein um die Frage seiner Rezeption ginge. Für mich ist das Hegel`sche Denken typischer Ausdruck des bürgerlichen Denkens nach der pädagogischen Wende der Aufklärung.

Als Indiz für diese Annahme dient mir ein populär-verstehbarer Bürger, der Arzt und Kinderbuchautor Heinrich Hoffmann. (14) Sein Struwwelpeter, aus dem ich eine Episode darstellen will, verbreitete sich in den bürgerlichen Kinderstuben Europas und interessanterweise auch dort, wo die Ausbreitung Europas auf die übrige Welt kulturelle Wirkung gezeigt hat. Wir kennen alle die rührende Geschichte von den drei bösen Buben, die einen Mohr auslachen, weil er schwarz ist. Der große Niklas bestraft sie dafür, indem er sie ebenfalls einschwärzt. Auf den ersten Blick ist diese seit 1847 verbreitete Geschichte ein Plädoyer für Toleranz. Hans Maier in seinem Buch "Außenseiter" sensibilisiert mich jedoch für den in dieser Toleranz enthaltenen Vernichtungswillen. Hoffmann`s Kinderbuch ist für mich eine Volksausgabe von Hegels Vernunft in der Geschichte, denn er zeigt auf, daß uns die Zurückstufung auf den Naturzustand als Strafe - bei Unbotmäßigkeit - ständig droht.

"Es ging spazieren vor dem Tor ein kohlpechrabenschwarzer Mohr".

Außerhalb der Stadtgrenze dem Müßiggang ergeben. Übrigens, "Mohr" leitet sich vom griechischen ab und bedeutet "töricht", einfältig, dumm, gottlos. Die Bezeichnung "Neger" (und damit der Zustand "schwarz") wird mit der wachsenden Bedeutung des Sklavenhandels für die europäische Wirtschaft im 18. Jahrhundert zunehmend abwertend gebraucht. Nun wird in den europäischen Sprachen die Farbe "schwarz" fast durchgehend negativ besetzt (schwarz malen, jemanden anschwärzen, Schwarzmarkt, der "schwarze Mann", vor dem die Kinder Angst haben, usw.). Dies dient von Anfang an bei Kontakt mit den Bewohnern des afrikanischen Kontinents zur abwertenden Abgrenzung.

Doch zurück zu unserem Kinderversehen.

Dem Mohr begegnen drei "weiße" Knaben, die das "Mohrchen" wegen seiner Hautfarbe auslachen.

In diesem Moment tritt als patriarchalisches Urbild der "große Niklas" auf. Und nun wird aus der alltäglichen Geschichte kindlicher Intoleranz gegenüber dem ihm Unbekannten europäischen Erziehungsgeschichte.

Schon die Ermahnung hat es in sich: "Ihr Kinder hört mir zu, und laßt den Mohren hübsch in Ruh!"

Also nicht Kontakt, Kennenlernen, sondern Distanz wird befohlen. Aber die Begründung dieser Aufforderung predigt Rassismus:

"Was kann denn dieser Mohr dafür, daß er so weiß nicht ist wie ihr?" Hegelianisch wird ein Mensch durch seine Hautfarbe definiert und dieser "Makel" als minderwertiger Naturzustand ist durch nichts aufhebbar. Im gegenüber geziemt sich - solange der Mohr unschädlich spazieren geht - Mitleid.

Doch die Jungen gehorchen der patriarchalischen Ermahnung nicht, im Gegenteil, dies verstärkt selbstverständlich ihre negative und abschätzige Einstellung:

"Die Buben aber folgen nicht und lachen ihm ins Angesicht und lachen ärger als zuvor über den armen schwarzen Mohr."

Der Patriarch wird nun "bös und wild", denn er ist gewohnt, daß man ihm "Auf's Wort folgt". Er erklärt nicht, sondern befiehlt und schreitet bei Ungehorsam sofort zur Bestrafung: Er steckt sie in ein Tintenfaß und schwärzt sie ein. Wer dem Patriarchen nicht folgt wird selbst zum Neger. "Du siehst sie hier, wie schwarz sie sind, viel schwärzer als das Mohrenkind."

Nur wer sich durch Gehorsam auf die Höhe der patriarchalischen Vernunft erheben läßt, ihr bedingungslos gehorcht, hat ein Recht auf das europäische weiß, den anderen droht über den Weg von Bestrafung, die Gleichstellung mit dem "armen schwarzen Mohr".

(Übrigens die Einschwärzung durch Tinte verliert nach den Erfahrungen mit "Mein Kampf" und den "Nürnberger Rassegesetzen" den märchenhaften Zug, denn dort zeigt sich die Gewalt, die in der Tinte liegen kann). Also - schon vor dem eigentlichen deutschen Kolonialismus lag eine Wahrnehmungsweise im Bürgertum vor, die sich nur noch mit den kapitalistischen Machtmitteln zum Welteroberungswillen der Kolonialzeit zu verbinden brauchte. (15)

3. Der Blick des erzogenen Erziehers

Dieses Europa, das niemals aufgehört hat, vom Menschen zu reden, niemals aufgehört hat, zu verkünden, es sei nur um den Menschen besorgt: wir wissen heute, mit welchen Leiden die Menschheit jeden Sieg des europäischen Geistes bezahlt hat." (16)

Wenn sich das Recht zur Erziehung - so wie wir es bei Hegel gesehen haben - sich für den Bürger aus dem Recht der Zivilisation gegenüber dem Naturzustand ergibt und als Naturzustand alles bezeichnet wird, was dem Bürger als nutzlos, unbrauchbar und damit seinen Nutzen bedrohlich erscheint, dann wird "Kolonisation" zum Paradigma für bürgerliche Erziehung. Es ist daher auch nicht verwunderlich, daß das Konzentrationslager, seiner Bestimmung nach systematischer Erziehungsort für Nutzlose, in den Kolonien erfunden wurde.

Die Verdrängung der Verbrechen, die Europa den meisten Völkern der Erde, insbesondere den afrikanischen, in der Zeit der Kolonisation angetan hat, ist auch Verdrängung der Erziehungsgewalt, der wir als kindliche Wilde in unserer Zivilisation ausgeliefert waren. (p.s. eine kritische Analyse der Entwicklungshilfe, die eigentlich Hilfe zur Nützlichkeit heißen müßte, könnte uns einiges über die Erziehungsgewalt sagen, die wir heute unseren Kindern zufügen. (17)

Und wie generell in der bürgerlichen Erziehung zeigt sich die volle Brutalität, die in ihr angelegt ist, erst in der Behandlung des Ungezogenen, des Schwer-Erziehbaren, der Außenseiter der Ungehorsamen.

Ich behandle im Folgenden erst die Wahrnehmung der kolonialen Erzieher, um dann auf einige Erziehungskonzepte zu kommen.

Es fällt in der Kolonialliteratur auf, daß die reiche Vielfalt afrikanischer Kultur- und Lebensweisen, die sich selbst für den damaligen Ethnologen schon darstellte, zu der simplen Größe des "Negers" im Blick seiner Kolonisatoren vereinfachte. So vielfältige Positionen auch in der Kolonialpolitik vertreten wurden, wie z.B. von Carl Peters oder dem Staatssekretär für die Kolonien Dernburg, von dem fränkischen Missionar Bruno Gutmann oder dem bremischen Kaufmann. Vietor, so fällt auf, daß ihr Negerbild eintönig gleich ist: der Neger ist das unerzogene Kind, von Natur aus faul, ängstlich, verlogen und störrisch. Nach gelungener strenger aber gerechter Erziehung wird er anstellig, treu, witzig, aber bleibt beschränkt und moralisch ungefestigt. (18,1)

Ich vermute, daß diese Einheitlichkeit ihren Grund in dem gemeinsamen Erziehungsziel hat: der Neger wurde so wahrgenommen, wie er gebraucht wurde bzw. es wurde an ihm nur das wahrgenommen, was brauchbar erschien oder als unbrauchbar eingeschätzt wurde. Übrigens entspricht dem einheitlichen Negerbild auch ein einheitliches Selbstbild: man selbst hat Verantwortung (die Bürde des weißen Mannes), man ist erwachsen, beherrscht, ruhig, gerecht und streng. (Alle die dies nicht sein wollten, hatten merkwürgerweise nichts geschrieben oder schreiben dürfen). So verkündete auch das die Straße überspannende Spruchband in der deutschen Kolonialstadt Windkoek (im heutigen Namibia) um 1905:

"suum quique."

Es begegneten sich an der Front der Zivilisation keine lebendigen Menschen, sondern Opfer und Täter: der Neger und sein Erzieher, aber auch der Erzogene, der an den Neger weitergibt, was er selbst empfangen hat. Vielleicht wurde er nach dem Lehrbuch des katholischen Bischofs und Aufklärers J. Sailer erzogen, der die Erziehung 1809 als Krieg begreift. In seinem Buch über Erziehung für Erzieher schreibt er:

"Wer seinen Zögling gut bilden will, muß voraussetzen, daß in der sich selbst gelassenen Menschennatur ein fürchterliches Übergewicht der sinnlichen über die verständige Natur obwaltet, daß also Anlagen zum Bösen im Zögling existieren - (...) welche, wenn sie gepflegt werden, bald eine Ernte des Lasters darstellen werden, daß also nicht nur Schwäche, Gebrechlichkeit, Unmündigkeit, sondern auch Neid, Schadenfreude, Tücke, Lügenhaftigkeit, Kränkung anderer und Kränkungslust, Herrschsucht usw. in kurzem sichtbar werden müssen, wenn nicht der Entwicklung des Bösen mit unablässigen und unnachgiebigem Ernst entgegengearbeitet wird." (...) "und gerade diese unermeßliche Höhe und Tiefe, Länge und Breite des sittlichen Verderbens, das in dem maß nach allen Richtungen zunimmt (...) gerade beweist am deutlichsten, daß man in der Erziehung von dem Grundsatz des heiligen Krieges ausgehen müsse." (19)

In diesem Erziehungskrieg war das Kind der Unterlegene. Als Erwachsener hat er zwar diesen Krieg, die Demütigungen und Verzweiflung verdrängt. Er ist auch etwas Tüchtiges geworden. Die monatliche Bezahlung zeigt ihm, die harte Erziehung war nicht umsonst gewesen. Nun kommt er evtl. als Kolonialbeamter zu Menschen, die er - obwohl erwachsen - als Kinder, als Objekt, als Wertlose ansehen darf. Wie wird er sie wohl wahrnehmen?

Ich zitiere aus dem Erfahrungsbericht aus der DEUTSCHEN KOLONIALZEITUNG, ORGAN DER DEUTSCHEN KOLONIALGESELLSCHAFT, Berlin 1907

"Ehe ich vor etwa Jahresfrist nach Kamerun ging, hatte ich ziemlich viel über Kolonialisationswesen, speziell über Afrika und dessen Eingeborene gelesen und gehört, hatte mir aber stets von neuem vorgenommen, mich, sobald ich an Ort und Stelle Einblick in die Verhältnisse gewinnen durfte, nicht durch fremde Urteile beeinflussen zu lassen, sondern beim Studium der Eingeborenen, einer meiner Hauptaufgaben hier, ganz meinen eigenen Beobachtungen hinzugeben:"

Manches davon sei bestätigt, vieles vom Gelesenen sei durch die eigene Erfahrung erweitert worden.

Da sei z.B. die Behauptung des Arztes Dr. Oetker (20), in seiner Broschüre "Negerseele", daß den Neger von unserer Kulturstufe Jahrtausende trenne. Diese Ansicht könne er nicht teilen: "Ich glaube, daß wir die Negerstämme, soweit ich sie hier kennengelernt habe, niemals, auch im Verlauf von Jahrhunderten nicht auf die Stufe westeuropäischer Kultur emporheben können; dazu sind sie moralisch einfach nicht fähig." (...) "Die Neger werden

niemals in gerader Linie unsere geistigen Erben werden, sondern sich stets mit einem geringeren Erbteil in der Seitenlinie infolge ihrer ganzen Naturlage begnügen müssen."
Ein begabter Wissenschaftler, unvoreingenommen überblickt er Jahrtausende.
Schon wie der Neger seine "Weiber" behandle. Es fällt auf, daß afrikanische Frauen im Sprachduktus der Kolonisatoren nur Weiber sind, während die eigenen Frauen - solange sie ihre Frauen bleiben, Frauen, Damen, Herrin usw. genannt werden. Ich will den Problemkreis Rassismus und Frauen hiermit nur andeuten, weil er zu umfassend ist, hier erschöpfend behandelt werden zu können. Doch trotz seiner Minderwertigkeit muß der Neger erzogen werden:

"Das ganze bisher am Neger geübte Erziehungswerk hat für uns fraglos große Vorteile, die stets wachsen werden; denn mit fortschreitender Schulbildung, wie fortschreitender Kolonisation gewaltig genutzt, da erstens der Neger dadurch eine brauchbare Unterstützung für den Weißen wird, als auch selbst an der wirtschaftlichen Erschließung der Kolonie produktiv mitarbeiten lernt, zwei Hauptfaktoren unserer Kolonisationsarbeit. Wir wollen uns aber nicht der Täuschung hingeben, daß der Neger dadurch auch moralisch gehoben wird, wenigstens in der Allgemeinheit nicht; der Ausnahmen aber sind bis jetzt so wenige, daß sie nur die Regel bestätigen."

Was sind diese schlimmsten Charaktereigenschaften?

"Drei Hauptuntugenden habe der Neger: die gänzlich fehlende Gewissenhaftigkeit, die Unehrlichkeit und die Lügenhaftigkeit. Auch in Deutschland gäbe es charakterliche Lumpen. "Aber es wird mir jeder zugeben, daß bei uns derartige Eigenschaften nicht im Volkscharakter liegen; bei dem Neger sind sie typisch." Oder anders formuliert, der Deutsche hat es aufgegeben, als Erwachsener sich an seine Kinderwünsche zurück zu erinnern. Er hat gelernt, sich mit den Augen seines Erziehers zu sehen.

Was das bedeutet, kann vielleicht ein Zitat aus einem Erziehungshandbuch aus dem Jahre 1878 verdeutlichen. Wer dies als ein gerechtes Urteil über sich selbst verinnerlicht hat, wird weder als Erzieher noch als Kolonialist das für ihn Fremde verstehen und achten können.

"Nicht die Umgebung des Kindes ist es allein, von wo ihm das Böse käme, der Mensch bringt den Reiz und Trieb dazu mit auf die Welt. Diesem angeborenen Bösen, der Sünde, die auch des Kindes Verderben ist, tritt die gebietende und verbietende Zucht, Gehorsam verlangend, nötigenfalls ihn erzwingend, im Gehorsam übend, und indem der Zögling dieses leistet, wird er in der Tat freier, denn er bekämpft dabei die sündhaften Triebe, schwächt ihre Naturgewalt und durch Zurückdrängen des sinnlichen, egoistischen Willens, wird dem vernünftigen, sittlichen Willen, Bahn gemacht. Weit entfernt, daß die den Gehorsam heischende Zucht etwas inhumanes, freiheitsgefährdendes wäre, dient sie vielmehr dazu, das Tierische im Menschen zu besiegen, die Herrschaft des Fleisches über den Geist zu brechen, und also den Menschen in der Tat human, d.h. menschlich und frei zu machen." (21)

Kehren wir zu den Beobachtungen aus der Deutschen Kolonialzeitung zurück.

Nachdem er sich gegen die Verbildung der Neger zur Wehr gesetzt hat, weil dies nur Aufsässigkeit steigere, führt er aus:

"In meinen vorstehenden Behauptungen liegt durchaus kein Vorwurf für alle diejenigen, die an der Erziehung der Neger arbeiten - in den Kolonien ist meines Erachtens jeder Europäer zu diesem Erziehungswerk gerufen - im Gegenteil, wir stehen nur einer unabwendbaren Tatsache gegenüber, der gegenüber wir nur die richtigen Mittel anwenden müssen, um den schlaugewordenen Neger niederzuhalten. Ihm gegenüber darf keine Schlaffheit, keine unangebrachte Milde Platz greifen; die ganze Machtentfaltung europäischer Kulturstaaten muß er täglich als einen Druck auf sich fühlen, damit er aus Furcht davor von der Ausübung seiner verbrecherischen Neigungen abläßt." Die Aufstände gegen die deutsche Kolonialherrschaft galten ihm als Beweis seiner Behauptung:

"Ich gebe zu, daß der Neger durch manche Schandtaten gereizt wurde; aber die Hauptsache ist und bleibt die gerade mit der Kultur sich erweiternde und nie zu überbrückende Kluft des Rassengegensatzes, den der Neger stets progressiv betonen wird, weil ihm auch eine andere Tugend fehlt, nämlich die Dankbarkeit." (...) "Er wird uns stets als seine Unterdrücker, nie als seine Wohltäter ansehen, ich habe jedenfalls die unzweideutige Bemerkung gemacht, daß die Eingeborenen, je mehr man ihnen mit Wohltaten entgegenkommt, diese um so mehr als ihr gutes Recht betrachten, so z.B. bei Lohnerhöhungen, Verabfolgung und Geschenken..."

Hier greift der Autor in eine zur Zeit des Erscheinens seines Artikel gerade laufende Debatte ein. Es geht um die Behandlung des Negers, damit er weniger aufständisch aber dafür umso arbeitswilliger werde.

1906 wurde mit der Ernennung des ehemaligen Bankdirektors Bernhard Dernburg zum Staatssekrektär für die Kolonien eine langsame Wende in der deutschen Kolonialpolitik deutlich. Dernburgs Programm strebte eine völlige, aber geplante und langfristig angelegte Kommerzialisierung der Kolonien an. Er wandte sich damit gegen eine Politik der kurzfristigen Ausbeutung. Die schwarze Bevölkerung sollte über Infrastrukturmaßnahmen wie Gesundheitspflege, geregelte Rechtssprechung, Grundschulunterricht zur freiwilligen Arbeit für den Europäer erzogen werden, seine Aufstandsbereitschaft verringert werden.

Dies bedeutete eine Reduzierung des Arbeitszwanges und der konzessionierten Plünderungs- und Vernichtungspolitik. Die Mission - bislang eher geduldet - wurde nun ein wesentliches Glied in dem neuen System der Eingeborenen-Schutzpolitik.

Dernburg konnte sich nur bis 1910 halten und hatte keinen durchgreifenden Erfolg. Die Mittel und entsprechenden Mitarbeiter fehlten. Sein Programm wurde durch viele Ausnahmen verwässert. (22)

Doch bildete sich in der kurzen Zeit von etwa 1905 bis 1914 das deutsche Selbstverständnis von der zwar strengen aber gerechten deutschen Eingeborenenpolitik heraus, das bis heute fortbesteht. Der Autor aus der Deutschen Kolonialzeit warnt - ohne Dernburgs Namen zu nennen - vor zu viel Eingeborenenrechten. Er durchschaut nicht, daß es für das deutsche Reich einfach zu teuer wurde, einen Aufstand nach dem anderen niederschlagen

zu müssen. Aber auch er ist für den profitablen Arbeitseinsatz der Neger und für eine entsprechende Ausbildung und Erziehung.
"Geschickt und anstellig ist der Eingeborene auch bei der praktischen Arbeit, wenigstens nach Überwindung seiner natürlichen Faulheit."
Da hätten neben dem Steuersystem, der staatlichen Arbeitspflicht, die Missionen erstaunliches an Erziehungsarbeit geleistet.
Doch kann der Neger nur nachahmen. Schöpferisch sei er keineswegs. "Wie fabelhaft gering, wie armselig ist das, was die sogenannte Negerkultur bis jetzt geschaffen hat, und darin wird auch nie ein Wandel eintreten; der Neger kann wohl ein Talent aber kein Genie sein." (Dies wurde vom nämlichen männlichen Bürgertum übrigens auch von ihren Frauen behauptet...) Deshalb: "Damit ist aber auch der Beweis geliefert, daß der Neger stets der höheren Leitung des "Weißen" bedarf, und daraus müssen wir für uns Europäer die Berechtigung und die Pflicht zum Kolonisieren ableiten." Wie gesagt: so gesehen bleibt der Neger auf immer ein Kind.

4. Die Maßnahme und die Regel

J. G. Krüger, 1752

"Wenn euer Sohn nicht lernen will, weil ihr es haben wollt, wenn er in der Absicht weint, um euch zu trotzen, wenn er Schaden tut, um euch zu kränken, kurz wenn er seinen Kopf aufsetzt:

Dann prügelt ihn, dann laßt ihn schrein:

Nein, nein Papa, nein, nein!

Denn ein solcher Ungehorsam ist ebenso gut, als eine Kriegserklärung gegen eure Person." (23) Bei der Beschäftigung mit der Missionserziehung war mir schon aufgefallen, daß die Missionare wenig Skrupel hatten bei der Verbesserung der Neger - und dies bedeute neben der Moralerziehung vor allem Erziehung zur Arbeit - alle die Mittel anzuwenden, die uns aus der "schwarzen Pädagogik" bekannt sind. Ich verweise hier auf meinen Aufsatz "Mission am Kilimandscharo - Erziehung zwischen Tradition und Geometrisierung des Glaubens." Die Behandlung der Afrikaner durch deutsche Kolonialpioniere, Wirtschaftsunternehmer, Pflanzer und Regierungsbeamte steigert sich zu Menschenverachtung und K.Z.-Mentalität. Z.B. die vielgerühmte Sklavenbefreiung: bei näherem Hinsehen entpuppte sie sich als fortgesetzter Zwang zur nichtbezahlten Zwangsarbeit. Die deutsche Kolonialverwaltung streckte dem Sklaven das Geld für seinen Freikauf vor. Er hatte dann (oft noch bis in die nachfolgende Generation) sein Leben lang umsonst zu arbeiten, um diese Summen zurückzubezahlen.

Massenmord, Folter, Demütigungen - und dies alles verbunden mit der verlogenen Erziehungsgestik des Zivilisators bestimmte in allen deutschen Kolonien den Kolonisationsprozeß. Bismarck schützte die systematische Vernichtung ganzer Landstriche durch importierten Fusel-Alkohol, weil er am Korngeschäft beteiligt war.

Ich will - unter Verzicht auf Systematik - einige Beispiele für die Behandlung der Afrikaner darstellen.

Die deutschen Kolonien wurden relativ durch die häufigsten Aufstandsbewegungen erschüttert. (Wenigstens bis 1905)
Dies hatte seinen Grund darin, daß es den Siedlern und der Kolonialverwaltung auf schnelle Profite ankam und ihnen die Erfahrung der anderen europäischen Kolonialmächte fehlten. Diese Aufstände wurden mit äußerster Brutalität niedergeschlagen. Einen Höhepunkt dieser Kolonialverbrechen bildete die Aktionen des Leutnants von Trotha gegen die Hereros nach des Niederschlagung ihres Austandes im August 1904. Leutnant von Trotha trieb die besiegten Hereros mit ihren Frauen und Kindern in die wasserlose Wüste.

Die Botschaft, mit denen er den Besiegten ihre Ermordung ankündigte war in einer lächerlichen Operettensprache formuliert. 70 % dieses Volkes wurden so ermordet.

"Ich, der große General der deutschen Soldaten, sende diesen Brief an das Volk der Hereros. Hereros sind nicht mehr deutsche Untertanen. Sie haben gemordet, gestohlen, haben verwundeten Soldaten Ohren, Nasen und andere Körperteile abgeschnitten und wollen jetzt aus Feigheit nicht mehr kämpfen. (...) Das Volk der Herero muß jetzt das Land verlassen. Wenn das Volk dies nicht tut, so werde ich sie mit dem groot Rohr dazu zwingen. Innerhalb der deutschen Grenzen wird jeder Herero mit oder ohne Gewehr, mit oder ohne Vieh, erschossen. Ich nehme keine Weiber und Kinder mehr auf, treibe sie zu ihrem Volk zurück oder lasse auf sie schießen... Der große General des mächtigen Kaisers, von Trotha." (24)

Außerhalb der sogenannten deutschen Grenzen aber wartete eine völlig wasserlose Wüste auf die Ungehorsamen. 1906 lebten von etwa 80 000 Hereros noch 16 000. Diese hatten sich zu englischem Gebiet durchschlagen können.

Die "beliebteste Strafe" für unbotmäßige Neger war die Kettenhaft - verbunden mit Arbeitspflicht. Sie wurde in der Regel für nicht bezahlte Steuern verhängt. Mit Ketten wurden die Delinquenten (Frauen wie Männer) aneinandergekettet und so zur Arbeit im Straßenbau, Eisenbahnbau etc. geführt. Die andere häufigste Strafart war die Prügelstrafe mit der Nilpferdpeitsche.

Man war stolz nach 1900 diese vorher auch von Pflanzern und anderen Privatpersonen ausgeübte Strafpraxis verstaatlicht zu haben.

1912/13 wurden in Deutsch-Ostafrika 8057 Prügelstrafen durchgeführt, in Kamerun immerhin 4800. (Nach einer gerichtlichen Verurteilung) Die Begründung für die Prügelstrafe und die Hartnäckigkeit mit der an ihr festgehalten wurde, beweist die Wahrnehmung des Negers als inferior.

Und für was wurde er bestraft?

Name des Delinquenten: Straftat: Strafe:

Hottentott: Wegen Ungehorsam gegen seinen Dienstherrn, 10 Schambockhiebe

Camoten (Bergdamara): Wegen Viehdiebstahl im Rückfall, 50 Stockhiebe, 10 Monate Zwangsarbeit und die Kosten

Fritz: Weil er 1/2 Flasche Rum entwendet und dafür Wasser in die Flasche getan hat, 25 Schambockhiebe

Herero: Weil er einem Polizisten gegenüber freche Redensarten geführt hat, 10 Hiebe

Woykopp: Wegen unverschämter Antwort auf die Rüge seines Dienstvorgesetzten hin, 20 Schambockhiebe

John Murway: Wegen Unfriedenstiftens und Benennung seines Vormanns mit "bloody German" 25 Schambockhiebe und 14 Tage Kettenhaft

Hottentott: Weil er als Kriegsgefangener entlaufen ist, 5 Jahre Kettenhaft nebst 25 Schambockhiebe

Kapotu (Herero): Weil er Ochsen in den Garten laufen ließ, 25 Schambockhiebe

(Auszug aus dem Strafregister der Bezirksämter des Deutsch-südwestafrikanischen Schutzgebietes 1897 - 1899). (25)

"Wer nicht arbeitet, der soll auch nicht essen."

Diese Erziehungsmaxime wurde ergänzt: "Im Schweiße Deines Angesichts sollst du essen." Dabei übersah man gezielt, daß die Afrikaner bewährte (übrigens bis heute) Subsistenzmittelproduktionssysteme entwickelt hatten, die z.B. in manchen Kulturen auf Gemeinbesitz, auf Großfamilienkultur u.a. basiert. Diese tradierten Lebensweisen wurden mißachtet und zerstört. Die dadurch aufgezwungenen Strukturen der Lethargie, des Hungers und der ökologischen Zerstörung wirken bis heute als Erbe der Kolonialzeit fort. Und: Arbeit wurde nur als Arbeit für den Europäer akzeptiert.

"Wozu sollen wir den Neger erziehen?" - "Zur Arbeit für uns" "Tun wir das, so haben wir die materiellen Nutzen und eine Veredelung der Eingeborenen auf der anderen Seite, denn Arbeit hat noch nie einen anderen, als veredelnden Einfluß ausgeübt." So ein Tropenarzt (Külz) 1906. Übrigens wurde die medizinische Versorgung ausdrücklich zur Erhaltung der Eingeborenen-Arbeitskraft auf die autochthone Bevölkerung nach 1900 ausgeweitet. Weiteres zentrales Erziehungsmittel zur Arbeit war die staatlich verordnete Zwangsarbeit. Sie war Bestrafung, Infrastrukturmaßnahme und Disziplinierungsmittel. Die ideologische Begründung der Zwangsarbeit als Teil der Umerziehung wurde dann so gegeben.

"Im Gegensatz zu den weißen Völkern, in deren höhere Kulturform ein Recht auf Arbeit begründet ist, ist beim Neger das Prinzip der Arbeitspflicht durchzuführen. Diese Pflicht gründet sich

a) auf unserem Recht, von dem Neger ein Äquivalent zu fordern für den Schutz, den wir ihm angedeihen lassen,

b) auf die Unterstützung, die wir dem Neger gewähren, wenn wir seine Lebenshaltung verbessern, wobei wir die Mitwirkung des Negers fordern müssen,

c) auf die Pflicht des Negers, das Seinige beizutragen zur kulturellen Erschließung des dunklen Erdteiles." (26)

Neben Kaufanreize und Kirchengaben waren es vor allem die Steuer, die zum Zwang zur Arbeit eingesetzt wurden. Ein Beispiel aus der Musterkolonie Togo:

1904 wurden dort 86 000 Mark Steuern erhoben - 1914 waren es 807 000 Mark. (27) Die Arbeitsbedingungen waren durchwegs menschenverachtend und gesundheitsgefährdend, die Nahrung war schlecht. Kinderarbeit war üblich verbreitet.

Abschließend aus einem medizinischen Bericht über den Eisenbahnbau von Lome nach Agbone in Togo:

"Der medizinische Bericht für 1910/11 stellte fest: Die eingeborenen Arbeiter, deren Zahl zu Beginn zwischen 2700 und 3000 betrug, litten an ansteckenden Krankheiten, speziell an Dysentrie, welche von den Ärzten der starken Konzentration der Arbeiter und der vollständig mangelhaften Versorgung mit Nahrung und Wasser zugeschrieben wird ... es erfolgten 212 Todesfälle." (28)

Zusammenfassung und pädagogische Wende der pädagogischen Wende

"Das Tragische ist eben, daß sich die Interessen der Kultur und der Kolonisation nicht dekken, sondern in vielem in Antagonismen zueinander stehen. Der Kultur wäre damit gedient, daß die Männer des Urwalds in ihren Dörfern belassen und erzogen würden, hier Handwerke ausüben, Pflanzungen anlegen, etwas Kaffee und Kakao für sich, wie zum Verkauf zu bauen, in Häusern aus Brettern oder Ziegeln, statt in Hütten aus Bambus zu wohnen und so ein gediegenes und ruhiges Leben zu führen. Aber die Kolonisation muß verlangen, daß möglichst viele Leute auf jede mögliche Weise zu der höchstmöglichen Nutzbarmachung der Schätze des Landes mobil gemacht werden. Höchstmögliche Produktion lautet die Parole, damit die in die Kolonien gesteckten Kapitalien rentieren und das Mutterland, was es braucht, aus der eigenen Kolonie beziehen kann. An diesen sich hier ungeahnt auftuenden Gegensätzen ist kein Mensch schuld. Sie sind in den Umständen gegeben. Und sie sind umso schwerer, je tiefer die Völker stehen..." (29) Diese unverschuldete Bürde des weißen Mannes setzt Autorität voraus: "Der Neger ist ein Kind. Ohne Autorität ist bei einem Kinde nichts auszurichten. Also muß ich die Verkehrsformel so aufstellen, daß darin meine natürliche Autorität zum Ausdruck kommt. Dem Neger gegenüber habe ich dafür das Wort geprägt: `Ich bin dein Bruder, aber dein älterer Bruder.' (...)" Und über eine Ausnahme: "Mit der Aufgabe der Distanz zwischen weiß und farbig hatte er den Einfluß verloren." "Sein Wort galt nicht mehr als "Wort des Weißen", sondern er mußte mit den Negern über alles lange diskutieren, als wäre er ihresgleichen." (S. 124)

"In diesem täglichen, stündlichen Konflikt mit dem Naturkind, läuft jeder Weiße Gefahr, nach und nach geistig zugrunde zu gehen." (S. 126)

Denn:

"Je größer die Verantwortung, die auf einem Weißen lastet, desto größer die Gefahr, daß er den Eingeborenen gegenüber hart wird." Man dürfte nicht die richten, die "jetzt lieblos über den Eingeborenen reden, (die) einst als Idealisten nach Afrika kamen und in den alltäglichen Konflikten dann müde und mutlos wurden und das, was sie geistig besaßen, Stück für Stück verloren. Daß es hier so schwer ist, sich die reine, humane Persönlichkeit und damit das Vermögen Kulturträger zu sein, zu wahren, ist die große Tragik des Problems von Weiß und Farbig, wie es sich im Urwald stellt." (S. 127 f) Der Autor, den ich hier zitiere, gilt als der gute Ahnvater der heutigen Entwicklungshilfe: Albert Schweizer.

Das Buch, in dem er für seine Arbeit in Lambarene warb, wurde um 1914 geschrieben und wurde 1921 in großer Auflage verbreitet. "Zwischen Wasser und Urwald Äquatorialafrikas." Neben den hier oft zu Tage tretenden Hegel`schen Vorurteilen gegen afrikanische Völker und der opportunistischen Haltung Albert Schweitzers gegenüber dem europäischen Kolonialismus, steht die explizierte Ablehnung der nationalen und individuellen Emanzipation der Afrikaner: "Die Sache liegt so, daß das Christentum für die unsympathischen Erscheinungen der Emanzipation verantwortlich gemacht wird. Die jüngeren Christen sind zum größten Teil auf den Schulen der Mission gewesen und machen nun vielfach die Krise durch, die für Neger mit der Schulbildung gegeben ist. Sie kommen sich zu gut für manche Arbeit vor und wollen nicht mehr als `gewöhnliche Neger' behandelt werden." (S. 148)

Doch - versetzt man die Vorzeichen - dann hat die Sichtweise Albert Schweitzers für mich richtungsweisenden Erkenntniswert: Er schreibt ja, daß je größer die (selbstwählte und den anderen ungefragt aufgezwungene) Verantwortung des Weißen für andere Kulturen und Lebenszusammenhänge sich aufbläst und verfestigt, je größer ist die Gefahr gegeben, sich inhuman, lieblos, unchristlich, ja menschenverachtend zu verhalten.

Ein Europäer wie Albert Schweizer, den es wie viele andere Europäer "in die Ferne getrieben" hat, der dies entweder nur als Unterdrücker, oder mit der Überlegenheit eines gütigen Helfers oder Erziehers, aber nicht als Gleichgestellter tun konnte, weil er die offene Identität in der Fremde und dem Fremden gegenüber nicht aushielt, dieser Europäer hat trotzdem nur sich selbst und seine eigene Identität gesucht. Indem er andere unterdrückte, warf er die Frage auf, ob seine eigene Unterdrückung notwendig gewesen sei. Doch weil er wie eine Marionette an den Fäden seiner bürgerlichen Entfremdung hing, weil er als Wert nur die Wertzumessung des Profits kannte, ging er nicht wirklich in die Ferne, sondern er ging in die Irre seiner eigenen verdrängten Geschichte. Er wurde so zu dem `fliegenden Holländer' dieser auf den Europäer so passenden Spukgestalt, die immer unterwegs ist, überall, wo sie hinkommt, Pest, Vernichtung und Schrecken verbreitet, ohne es zu wollen - aber niemals ankommen darf. Zum Erzieher wird er so aus Angst, deswegen kann er nur mit der Angst erziehen. Weil er sich das Leben nur als Plage und Qual vorstellen kann - denn nichts anderes hat er als Kind erfahren können - verbreitet er mit seiner Erziehung Qual und Plage im gesteigerten Maße. Selbst seine Hilfe wird nur eine Hilfe zur Nützlichkeit für den Europäer. Je mehr er seine Art und Weise der Lebensbewältigung über Erziehungsprozesse anderen gegenüber autoritär durchsetzte, je unfähiger wurde er, andere Formen der Lebensbewältigung überhaupt ohne Abwertung wahrzunehmen, seine eigenen antrainierten Lebensbewältigungsformen zu überdenken, zu kritisieren, zu relativieren. Der europäische Erzieher der Welt war und ist immer noch ein Gefangener der Profitmaximierungsinteressen und seiner ihm in seiner Kindheit aufgezwungenen Entfremdung und kulturellen Beschränktheit.

Er hat dies in rastloser Energie als seine eigene unreflektierbare und daher unbewältigte Not über die ganze Welt in der Form von Erlösungsideologien verbreitet. (Christentum, europäische Zivilisation, freie Marktwirtschaft, freie Welt, Leninismus usw.) Dabei sind ihm andere Kulturen fremd wie das eigene Unbewußte geblieben.

Die Neugierde auf sich selbst und das Interesse an sich selbst, wäre damit die erste Voraussetzung des Abbaus seiner kolonialen Mentalität, die so lange wirksam bleibt, bis der Prozeß der inneren und äußeren Kolonisation unterbrochen wird. Dann wäre der pädagogisierende Irrweg der Aufklärung beendet. Das kritische Instrumentarium der bürgerlichen Aufklärung als Weg zur Selbstaufklärung könnte dann zur Voraussetzung für Selbstbefreiung und für grenzenüberschreitenden Widerstand gegen die Systeme der Unterdrückung werden. (30)

Anmerkungen und Literatur

(1) Abgedruckt u.a. in dem empfehlenswerten Buch: Mamozai, Martha; Herrenmenschen, Frauen im deutschen Kolonialismus. Reinbeck, 1982, S. 297.

(2) Miller, Alice, Am Anfang war Erziehung, Ffm. 1980. Vor allem, 127 ff.

(3) Roegels, Fritz Carl; Mit Carl Peters in Afrika, in, Deutschlands Kolonialhelden. Bd. V, Berlin, O. J. (ca. 1930=, S. 183

(4) Elias, Norbert; Zur Grundlegung einer Theorie sozialer Prozesse, in, ZEITSCHRIFT FÜR SOZIOLOGIE; Jg. 6, Nr. 2, 1977.

(5) Marx/Engels - Werke, Berlin (0), Bd. 9, Berlin 1960, S. 225.

(6) Dazu: Schröder, Hans-Christoph; Sozialismus und Imperialismus, Die Auseinandersetzung der deutschen Sozialdemokratie mit dem Imperiallismusproblem und der "Weltpolitik" vor 1914. Bad Godesberg, 2. Aufl. 1975.

Zum Verhältnis von bürgerlicher und proletarischer Kultur in dieser Frage:

Mergner , Gottfried; Solidarität mit den "Wilden"? Das Verhältnis der deutschen Sozialdemokratie zu den afrikanischen Widerstandskämpfen in den ehemaligen deutschen Kolonien um die Jahrhundertwende., in, International Rewiev of Social History, Den Haag usw. (erscheint Ende 1985).

(7) Vergl. Bosse, Hans; Diebe, Lügner, Faulenzer. Zur Ethno-Hermeneutik von Abhängigkeit und Verweigerung in der Dritten Welt. Mit einem Geleitwort von Paul Parin, Ffm. 1979.

(8) Mergner, Gottfried; Mission am Kilimandscharo - Erziehung zwischen Tradition und Geometrisierung des Glaubens, in, Gerwin, Jos/Mergner, Gottfried; Alltäglichkeit und Kolonialisierung. Zur Geschichte der Ausbreitung Europas auf die übrige Welt (II), BIS-Oldenburg, 1983, und ebenfalls da, Knopp, Rüdiger; Diskussionsbericht, S. 129. Interessant ist in diesem Zusammenhang: eine "Abhandlung aus dem Gebiete der Auslandskunde", Wissenschaftliche Beiträge zur Frage der Erhaltung und Vermehrung der Eingeborenen-Bevölkerung. Ergebnisse der Eduard Woermann-Preisaufgabe: In dieser Reihe der Gewinner, der Missionsarzt der ev. Luth. Missionar Dr. med. Ittameier, Cal; Die Erhaltung und Vermehrung der Eingeborenen-Bevölkerung, Hamburg 1923.

Darin beschreibt der Missionsarzt für das Kilimandscharo-Gebiet, welche Hilfe die Mission geleistet habe, um die Zahl der schwarzen Arbeitskräfte zu vermehren.

(9) Dazu als guten Überblick über die verschiedenen Richtungen bei der Behandlung der Tradition in der wissenschaftlichen Diskussion das noch unveröffentliche Manuskript: Nestvogel, Renate; Fachbereich Erziehungswissenschaft der Universität Hamburg, Sedanstr. 19, Aktuelle und historische Einschätzungen einheimischer Kulturformen und ihr Stellenwert in der afrikanischen Curriculumentwicklung - unter besonderer Berücksichtigung einheimischer Lehr- und Lernformen sowie regionalspezifischer Inhalte 1985.

Siehe zur Problematik auch, Kössler, Reinhart; Industrialisierung und gesellschaftliche Disziplinicrung. Bemerkungen zum Verhältnis von Entwicklung und Emanzipation. in, Gerwin Jos/Mergner, Gottfried, Hrsg; Innere und äußere Kolonisation. Zur Geschichte der Ausbreitung Europas auf die übrige Welt. BIS-Oldenburg, 1982, S. 148 - 157.

(10) Elias, Norbert; Über den Prozeß der Zivilisation, Soziogenetische und psychogenetische Untersuchungen. Bde. Ffm. 7. Auflage 1980.

Foucault, Michel; Überwachen und Strafen. Die Geburt des Gefängnisses, Ffm. 1977. Gstettner, Peter; Die Eroberung des Kindes durch die Wissenschaft. Aus der Geschichte der Disziplinierung, Reinbeck, 1981.

(11) Zur theoretischen Begründung, siehe, Mitschein, Thomas; Die Dritte Welt als Gegenstand gewerkschaftlicher Theorie und Praxis. Zur Analyse der internationalen Politik metropolitaner Gewerkschaften. Ffm, New York, 1981, S. 51 ff.

(12) Zitiert nach Mamozai; a.a.O. S.57

(13) Hegel, Georg Wilhelm Friedrich; Die Vernunft in der Geschichte, 5. verbesserte Auflage hrsg. von Hoffmeister, Johannes, Sämtliche Werke (Neue kritische Ausgabe) Bd. XVIII A, 1. Teilband, Hamburg 1955

(14) Heinrich Hoffmann war ein respektabler Vertreter des deutschen liberalen Bürgertums. Als Reformer psychiatrische Anstalten hat er sich große Verdienst erworben. Der Struwelpeter hatte bis 1939 seine 5000. Auflage in vielen Ländern. (Danach wurden die Auflagen nicht mehr gezählt.)

Herrn Herzog vom Heinrich Hoffmann-Museum, Frankfurt/Main verdanke ich den Hinweis, daß Hoffmann wahrscheinlich in den sadistischen Szenen seines Struwelpeters, Erinnerungen aus seiner eigenen äußerst strengen Erziehung aufgearbeitet hat. Zu meinem Interpretationsansatz vergleiche auch: Deltgen, Florian; Der Neger im deutschen Kinderlied, in, KÖLNER ZEITSCHRIFT FÜR SOZIOLOGIE UND SOZIALPSYCHOLOGIE 29 Jg, Heft 1, 1977 S. 118 - 136.

(15) Dazu sehr illustrativ: Hinz, Manfred, Patemann, Helgard, Meier, Arnim; Weiß auf Schwarz. 100 Jahre Einmischung in Afrika. Deutscher Kolonialismus und afrikanischer Widerstand. Elefanten Press, Berlin 1984.

(16) Fanon, Frantz; Die Verdammten dieser Erde, mit einem Vorwort von Jean-Paul Sartre, Reinbek, 1961, S. 239.

(17) Parin, Paul; Der Widerspruch im Subjekt. Ethnopsychoanalytische Studien, Ff. 1978.

(18) Mayer, Hans; Außenseiter, Ffm. 1977, S. 9 - 29
Köhler, Ernst; Arme und Irre. Die liberale Fürsorgepolitik des Bürgertums, Berlin 1977.

(18.1) Benninghoff-Lühl, Sibylle; Deutsche Kolonialromane 1884 - 1914, in ihrem Entstehungs- und Wirkungszusammenhang. Reihe F, Bremer Afrika Archiv, Bd. 16, Bremen 1983.

(19) Rutschky, Katharina, Hrsg, und Einl.; Schwarze Pädagogik, Quellen zur Naturgeschichte der bürgerlichen Erziehung, Ffm. - Berlin-Wien, 1977, S. 149 f.

(20) Dr. med. Oetker war Leiter des Gesundheitsdienstes beim Bahnbau Dar es Salaam - Morogoro. Oetker, Karl; Die Neger-Seele und die Deutschen in Afrika. Ein Kampf gegen Missionen, Sittlichkeitsfanatismus und Bürokratie vom Standpunkte der modernen Psychologie, München 1907.

(21) Rutschky, a.a.O. S. 163

(22) Schiefel, Werner; Bernhard Dernburg 1865 - 1937. Kolonialpolitiker und Bankier im wilhelminischen Deutschland, Wiesbaden, 1974.

(23) Rutschky; a.a.O. S. 170.

(24) Zitiert nach, Drechsler, Horst; Südwestafrika unter deutscher Kolonialherrschaft. Berlin (0 S. 184) 1966: Die Arbeit verwendet die Akten des deutschen Kolonialamtes und kann schon deswegen als bestinformierte Arbeit über die Widerstandsbewegungen in Südwestafrika bezeichnet werden.

(25) Hinz (u.a.); weiß auf Schwarz... a.a.O. S. 86

(26) Schütze, Waldemar; Schwarz gegen Weiß; die Eingeborenenfrage als Kernpunkt unserer Kolonialpolitik in Afrika, Berlin, 1908, S. 96.

(27) Nach der leider nicht veröffentlichten SCHRIFTLICHEN HAUSARBEIT ZUR PRÜFUNG FÜR DAS LEHRAMT IN DER SEK. II (SOZIALKUNDE), Kleen, Manfred; Aspekte des deutschen Kolonialismus in Togo, Universität Oldenburg, 1984, S. 125.

(28) Nussbaum, Manfred; Togo - eine Musterkolonie?, Berlin (0), 1962, S. 87.

(29) Schweizer, Albert (Prof. Dr. theol., Dr. phil., Dr. med. aus Straßburg i. Elsaß); Zwischen Wasser und Urwald. Erlebnisse und Beobachtungen eines Arztes im Urwalde Äquatorialafrikas, Bern, 1921 (9. - 13. Tausend), S. 112.

(30) Mergner, Gottfried; Einführung in den Work-shop, in Alltäglichkeit... (siehe Anmerk. 8) S. 3 - 7 vor allem die angegebene Literatur.

SIND KINDER AUCH MENSCHEN ?

von Gerhard Kern

Die Titelfrage ist gar nicht als Scherz zu verstehen, sondern war jahrelang die Fragestellung der Kinderrechtsbewegung an die Etablierten in Wissenschaft und Pädagogik. Davor war das keine Frage, sondern selbstverständliche Weisheit des größeren Teiles der Menschheit; Kinder sind minderjährig-, wertig-, begabt, usw.

Um den berechtigten Einwand eines 2-jährigen Jungen oder Mädchen, z.B. durch Schreien oder Nahrungsverweigerung, braucht man sich nicht zu kümmern, denn: "sie wissen ja noch gar nicht, was sie wollen!" Diese Meinung gibt es heute noch wie vortausend Jahren. Schlimm ist das deshalb, weil die Menschen heute wissen müßten (Unwissenheit schützt ja bekanntlich vor Strafe nicht), daß es so nicht stimmt, wie der größere Teil der Menschheit es behauptet. Meinungen werden auch deshalb nicht wahrer oder richtiger, wenn sie tausendfach behauptet werden. All das ist bekannt. Was aber ist der Grund, der sowohl Väter und Mütter, als auch Pädagogen und Erziehungswissenschaftler krampfhaft an überholten Meinungen festhalten läßt und aufgrund von zwanghaft angeeigneter Dummheit, junge Menschen weiterhin mit folterähnlichen Methoden das Leben enteignet wird?

Nähme man die Verfassung des Landes Rheinland-Pfalz ernst, so müßte jener eben erwähnte größere Teil der Menschheit (von R-P) rechtlich verfolgt und bestraft werden, denn da heißt es:

1. Freiheitsrechte

Artikel 1 (Freiheit des Menschen, Aufgaben des Staates)

Der Mensch ist frei. Er hat ein natürliches Recht auf die Entwicklung seiner körperlichen und geistigen Anlagen und auf die freie Entfaltung seiner Persönlichkeit innerhalb der durch das natürliche Sittengesetz gegebenen Schranken.

Der Staat hat die Aufgabe, die persönliche Freiheit und Selbstständigkeit des Menschen zu schützen sowie das Wohlergehen des einzelnen und der innerstaatlichen Gemeinschaften durch die Verwirklichung des Gemeinwohl zu fördern.

...es folgen zwei weitere Abschnitte, die für diesen Artikel ohne Belang sind.

Art. 2:
Niemand kann zu einer Handlung, Unterlassung oder Duldung gezwungen werden, zu der ihn nicht das Gesetz verpflichtet.

Art. 3:
...Eingriffe in die körperliche Unversehrtheit sind - ... - nur im Rahmen des Gesetzes statthaft...

Art. 5:
Die Freiheit der Person ist unverletzlich... Denn, wenn der Mensch frei ist und gar ein natürliches (was immer damit gemeint sein mag) Recht auf die Entwicklung seiner geistigen

und körperlichen Anlagen hat, so hat dieses Recht ganz eindeutig, ohne wenn und aber, auch der ganz junge Mensch, also auch der Säugling. Doch wer läßt den jungen Menschen schon in seiner geistigen und körperlichen Entwicklung frei? Das Gesetz spricht nicht von "Kindern" und "Erwachsenen" als von zwei verschiedenen Kategorien Mensch. Es heißt schlicht und eindeutig der Mensch!

Und der junge Mensch "weiß" sehr wohl, was er will, auch der Säugling. Irgendwann in den letzten Jahren stellten sogar Wissenschaftler aus den Bereichen von Medizin und Psychologie erstaunt fest, daß Neugeborene sehr viel mehr "können" als selbst die Intelligentesten von ihnen ahnten. Der amerikanische Kinderarzt T. Bary Brazelton prägte denn auch schon vor Jahren den Satz: Kompetenz des Neugeborenen. Es war Ausdruck der Erkenntnis durch eigene Forschungen, daß Kinder schon in den ersten Lebenstagen die Fähigkeit haben das eigene Leben zu sichern und auch zu gestalten.

Die sogenannte Neonatologie gibt es erst wenige Jahre, und sie steckt gar immer noch in den "Kinderschuhen". Neonatologie = Neugeborenenmedizin hat allerdings mittlerweile große Fortschritte gemacht und dementsprechend Erkenntnisse über den jüngsten Menschen geliefert.

Die Fähigkeit des Saugens, welche der Säugling sozusagen mitbringt, insofern ein Ausdruck seiner Kompetenz, weil diese Fähigkeit genau zu einem Zeitpunkt auftritt, nämlich direkt nach der Geburt, wo die Gebärerin das fürs Überleben ungeheuer wichtige Kolostrum - oder Vormilch - bereithält. dieses ist nicht nur hochwertige Nahrung, sondern gleichzeitig ein Infektionsschutz, wie er besser nicht denkbar ist. Wichtig ist aber auch genau jener Zeitpunkt, Minuten bis Stunden nach der Geburt, wo diese Saugfähigkeit am perfektesten ausgebildet ist. Wird das instinktive (Instinkt = potentielle Vernunft) Saugbedürfnis nicht befriedigt, wird die Fähigkeit später nur schwer erlernt.

Dies ist nur ein Beweis für die Kompetenz des Säuglings. Er weiß sehr genau, was er will. Er weiß dies besser als die verbildeten Experten aus Medizin und Psychologie. Denn was ist ein deutlicherer Hinweis auf Kompetenz, wie das richtige Tun zur rechten Zeit?

Zuständig ist das Menschenwesen, welches seine Sache kann. Und es kann der Mensch eigentlich immer das, was für sein Überleben notwendig ist, so wie es eben für den minutenalten Säugling aufgezeigt wurde. Dem Können wiederum ist ein ständiger Lernvorgang vorgeschaltet, der ebenfalls vom Menschenwesen selbst ausgewählt und seiner Situation (Alter, Anforderung, Trieben und Wünschen) gemäß gestaltet wird, wenn dieses nur gelassen wird. Der wohl wichtigste Bestandteil der Lernvorgänge ist meines Erachtens die Imitation oder Nachahmung. Noch der Schweizer Intelligenzforscher Jean Piaget glaubte, daß Babys erst mit acht bis zwölf Monaten beginnen ihre Bezugspersonen nachzuahmen (so einen Unfug kann auch nur ein Mann verzapfen; d. s/in). Er wurde durch eine seiner Studentinnen eines Besseren belehrt, die belegte, daß bereits sieben Wochen alte Babys ihre Zunge rausstreckten, als Reaktion auf ihr eigenes Verhalten. Imitation ist sozusagen der erste Lernschritt, ist tastende Antwort auf die erste Frage der Umwelt: wer, was oder wie bin ich?

Das Baby mit seinen offenen Sinnen ist im wahrsten Wortsinne gierig nach Erfahrungen;

allerdings solchen, die seiner Verfassung (körperlich-seelisch-geistig) entsprechen. Es ahmt die Umwelt nach, im vorliegenden Beispiel die Artikulation der Studentin, wenn das augenblickliche Bedürfnis das Erfahren der Bezugsperson ist. Das Baby will "wissen" wer diese Studentin ist und streckt die Zunge heraus, weil es durch diese Betätigung erfährt, wie es sich fühlt, wenn es die Zunge herausstreckt und daraus "schließt", daß auch die Studentin sich so (an)fühlt. Das Baby wird schließlich wissen, daß das Ganze ein Spiel ist, wenn diese Studentin kommt und die Zunge herausstreckt.

Diese durchaus intelligente Auseinandersetzung des Säuglings mit seiner Umwelt zeigt seine Kompetenz für sich selbst. Es wählt die Form, die genau zu seinem Entwicklungsstand paßt. Das "Kind" weiß am besten was für es gut ist! Es gibt immer noch Ernährerinnen, die glauben, was ihnen die Industriegesellschaft weismachen will: das Baby müsse z.B. alle vier Stunden 200 gr. Industrienahrung bekommen, zu bestimmten Zeiten schlafen und zu anderen scheißen. Es müsse soundsooft gewaschen, mit Babyöl eingerieben, gepudert und sonstnochwas werden.

Sie hören nicht auf den Instinkt, sowohl des "Kindes" als auch auf den eigenen, sofern er überhaupt noch vorhanden ist.

Die potentielle Vernunft spricht nämlich eine völlig andere unmißverständliche Sprache: Babys wissen genau wann sie Hunger haben und ebenso genau wieviel Milch (am besten die Milch der Gebärerin oder einer anderen milchgebenden Frau) sie brauchen und verkraften können. Sie wissen genau wann und wie lange sie schlafen wollen oder ob sie mit ihren Bezugspersonen kommunizieren mögen. Sie wissen auch besser als die Industrie, ob sie täglich ein Vollbad mit anschließender pestizidhaltiger Ölung nehmen sollen. Sollen sie nämlich nicht: diese Art von Körperpflege zerstört nur die natürliche Fettschicht der Haut und schwächt die Abwehrkräfte ganz erheblich.

Daß sie all das wissen und noch eine ganze Menge mehr, zeigen den kopflastigen Europäern, Amerikanern oder Japanern schließlich die Wissenschaftler der verschiedensten Disziplinen leider immer erst sehr viel später, wie an den anfangs erwähnten Beispielen deutlich wurde und die der Autor vervielfachen könnte.

Würden die sogenannten "Erwachsenen" etwas aufmerksamer auf ihren Nachwuchs hören, sehen und riechen, sie bekämen Informationen, die sie, sagte man es ihnen, gar nicht glauben würden. - Dies deshalb, weil der Untertan immer nur das glaubt, was die Obrigkeit ihm eintrichtert und die trichtert ein, was ihr dienlich ist. -

Scheinbar paradoxerweise hängt die Unfähigkeit des sogenannten "Erwachsenen" (eine Begriffskonstruktion, die von hierarchischen Denksystemen zeugt), die Bedürfnisse der "Kinder" zu erkennen, mit der Unfähigkeit die eigenen Bedürfnisse zu kennen, zu akzeptieren, zusammen.

Ein Großteil (Soziologisch: die kompakte Mehrheit) hat nämlich die eigenen Bedürfnisse, gemäß der Anforderung der Herrschenden oder des Establishment, unterdrückt und unterdrückt diese auch beim Nachwuchs: "nach seinem Bilde schuf er ihn" - .

Die Intensität mit der Säuglinge, Kleinkinder und auch z.T. noch Jugendliche tasten, schmecken, riechen, hören und sehen, wird so nach und nach durch die Erziehung und Umformung soweit abgeschwächt, daß z.B. das Schmecken des anderen Menschen schließlich auf die wenigen Minuten des intensiven Küssens beim "Erwachsenen" reduziert wird. Die vielen Varianten, die unsere Geschmacksorgane sinnlich erhalten würden, werden unterdrückt und wegerzogen. "Das nimmt man nicht in den Mund", "da leckt man doch nicht dran" usw. , usw. und da die "Erwachsenen" schon jahrelang nicht mehr ihre Sinne betätigen und diese unfähig werden, haben sie auch kein Verständnis mehr für die Lust auf sinneserfahrung beim Säugling oder "Kleinkind".

Das hat natürlich System: Menschen mit gesunden Sinnen sind äußerst widerstandsfähig und das System braucht Gehorsame, Anpassungswillige für das abstrakte Ziel - High-Tech-Gesellschaft.

"Er hat ein natürliches Recht auf die Entwicklung seiner körperlichen und geistigen Anlagen und auf die freie Entfaltung seine Persönlichkeit... und sie?" Eine wahrhaft revolutionäre Forderung, die da von der Verfassung des Landes Rheinland-Pfalz per Gesetz erhoben wird, läßt man den unauflösbaren Widerspruch, der im Nachsatz erhoben wird, mal weg: "innerhalb der durch das natürliche Sittengesetz gegebenen Schranken." Wie wird hier von den "Juristen" "natürlich" definiert? Entweder ist "natürlich" das, was sozusagen einfach so wächst und steht damit im Widerspruch zum Geist. Oder, und dann ist es auch eine "natürliche" Entwicklung, wir machen morgen unsere (die anarchistische, d.A.) Revolution und was heute Sitte, ist morgen höchst verwerflich!

Er, der Säugling, will seine "körperlichen und geistigen Anlagen" entwickeln.

Der Säugling hat eine Anlage (körperlich versteht sich) zu einer starken und gesunden Sexualität, der Triebkraft alles Lebendigen! Schon geht es los: Er entdeckt mit erwachenden Sinnen seinen Pimmel oder Kitzler und setzt die vorhandenen reifenden Sinne ein, diese äußerst wichtigen Körperorgane bei sich und wenn er Gelegenheit hat auch bei anderen zu erkunden. Tasten, riechen, hören, schmecken, sehen? Diese sinnlichen Erfahrungen wären notwendig für die Entwicklung und Entfaltung seiner "Persönlichkeit". Doch da ist der verlängerte Arm der "natürlichen Sitte...", Mutter oder Vater, auch schon davor und verhindert das lustvolle Onanieren des kleinen Menschen: "Finger weg, das tut man nicht." (obwohl Mann und Frau es tun)

Hier wird schlicht wirksam was Deine oder Ihre Herrschaft als Prinzip gegen freie Menschen einsetzt:

Eine Familienpolitik, deren Grundsatz die Sexualfeindlichkeit ist, die für die Ehe und Kleinfamilie als kleinster Zelle des Staates plädiert und damit ein Druckmittel für die "Mehrwertpresse" aufrecht erhält. Die Großbourgeoisie hat sich nie an die sogenannten "Sittengesetze" gehalten, sie hat gefeiert, geliebt, gevögelt, so viel es ihnen Spaß machte; das ist auch heute so!

Die "Sittengesetze", die eine wirkliche "Entfaltung" der Persönlichkeit verhindern, sind für Arbeiter, Angestellte und andere Ausgegrenzte gedacht und werden realisiert durch die Transmissionsriemen der Herrschaft, den Lehrern, Geistlichen, Kleinunternehmern, Vorarbeitern oder anderen "nach-oben-dienen, nach-unten-treten" Mentalitäten.

Diese "für die" Herrschaft äußerst wichtige Gruppe des Kleinbürgertums ist es auch schließlich, die darüber wacht, daß die Freizügigkeit bei der genitalen Sexualität an den wohlgeordneten "Schranken" der "natürlichen Sittengesetze" endet. Da war AIDS eine gar willkommene Hilfe im Kampf gegen revolutionäre Kräfte!

Auch hier gilt beinahe analog, was im Abschnitt zum Nahrungstrieb beschrieben war: Die durch Erziehung erfolgte Unfähigkeit zu einer lustvollen Erotik der sogenannten "Erwachsenen" führt zu einer Verhinderung der kindlichen Sexualität und die Erzieherinnen, die die eigene Lust entdecken, auf die Finger geradeso, wie`s Der Pfaffe, Richter, Lehrer oder Ehemann/frau tut, der die Unerzogenen erwischt; wie sie gerade dabei sind, zu tun was ihnen Lust bereitet, anstatt zu tun was ihre Pflicht wäre. Und die wird allemal auferlegt!

Exkurs: "Selbstverständlich" und "natürlich" entsprechen die Entscheidungsstrukturen immer den Systemen, in denen sie zur Wirkung kommen. Und da wir es hier und heute mit hierarchischen, Macht über Menschen ausübenden Systemen zu tun haben, so finden wir entsprechende Organe des Gesellschaftskörpers vor: Parlamente, Parteien, Vereine, Familien etc.. die Rechtskonstruktion, wie überhaupt das Recht sind hierarchisch, anti-kommunistisch und anti-anarchistisch. Sie müssen so sein, sonst ließen sich die Hierarchien nicht aufrecht erhalten. In kommunistisch-, anarchistisch-, d.h. egalitärorganisierten Gesellschaften würden ganz andere Organe zur Entfaltung kommen, basierten sie doch auf einer Gesellschaft aus freien Menschen. Es gäbe keine Parlamente, keine Parteien, Vereine oder Ehen, sondern jeweilige Zusammenschlüsse die sich permanent veränderten: Kollektive, Räte, Zweier-, Dreier- oder sonstwie Kisten. Sebstverständlich gäbe es auch keinen Staat und kein Recht. Die Manifestationen der Hierarchien haben nur einen Sinn, wo es gilt Macht zu erhalten und nach Gutdünken zu verteilen. Und so, wie es in Parteien und Familien immer darum geht, den Willen des Staates (= Kapital/- Bürokratie - Partei/Kirche - Militär) auch bis ins letzte Glied zu transformieren, so reproduziert jedes nicht bekämpfte Staatsorgan letztlich die Unterdrückung von Menschen ganz allgemein und des kleinen Menschen durch die Akzeptanz der Ehe im Besonderen.

**WIE KANN MAN BEHAUPTEN,
DIE UNTERDRÜCKTEN GEDEMÜTIGTEN,
VERGEUDETEN MENSCHENMASSEN ZU LIEBEN,
WENN MAN NICHT JENE BEKÄMPFT,
DIE SIE UNTERDRÜCKEN, DEMÜTIGEN,
IHR LEBEN VERGEUDEN?**

madeleine pruedhomme

du sollst mit dem
was du von dir weißt,
was du bist,
aufsthehn und die barrieren,
die dir ringsum
unüberwindlich erscheinen,
niederreißen,
-in der konfrontation
die stärke entdecken-
natürlich deine
und so unsere,
und die schwäche der barriere
den kampf aufnehmen

(barbara 1987)

Die Schulpflicht als Rechtsaltertum
Hans Moller, Rechtsanwalt

Mir als Juristen fällt die undankbare Aufgabe zu, Sie vom Ausflug zu den Sternen, wo Schiller das Naturrecht sucht, auf den Boden des realen Rechtsstaats herunterzuholen, wo das Wort des Weimarer Geheimen Rats Goethe gilt:

"Es erben sich Gesetz`und Recht wie eine ew`ge Krankheit fort." (1) Die Schulpflicht ist in allen Bundesländern (2), in fast der Hälfte sogar in der Verfassung verankert (3). Das Grundgesetz erwähnt die Schulpflicht mit keinem Wort, und sein Art. 7 setzt sie auch nicht zwingend voraus. vom Verfassungstext her ist also durchaus die Frage legitim, ob eine Pflicht, etwas zu lernen und bestimmte Fähigkeiten zu erwerben, überhaupt mit dem Wesen einer freiheitlichen Demokratie vereinbar ist, und ob nicht Grundrechte und -werte wie Menschenwürde, freie Entfaltung der Persönlichkeit, freie Wahl der Ausbildungsstätte und Elternrecht einem Zwang zum Schulbesuch entgegenstehen. Ein Verfassungsbild, wie ich es hier gezeichnet habe, und wie es der heutigen Selbstdarstellung der Bundesrepublik entspricht, braucht aber nicht unbedingt mit dem Verfassungstext und noch weniger mit der Verfassungsrealität übereinzustimmen.

Jede Verfassung, die nicht lediglich zum Vorzeigen in der Weltöffentlichkeit oder der Weltbank bestimmt ist, ist kein Stück aus einem Guß, kein einheitliches Wertesystem, sondern ein Konglomerat von Kompromissen verschiedenster Machtfaktoren und Interessengruppen. Die Grundrechtskataloge des Grundgesetzes und der Länderverfassungen enthalten ein Gemisch von religiösen, konservativen, liberalen und sozialistischen Elementen. So stehen etwa in der bayerischen Verfassung Handlungsfreiheit (Art. 101), Elternrecht (Art. 126 I 1 und 3), Recht auf Ausbildung (Art. 128) und Schulpflicht (Art. 129), teilweise gegenläufig, im Juristenjargon: in einem "Spannungsverhältnis" nebeneinander. Und wenn Art. 7 GG die Schulpflicht nicht erwähnt, so mag das mit Rücksicht auf die Kulturhoheit der Länder geschehen sein, nicht weil der Verfassungsgeber das als ausschließliches Recht formulierte Erziehungsrecht der Eltern auch so gemeint hat.

Genug der akademischen Spekulationen!" Die Verfassungspraxis, insbesondere das Bundesverfassungsgericht, hat schon längst zugunsten der Verfassungsmäßigkeit der Schulpflicht entschieden, und zwar schon lange vor dem Fall Bartmann. Es leitet aus Art. 7 I GG einen staatlichen Erziehungsauftrag ab (4), der aus dem Text nicht zu entnehmen ist: "Das gesamte Schulwesen steht unter der Aufsicht des Staates." und deswegen durch eine Sinnverschiebung des Art. 6 II GG gedeckt wird: Pflege und Erziehung der Kinder sind das natürliche Recht der Eltern und die zuvörderst ihnen obliegende Pflicht: Aus den Worten "... die ihnen zuvörderst obliegende Pflicht" schließt man, daß die Erziehungspflicht nicht den Eltern allein obliege (5). Der den Eltern theoretisch zugestandene Einfluß auf die schulische Erziehung wird auf die Auswahl der Schulart beschränkt (6). Wenn schließlich das Bundesverfassungsgericht in seiner 1. Entscheidung zur hessischen Oberstufenreform ausspricht, daß die Schulpflicht nicht schrankenlos ausgedehnt werden dürfe, so folgt daraus logisch, daß die Schulpflicht an und für sich verfassungsgemäß sei (7).

Unterhalb der Verfassung sieht die Realität noch finsterer aus: Das Schulwesen ist, wenn auch der Ausdruck "besonderes Gewaltverhältnis" heute peinlich vermieden wird, der Gewaltenteilung weitestgehend entzogen. Was Kinder zu lernen haben, wie sie es zu lernen haben und wieviele Stunden sie in der Schule anwesend zu sein haben, bestimmt das Unterrichtsministerium (8). Und das hat im Gefolge der Bildungsreform zu einem Zustand geführt, daß die meisten Kinder fast ganztägig für die Schule arbeiten und die Eltern in die Funktion von Hilfslehrern zurückgedrängt sind, ein Zustand, den ich als "Verstaatlichung der Kinder" bezeichnen möchte.

Mag dieser Zustand heute auch mehr oder minder heftige Kritik auslösen, die Schulpflicht ist im Bewußtsein der Bevölkerung fest verankert. Wer, wie Ivan Illich, die "Entschulung der Gesellschaft" oder auch nur die Beseitigung der Schulpflicht fordert, läuft Gefahr, als Spinner abgestempelt zu werden. Trotzdem wage ich zu behaupten, daß der Glaube an den Nutzen der Schulpflicht ein Aberglaube ist.

Fragt man im Bekanntenkreis beliebig Erwachsene oder Kinder nach der Notwendigkeit der Schulpflicht, so erhält man in der Regel die Antwort: "Sonst würden wir nicht schreiben und lesen und rechnen lernen" oder "Wenn mich niemand dazu antreiben würde, würde ich nichts lernen". Ohne mir die Fachkompetenz eines Lerntheoretikers zuzuschreiben, meine ich behaupten zu können, daß hier der Glaube an den Behandlungserfolg den Behandlungserfolg ersetzt. Wenn man 2 - 3 Jahre braucht, um einen Beruf zu erlernen, aber 8 - 9 oder mehr Jahre, um einfache Kulturtechniken wie Schreiben, Lesen und Rechnen sich anzueignen, dann kann da etwas nicht stimmen. An jedem Säugetier oder Vogel kann man beobachten, daß Jungtiere zwanglos von ihren Eltern die Fähigkeiten lernen, die sie zum Leben brauchen, und wenn es auch strittig ist, ob der Mensch vom Affen abstammt, so steht er doch den Säugetieren nicht so fern, daß man ihm einen Lerntrieb absprechen müßte. Jedenfalls haben tausende von Jahren vor dem 18. Jahrhundert junge Menschen auch die dem Entwicklungsstand ihrer Gesellschaft entsprechenden Kulturtechniken ohne staatlichen Schulzwang und schneller gelernt.

Die Anschauung, daß zum Erwerb von Bildung Zwang erforderlich sei, entspricht auch nicht dem heutigen Stand der Wissenschaft. Es gibt sogar Stimmen die behaupten, es sei wissenschaftlich unerklärlich, daß in der Schule überhaupt etwas gelernt werde.

Auch die staatlichen Instanzen sind von der Begründung abgerückt, daß die Schulpflicht dem Erwerb von Wissen und Fähigkeit diene. So heißt es in einer Entscheidung des Bayr. Obersten Landesgerichts:

"Selbst wenn die Mutter als Lehrerin in der Lage sein sollte, den Kindern das übliche Schulwissen zu vermitteln, würde dies nicht ausreichen. die Schule dient nämlich nicht nur der Wissensvermittlung, sondern sie hat im Rahmen des staatlichen Erziehungsauftrages die Aufgabe, das Kind bei der Entwicklung zu einer eigenverantwortlichen Persönlichkeit innerhalb der Gemeinschaft zu unterstützen und zu fördern... und es zu einem selbstverantwortlichen Mitglied der Gemeinschaft heranzubilden..., wozu auch die Erziehung zur Toleranz und zur Befähigung der Wahrnehmung von Rechten und Pflichten in der Gesellschaft gehört (...). Die Kinder sollen gerade durch den gemeinsamen Schulbesuch "in das Gemeinschaftsleben hineinwachsen" (...). Erziehung und Bildung können vornehmlich in der Gemeinschaft durchgeführt werden (...), was gewisse "Spielregeln" erforderlich macht, nach denen sich der einzelne Schüler in die Gemeinschaft mit anderen einzuordnen hat (...)." (9)

Wie diese unter den Arbeitsbedingungen eines Großraumbüros erworbene Eigen- und Selbstverantwortlichkeit aussehen mag, das zu beurteilen, überlasse ich den Zuhörern.

Auch dieser Stand der Ideologie-Schulpflicht zwecks Einübung sozialen Verhaltens - ist möglicherweise überholt. In einer neuen Verlautbarung beklagt der BLLV, daß die Schule dazu nicht beitrage - m. a. W.: die sozialdemokratisch geführte Schulreform führt zur Einübung der Ellenbogengesellschaft - und fordert, der Unterricht solle auch "Sinnvolle Freizeit und besseres Familienleben einüben" (10). Auch das ist schon mal dagewesen, wie wir gleich sehen werden.

Setzen wir uns noch mit den Argument auseinander, die allgemeine Schulpflicht sei das legitime Kind der Demokratie; eine Demokratie brauche, um lebensfähig zu sein, informierte und gebildete Bürger. Das letztere will ich nicht bezweifeln, ich bezweifle nur, daß eine Zwangsschule solche Bürger erzeugt; das erstere ist historisch falsch.

Die Schulpflicht ist ein Produkt des Absolutismus. Entstanden ist sie im Bereich des Luthertums. Luther fordert sie 1519 in einem "Sermon oder Predigt, daß man solle die Kinder zur Schule halten". Zur Aufrechterhaltung der öffentlichen Ordnung genüge Gewalt nicht, Vernunft und Wissen seien erforderlich (!) (11). Einen ersten - gescheiterten - Versuch unternimmt 1619 Sachsen-Weimar. 1642 wird sie von Herzog Ernst in Sachsen-Gotha eingeführt, und zwar wird zuerst für die "durch Kriegswirren sittenlos gewordene" ältere Generation eine strenge Unterweisung in der christlichen Lehre mit Weisungen für die Gestaltung des häuslichen Lebens durchgeführt (12). Der neueste Gedanke des BLLV ist also schon dagewesen. Preußen führt 1717 die Schulpflicht vom 5. - 12. Lebensjahr ein. In den dazu 1737 verkündeten "Principia regulativa" wird als Zweck genannt, "damit der so höchst schädlichen und dem Christentum unanständigen Unwissenheit vorgebeugt und abgeholfen werde, um auf die folgende Zeit in den Schulen geschicktere und bessere Untertanen bilden und erziehen zu können" (13). Tempora mutantur?" Die Schulpflicht des 19. Jh., des aufstrebenden Liberalismus ist etwas anderes. Man bezeichnet sie gelegentlich als "Schulpflicht der Eltern", und man könnte sie fast als Grundrecht der Kinder bezeichnen. Art. VI § 155 der (nie in Kraft getretenen) Frankfurter Reichsverfassung von 1849 lautet:

"Für die Bildung der deutschen Jugend soll durch öffentliche Schulen überall genügend gesorgt werden. Eltern und deren Stellvertreter dürfen ihre Kinder oder Pflegebefohlenen nicht ohne den Unterricht lassen, welcher für die unteren Volksschulen vorgeschrieben ist."

Fast gleichlautend ist die Preußische Verfassung von 1850 (14) und ähnlich das heute noch gültige Österreichische Staatsgrundgesetz von 1867 (15).

Der Rückfall in die absolutistische Methode datiert aus der Weimarer Reichsverfassung von 1919. Das Ziel des Art. 145 WRV, der die allgemeine Schulpflicht heutigen Stils einführt - Chancengleichheit für Arbeiterkinder und Abbau der Klassengegensätze - ist gescheitert. Ebenso halte ich die letzte Bildungsreform unter dem Motto "Gleichheit der Bildungschancen" für gescheitert. Ist, sagen wir mal, der Vater Kraftfahrer mit Volksschulbildung, so ist heute der Sohn Taxifahrer mit Universitätsdiplom und kann seinem Fahrgast Goethe zitieren:

"Habe nun ach! Philosophie... Durchaus studiert, mit heißem Bemühn. Da steh ich nun, ich armer Tor,..." (16)

Statt dessen hat die allgemeine Schulpflicht unter Zurückdrängung von Privatschulen und Privatunterricht den Weg zur Ideologisierung der Schule durch die Nationalsozialisten geöffnet.

Staatlich organisierter Lernzwang ist in einer auf Freiheit und Privatinitiative basierenden Gesellschaft ein Fremdkörper. Staatlicher Zwang kann kurzfristig sicher einen Entwicklungsschub auslösen; in einer hochdifferenzierten Kulturgesellschaft wird ein staatlicher Lernzwang auf Dauer ebenso ineffizient sein wie der Betrieb einer hochindustriellen Produktion mit Sklaven, Leibeigenen oder Zwangsarbeiter.

Die Überdehnung des Schulzwangs erzeugt heute schon die unvermeidlichen Gegenreaktonen.

Deswegen hoffe ich, eines Tages in einer deutschen Verfassung lesen zu können: "Niemand darf zum Besuch einer öffentlichen Bildungsanstalt gezwungen werden."

Anmerkungen:

1) Faust I, 1. Akt

2) ba-wü SchG § 72; baySchPG Art. 1; bln SchG § 7; brem. SchG §§ 33,35; hmb SchG §§ 26, 27; hess. SchPG §§ 3,4: nrw. SchG § 46; ns. SchG § 46; rh-pf. SchG § 44; saarl. SchOG § 30; schl.-h. SchG § 37.

3) Baden-Württemberg: Art. 14; Bayern: Art. 129 I; Hessen: Art. 56 I 1; Nordrhein-Westfalen: Art. 8 I; Schleswig-Holstein: Art. 6 I.

4) BVerfGE 34, 165 (183) (Der staatliche Erziehungsauftrag in der Schule, von dem Art. 6, Abs. 1 GG ausgeht, ist in seinem Bereich dem elterlichen Erziehungsrecht nicht nach-, sondern gleichgeordnet. 2) So schon BVerwGE 6, 101.

5) BVerfGE 24, 119 (135 f) ("... jedoch läßt schon das Wort "zuvörderst" erkennen, daß neben den Eltern auch der Staat die Funktion eines Erziehungsträgers mit den entsprechenden Pflichten hat.")

6) BVerfGE 34, 165 (183 f); 45, 400 (415); 53, 185 (197).

7) BVerfGE 34, 165 (187) ("Über Beginn und Dauer der Pflicht zum Besuch der für alle gemeinsamen Schule läßt sich aus dem Grundgesetz nichts entnehmen. Das bedeutet aber nicht, daß die Länder zeitlich unbeschränkt die Kinder zum Besuch einer solchen Schule verpflichten können....")

8) vgl. z.B. Art. 24 II bayEUG.

9) NJW 1984, 928 (929)

10) AZ v. 31.3.1987 S. 2

11) Driesch/Esterhus, Geschichte der Erziehung und Bildung (5) I S. 230

12) Driesch/Esterhus, 1. c. S. 287.

13) zit. n. Bertrand Stern, Schule, Ein tragischer Unfall?

14) Art. 21

15) Art. 17
16) Faust I, 1. Akt

Der Artikel von Hans Moller erschien auch in "Entfesselung der Kreativität", Drachen-Verlag

**Eines der größten Hemmnisse
zur Überwindung von Gewalttätigkeit
und Herrschsucht
ist die Arroganz;
dieses Bessersein-wollen,
diese Überheblichkeit
und der Glaube
die anderen
Menschen
führen
zu müssen!**

Gerhard Kern, Dezember 1990

GEDANKEN UND ANMERKUNGEN zu "VORSICHT KIND"

von *Waltraud Kern*

Mit dem Untertitel "Eine Arbeitsplatzbeschreibung für Mütter, Väter und andere" und einer Zeichnung von Marie Marcks auf dem Einband wird schon die ganze Reichweite des "Problemfall Kind" umrissen und auf der rückwärtigen Einbandseite weiter geklärt:

"Vorsicht Kind" ist eines der erfolgreichsten Bücher Barbara Sichtermanns geworden, nicht nur, weil es ein praktischer Ratgeber für den Umgang mit einem Kind ist, sondern auch für den Umgang mit sich selbst. Worin bestehen die Veränderungen und Belastungen durch ein Kind wirklich? Wie kann man die überflüssigen meiden, die notwendigen hinnehmen und sie allesamt teilen? Was bedeutet der Alltag mit einem Kind für die Mutter, für ihre Entwicklung? Wie wirken sich ständige Unterbrechungen, Aufschub oder Teilung der Aufmerksamkeit aus? Wie reagiert man auf Vergeblichkeit, Wiederholung und Langeweile? Fragen, die viele Mütter bislang nicht einmal zu stellen wagten. Barbara Sichtermann beantwortet sie mit praktischen Vorschlägen, die sich gegen den "Behindertenstatus Mutterschaft" richten."

Schließlich macht noch der nachgesetzte Kommentar vom Sender Freies Berlin:" Ein Ratgeber und doch viel mehr: Erzählung, Analyse, Erfahrungsbericht, von leiser Radikalität ebenso getragen wie von subtiler Beobachtungsgabe und praktischer Weisheit" Lust auf Lesen - oder weckt er etwa nicht die Neugier?

Wir schlagen das Buch also erst einmal auf und gleich auf dem ersten Blatt fällt das Auge auf eine gequälte Karnickelmutter, die gebeugten Rückens fünf schreiende Karnickelbabies im Wagen vor sich her schiebt und ein sechstes, ebenfalls schreiend, hängt noch wie ein verrutschter Rucksack am Rücken herab.... Bei der anschließenden Lektüre der Kapiteleinteilungen wie "Mutterliebe: Forderung, Mangel und Überfluß von Gefühl", "Die Bindung an einen anderen physiologischen Prozeß oder: der Preis für die frühe Entwöhnung", "Das Kind als Forscher und die Konflikte der Laborassistenten", "Körperliche Anstrengung oder : Das Leben zwischen den Etagen", "Die Unterbrechung, der Aufschub und die Gleichzeitigkeit: Veränderte Weisen der Zeiterfahrung (I)", "Die Vergeblichkeit, die Wiederholung und die Langeweile: Veränderte Weisen der Zeiterfahrung (II)", "Little Kid is watching you oder: Unter Aufsicht", "Zweikampf", "Status durch Elternschaft: Behindertenstatus?", "Verzichte und Einbußen" und schließlich "Zur Verwandlung des Arbeitsplatzes in eine Lebensweise" wird jede Schon-Mutter fatal an durchlebte und durchlittene Zeiten erinnert, während jede Leserin, die diese Erfahrungen noch nicht am eigenen Leibe gemacht hat, vielleicht erst einmal staunend über einzelne Bedeutungen nachzudenken beginnt.

Bei aller Ausführlichkeit, mit der viele Situationen bis in kleinste Einzelheiten physischer, psychischer und geistiger Zustände geschildert werden, (für die Schon-Mutter nur allzu nachvollziehbar und für die Noch-Nicht-Mutter verständlich und mit Sicherheit als AHA-Erlebnis einzuspeichern für den Fall, daß der Fall irgendwann einmal eintritt) verliert Barbara Sichtermann niemals den Humor oder die kritische Reflexion.

"Vorsicht Kind" läßt sich leicht und gut lesen, und ich möchte es - obwohl zunächst als Ratgeber für die "alleinerziehende Mutter geschrieben - allen Vätern empfehlen, die allabendlich in das "Mutter-Kind-Ghetto" einbrechen und erwarten, daß sie nun ihres Tages Last und Müh selbstverständlich auf die Frau und Mutter ausgießen können (denn die hat ja den ganzen Tag nix anderes gemacht als das bißchen Haushalt und das Kind...) und diese wiederum möchte auch mitteilen und abladen - vor allem den kleinen Quälgeist - und stößt in der Regel schlicht auf Unverständnis oder taube Ohren ob der überwältigenden Banalität ihres Tageslaufes - und verstummt. Die Kommunikation erstirbt und eine ehedem lustvolle Zweisamkeit mündet häufig in eine frustreiche Dreisamkeit. Das müsste nicht sein. Allerdings fürchte ich, daß gerade jene Väter das Buch gar nicht erst in die Finger bekommen; sie würden wohl auch die Hände über ihren klugen Köpfen zusammenschlagen, da Barbara Sichtermann die Grundthese vertritt, daß das heranwachsende Menschenwesen in der Regel am besten weiß, was für seine/ihre Entwicklung am besten und JETZT am wichtigsten ist und nicht etwa der erwachsene Erzieher, der stets in irgendeine (-vor allem andere-) bestimmte Richtung er-zieht, auch wenn er oder sie dabei der Meinung ist, ja nur das beste zu wollen... Von der Sorte gibt es sowieso immer zu viele, aber es gibt mittlerweile genügend Heranwachsende, die den Umkehrschluß ziehen, wie in der Anekdote, wo der Lehrer seine SchülerInnen motivieren möchte: "..ich will doch nur Euer Bestes.." und zur Antwort erhält: .."du kriegst es aber nicht!"

Wenn nun durch die Lektüre dieses Buches Menschen endlich klar würde, daß die ErzieherInnen-Mentalität und die Diktatur des Axioms von der Erziehungsbedürftigkeit des Menschen in diesem Jahrhundert dazu geführt hat, daß aufgrund zweckrationaler Überlegungen eher maschinenhaft funktionierende Wesen herangezogen wurden als denkende und initiativ handelnde Individuen, wäre schon viel zu einem Strukturwandel beigetragen.

Und Umdenken tut not - in vieler Hinsicht. Auch das wird uns in "Vorsicht Kind" deutlich gemacht. Die Palette reicht von der physisch und psychischen Unmöglichkeit der Kleinfamilie, über kinderfeindliche Gesellschafts- und Wirtschaftsstrukturen, Zeitzwänge aus Zweckrationalität, die weder menschenwürdig noch menschenfreundlich und schon gar nicht "kindgerecht" oder bedürfnisorientiert sind. Wenn diese Strukturen erhalten blleiben, kann die Familienministerin zwar mit ihren Werbekampagnen à la "Kinder sind schön" oder "Kinder machen Freude" und ähnlichen Slogans versuchen die Hausfrau im Heim und am Herd wieder als erstrebenswertes Ideal hinzustellen und mit einem finanziellen Betthupferl winken; Tatsache ist und bleibt: diese Gesellschaft i s t kinder- (und frauen-)feindlich in all ihren kulturellen Äußerungen, ob wir dabei an Verkehrsplanung und -führung (Hamburg!) denken, an Städteplanung im allgemeinen oder Wohnungsbau, an "Einkaufsparadiese" oder Veranstaltungen aller Art ...

Um das schlechte Gewissen zu beruhigen, wird dann für die Sondergattung "Kind" Besonderes veranstaltet. Je mehr allerdings heranwachsende Menschen be-merken, daß die schon Erzogenen (statt Erwachsenen) sie nicht für voll nehmen und ihnen stattdessen ihre Merk-würdigkeiten überstülpen wollen unter dem Deckmantel "..ich will doch nur dein bestes.." (sprich Erziehung), wird sich verzweifelter Trotz (siehe "Trotzphase") bemerkbar machen, um das Eigene zu retten ("du kriegst es aber nicht .."). Leider ist der kleine Mensch immer in der schwächeren Lage, so daß in der Regel der, der ES BESSER WEISS, siegt. Das Ganze nennt man dann "Generationenkonflikt".

So hält "Vorsicht Kind" für jeden Leser und jede Leserin viel Nützliches, viel Aha-Erlebnisse vermittelndes und viel zum Darüber-Nachdenken bereit. Besonders im letzten Kapitel halte ich möglichst viele eigene Gedanken und die Entwicklung von strukturwandelnden Varianten für unbedingt notwendig. Mich befriedigte hier die Art, in der der Vater so allmählich (auf den letzten 50 Seiten etwa) in Erscheinung tritt und plötzlich alternierend mit der Mutter in die Pflicht genommen wird, überhaupt nicht. Auf diese Weise entsteht doch wieder die Kleinfamilie durch die Hintertür. Auch nimmt das Modell z.B. keine Rücksicht auf Mütter, denen es Spass macht, ihre Kinder länger zu stillen, us.w. Hier gibt es also noch viel unbeackerten Raum, in dem Ideen wachsen könnten, deren soziale Sprengkraft wirklich einen Wandel in unserer Gesellschaftsstruktur bewirken könnte. Laßt uns Utopien denken und in die Tat umsetzen!

"Vorsicht Kind - *eine Arbeitsplatzbeschreibung für Mütter, Väter und andere"* von Barbara Sichtermann, Wagenbach Tb. 1982, 216 S. DM 16,-

Mit freundlicher Genehmigung der Karikaturistin Marie Marcks

ANTI - PÄDAGOGIK
oder die Kraft der Negation

von Gerhard Kern

Vortrag, gehalten während der autonomen Hochschulwoche in Freiburg 1992

Wenn ich heute hier versuche über das Thema Anti-Pädagogik etwas auszusagen, so weiß ich sehr wohl, daß es nicht mehr auf das Interesse einer Mehrheit stößt.

1975 war wohl eher eine Zeit, in der eine Forderung, wie "mehr Zeit für Kinder" auf offene Ohren stieß.

Heute haben die Menschen alle Hände und Köpfe voll zu tun und zu denken, um ihren Reichtum zu mehren und zu sichern, z.b. vor Ossis und anderen Ausländern. Da freut es mich umso mehr, daß es ab und zu auch noch mal sowas gibt, wie autonome Hochschulwochen, die dann auch noch so ein unverständliches Motto haben, wie "Das schroffe Nein zum Bestehenden".

Mein Ansatz zu unserem Thema wird Euch vielleicht erstaunen und ich erhoffe mir etwas Geduld, wenn ich zu Anfang eine kleine Reise in die Vergangenheit wage, mit all ihren Unwägbarkeiten.

Auch mache ich eine Unterscheidung zwischen dem Begriff und Phänomen der Anti-Pädagogik, dem ich noch eins draufsetze, indem ich einen Bindestrich zwischen Anti und Pädagogik setze. Aber ich denke, daß das im Laufe des Vortrags noch deutlich wird.

Zeitlich kommt das Phänomen vor dem Begriff, was sagen will, daß der WIDERSTAND gegen die Pädagogik wohl schon immer existierte, nur so nicht benannt und begriffen wurde.

Mir ist bis heute noch nicht klar, warum die Pädagogik bei der Bevölkerung so positiv bewertet wird, wo es doch so offensichtlich ist, daß sie in der Regel zur Herrschaftssicherung eingesetzt wird. Ziemlich wahrscheinlich ist es sogar, daß der Anfang des allgemeinen Schulwesens in den Zucht-und Arbeitshäusern des 17. Jahrhunderts liegt. Die Kloster und Spitaltradition plus der zu jener Zeit geprobte Freiheitsentzug führten zur Synthese in der Form der Pädagogisierung sozialer Probleme.

Aber ich gehe noch ein wenig weiter in die Vergangenheit;

In der gesellschaftlichen Entwicklung der Menschen scheint es einen Bruch gegeben zu haben, während des Übergangs von den wilden, akephalen, d.h., führerlosen oder auch segmentären bis zu den kephalen Gesellschaften. Die Ersteren bestanden aus einem Nebeneinander von autonomen, verwandtschaftlich bedingten Gruppen. Ob diese matrilinear oder patrilinear waren spielt für diese Ausführung zunächst keine Rolle.

Die Gruppen seien freiheitlich, anarchisch und ohne Zentralinstanz gewesen. Ihre Normen und Regeln entstanden durch endloses Palaver, Gewohnheiiten und Traditionen. Es kann noch nicht von einer Rechtsgesellschaft gesprochen werden.Egalität war diesen Gesellschaften selbstverständlich und Herrschaftsabsichten gerieten zur Lächerlichkeit.

So berichten es zumindest Ethnologen wie Sigrist oder Historiker wie Morgan und Engels und andere.

Wann und wo nun dieser Bruch entstand,der die heute gültige Form der kephalen,also Führergesellschaft und damit auch die des derzeit existierenden Staates ermöglichte ist nicht einwandfrei zu recherchieren. Ob es sich um "äußere" oder "innere" Ursachen handelte,die die Verkopfung und damit die Herrschaftsentstehung betrieben,wird wohl ein Streit der Wissenschaftler bleiben.es gibt die Meinung,die den Übergang auf ökonomische,auf die Entstehung von Eigentum zurückführt oder andere,die von militärischer oder auch sexistischer Beeinflussung sprechen und schreiben.

Auf jeden Fall hat die Aufgabe der egalitären Gesellschaften mit ihren Konsensprinzipien erst Führer,Priester,Häuptlinge und Medizinmänner und mit diesen den Weg in die Rechtsgesellschaft geöffnet. Zentralinstanzen gewannen an Bedeutung und regulieren seither mehr oder weniger ununterbrochen das Leben der Menschen. Zeitlich etwa an dieser Stelle,nämlich bei der Erweiterung der Machtbefugnisse einzelner Menschen entstand schließlich auch das was wir heute Pädagogik nennen.

Die Führung und Ausbildung von Menschen im Sinne der Machthaber wurde notwendig mit der Ausdehnung und dem Erhaltungsbedürfnis von Macht.

Anfänglich waren nur privilegierte Männer und Frauen einer Zucht unterworfen,die das Ziel der Verwertung hatte.Es ist nachzuvollziehen,wie sich dieser Vorgang zu Zucht und Erziehung auf immer mehr Menschen ausdehnte,etwa parallel zur Vergrößerung der Machtbereiche und der sich damit vermehrenden Funktionen.Diese dienten dem Erhalt der Dörfer,Städte,Länder,Völker und Staaten.

Anfänglich Männer und Frauen,dann Jünglinge und Jungfrauen und schließlich aber nicht endlich 6 - 7 jährige wurden als Material,als Stoff aus dem die Träume der Herrscher gemacht sind, entdeckt. Das dehnt sich noch aus,wie ich noch zeigen werde.

Skizzenhaft war das die Entstehung und Entwicklung von Herrschaft und Staat.Mit ihr aber auch die der Pädagogik und Erziehung. Ein Wörterbuch der Gegenwart definiert Erziehung so:

"Erziehung ist die Einwirkung einzelner Personen oder der Gesellschaft auf einen sich entwickelnden Menschen und Erziehung im engeren Sinne ist die planmäßige Einwirkung von Eltern und schule auf den Zögling,d.h.,auf den unfertigen Menschen,zu dessen Wesen ergänzungsbedürftigkeit und Fähigkeit,auch das Ergänzungsbestreben gehören. Ziel und Zweck der Erziehung ist es,die im Zögling zur Entfaltung drängenden Anlagen zu fördern oder zu hemmen,je nach dem Ziel(Erziehungsideal),daß mit der Erziehung erreicht werden soll. Mittel der Erziehung sind vor allem das Beispiel,das der Erzieher dem Zögling gibt,dann der Befehl(Gebot und Verbot),die Überredung,die Gewöhnung und der Unterricht.Die Erziehung erstreckt sich auf Körper, Seele und Geist...und das der heranwachsende Zögling einen für sich günstigen,seelisch-geistigen Standpunkt gegenüber Familie,Volk und Staat gewinnt..."

Das war aus dem Wörterbuch von Schmidt,Seite 168,von 1982. Wir leben zwar heute im Jahre 1992. Doch immer noch meinen auch kritische Pädagogen ohne Erziehung nicht hinzukommen: Jürgen Oelkers und Thomas Lehmann kommen in ihrem neu aufgelegten Buch "Antipädagogik" zur Auffassung,daß Lernen zwar eine elementare Bedingung der individuellen Entwicklung sei,die aber gehöre pädagogisch definiert. Nun mal sehen!

Zunächst zur Negation:

Schon während der Anfänge der Staatenbildung und in deren Gefolge der Päda-,und Demagogik erfolgte auch schon das Nein. Anti-Pädagogik entstand zunächst nicht explizit, nicht begrifflich, sondern phänomenal.Anders gesprochen: bei fast allen Völkern hat es Widerstand gegen die Vergewaltigung der freien Beziehungen oder der freien Entfaltung der Individuen gegeben.

Zwei Beispiele sind für mich besonders prägnant:

Trotz der gewaltigen Macht der Brahmanen,mit der Autorität der Veden,hat es gerade im Indien des Jahres 500 vor Beginn der christlichen Zeitrechnung einen Aufstand der Charkawas,einer materialistischen Denkschule,gegeben. Er brachte das feste Gesellschaftsgefüge in Wanken. Mit scharfer Kritik und ebensolcher Zunge gingen sie Charkawas gegen den Schamanismus vor.Sie deckten die ganze Lächerlichkeit und Volksverarschung durch den Gotteskult mit der damals möglichen Rationalität auf. Ein Spruch von ihnen:

"Nichts anderes sind die Spenden an die Ahnen,
als ein Erwerbsquell unserer Brahmanen.
Die die drei Vedas ausgesonnen haben,
Nachtschleicher sind es Schurken,Possenreißer.."

Daß sie sich nicht durchsetzen konnten, lag auch an der Raffinesse und dem psychologischen Geschick der Priester und Magier. Aber das ist ja heute auch nicht anders...

Als durchaus anti-pädagogisch darf meines Erachtens auch die "Schule der Kyniker" bezeichnet werden, die mit Antisthenes und Diogenes von Sinope etwa hundert Jahre später in Griechenland der gesitteten Welt das Grausen beibrachte. Ohne Rücksicht auf Brauch und Sitte realisierten sie ihre Philosophie im Leben. Sie anerkannten niemanden außer sich selbst und ihre Bedürfnisse. Die Kyniker indendifizierten sich mit ihrer subjektiven und objektiven Natur und ließen Geist und Materie nicht in zwei Teile zerfallen. Anti-autoritär und selbstbestimmt widersetzten sie sich jeder Herrschaft.

Die Beispiele könnten fortgesetzt werden,bei denen diese anti-pädagogische Grundströmung feststellbar ist. Der schwarz-rote Faden zieht sich durch die Philosophie der Stoiker und Skeptiker über die Reformation,den Humanismus,die Aufklärung bis in den Anarchismus der letzten Jahre. Ein nicht zu stillender Unruheherd für die Ideologie von Sauberkeit und Ordnung.

Die bisherige Darstellung handelte vom Phänomen der Anti-pädagogik. Damit soll gesagt werden,daß Menschen Dinge zunächst wahrnehmen können aber noch nicht bis zur Begrifflichkeit vorgedrungen sind. Die Prägung des Begriffs geschah erst in den letzten Jahren. Ekkehard von Braunmühl schrieb sein Buch "Antipädagogik" vor 1975, Hubertus von Schönebeck und Bertrand Stern zogen als unermüdliche Redner von Ort zu Ort, verfassten Artikel in der Zeitschrift "Caspar, Zeitung für den Frieden mit Kindern" oder die Schriftenreihe "Freundschaft mit Kindern". 1977 kam die Übersetzung des Buches der Maud Mannoni, einer Freudschülerin, "von der Anti-Psychiatrie zur Antipädagogik" auf den deutschen Markt. Die vielen literarisch und theoretisch zum Thema arbeitenden Menschen ließen sich hier nicht aufzählen. Nur einige sind: Heinrich Kupffer, Alice Miller, Katharina Rutschky, Helmut Ostermeyer, Ivan Illich, Helga Glanschnig und usw., usw.

Sie alle haben, jede und jeder auf ihre oder seine Art die Analyse und Kritik an der Pädagogik betrieben und sind durchaus zu unterschiedlichen Ergebnissen gekommen. Heute kann man getrost sagen, daß linke wie rechte Positionen herausgekommen sind. Extreme sind z.B. Renata Leuffens Home Schooling oder auch die Nürnberger Stadtindianer.

Eine wesentliche, von allen gleichermaßen geforderte Eigenart der gegen Pädagogik eingestellten Menschen ist der Trieb nach selbstbestimmtem Leben und Lernen.

Es wird von der Fähigkeit zur Selbstbestimmung eines jeden Individuums, unabhängig von Alter und Geschlecht gesprochen. Der oder die Neugeborene sei genauso gut in der Lage, zu wissen was richtig für ihn oder sie ist. Ebenso Behinderte oder Alte. Sie alle könnten einschätzen, welche Lerninhalte für sie wichtig, welches Essen gut oder welche Freundin die richtige sei.

Wer, wie ich, sowohl mit Kindern, Behinderten und nichtbehinderten Männern und Frauen zusammenlebt, kann das prinzipiell bestätigen. Das bedeutet aber nicht, daß mit der Fähigkeit schon ein selbstbestimmtes Leben möglich ist, da dies wesentlich von den gesellschaftlichen Bedingungen abhängt und die sind derzeit alles andere als günstig für ein Leben in Freiheit. Was die Selbstbestimmung angeht, so ist hier eine kritische Analyse gefordert. Was ist überhaupt Selbstbestimmung? Was sind Voraussetzungen, Wo ist sie unmöglich. Und hier unterscheide ich auch meine Position von den meisten Anti-Pädagogen, mit Ausnahme von Maud Mannoni und Jessica Benjamin.

Da ich aber auch in diesem Rahmen die geforderte Analyse nicht leisten kann, möchte ich nur meine Definition in Stichworten darstellen:

Ein Individuum besteht nicht durch sich selbst, sozusagen abgehoben vom Umfeld, sondern erhält das Selbstbewußtsein durch biologische, psychologische und gesellschaftliche Determinanten. Das gilt für Außen- und Innenwelt. Die Korrespondenz von Subjekt und Objekt kristallisiert sich im jeweils entstehenden Selbst. Dieses ist nicht konstant sondern verändert sich permanent. Es versucht gemäß seiner Eigenart Ziele oder Intentionen zu realisieren und zwar in Auseinandersetzung mit anderen Individuen, Gruppen und schließlich der Gesellschaft. So ist Selbstbestimmung immer relativ und immer nur annähernd erreichbar. Allzuoft wird sie gar völlig unterdrückt. Dennoch weiß jedes Individuum, was für seinen Weg zur Selbstbestimmung richtig ist.

Besonders behindert wird dieser Weg für Kinder, Behinderte, Alte, Kranke oder auch z.B. Ausländer. Ihnen wird dieses Wissen schlichtweg abgesprochen.

Weil sie vielleicht ein Buch mehr gelesen,ein Jahr länger gelebt,einen Beruf erlernt oder studiert haben, nehmen Menschen es sich heraus zu Besserwissern zu werden und stülpen ihr Mehrwissen jenen über,die vielleicht im Moment ganz andere Intentionen haben. Sie vergewaltigen das SO-Sein der Anderen um sie für ein ideologisches Ziel zu präparieren. Was die Selbstbestimmung verhindert, ist die Fähigkeit und der Wille zur Akzeptanz. Der Wille dazu und die Anerkennung der Kompetenz des Anderen allerdings sind Voraussetzungen für den Übergang zu einer herrschaftsfreien Gesellschaft.

Erschwert wird die Selbstbestimmung der Individuen und die freie Gesellschaft aber auch durch die Expansion der Quantitäten,durch die scheinbar rationellen Fusionsbestrebungen bei der gesellschaftlichen Gestaltung. Statt darauf zu achten,daß die gemeinschaftlichen Zusammenhänge Größenordnungen behalten,die für ihre Mitglieder überschaubar und handhabbar sind, werden Städte und Gemeinden immer gigantischer. Je mehr dieser Prozeß fortschreitet und vielleicht in einem Welt-Staat mündet,desto weniger wird Selbstbestimmung, Selbstverwaltung möglich sein.

Ich glaube,daß es naiv im negativen Sinne ist,wenn Leute meinen, einfach durch einrichten nichtpädagogischer Strukturen die Entwicklung zum gigantischen Eine-Welt-Staat aufzuhalten. Es kann nur als ein möglicher Schritt begriffen werden und andere Verweigerungsformen müssen das begleiten. Dennoch ist es natürlich besser,z.B. in einem Verhältnis zu Freund ,Mutter oder Sohn einen nichtpädagogischen Umgang zu wählen,als zu sagen: weil alle Menschen pädagogisch miteinander umgehen, hilft mein Ausbruch aus der gesetzten Norm sowieso nichts. Jeder Ausbruch,jede Verweigerung aus und gegen die menschenverachtende Konzentration und Entfremdung ist ein Schritt in die richtige Richtung.

Pädagogik als Sozial-Technologie

Die gesellschaftliche Dimension wird klar, wenn Pädagogik als sozialtechnologisches Mittel begriffen wird.

Definitiv meint Sozialtechnologie die Technik,also Kunst der Herrschenden, alle Belange der Menschen ihres Territoriums zu manipulieren und in die gewünschte Richtung zu lenken. Darüber hinaus aber auch die Fähigkeit, Fehler des Systems -wie z.B. derzeit die Fehleinschätzung der ökonomischen Folgen bei der Aneignung der ehemaligen DDR - so zu verwerten, daß letztlich eine Stärkung desselben erreicht wird.

Die Herrschenden, der Staat,das Kapital,die Industrie haben als primäre Mittel die 4. Gewalt,das ist die Wissenschaft und dazu gehört auch die Pädagogik. Wes Geistes Kind die Herrschaftsgewalt nun ist, wird sicht-und erlebbar in den von ihr entwickelten Bauformen,Städteplanung und Institutionsstrukturen. Hier fallen besonders auf die Knäste,Kasernen,Krankenhäuser und Schulen. Sie sind in der Regel getreues Abbild,sozusagen die Materialisation ihres Wollens und Könnens sind. Herausragende Beispiele sind z.B. die Ruhr-Uni,Stammheim,das Aachener Krankenhaus u. Andere.

Architektur ist sichtbarer Ausdruck in Beton und Glas gegossener Sozialtechnologie. Dies gilt auch für die Städteplanung.Hier wie dort drückt sich die herrschende Ansicht von der idealen Organisation menschlichen Lebens aus und zwar, wie sie sein soll um einen möglichst reibungslosen Ablauf der Geschäfte zu sichern."Wohnungsbau,Städtebau,Stadtsanierung sind entscheidende gesellschaftspolitische Aufgaben im Dienste der Wirtschaft und nicht zuletzt der Menschen", so steht es im Heft "Neue Heimat" Jahrgang 1966 Nr.5.

Im Wohnungsbau wird die Vereinzelung des Menschen,positiv ausgedrückt Individualisierung,planmäßig durch die Bauart festgeschrieben. Je nach Einkommen fallen die Wohnzellen etwas größer und luxuriöser aus und für Habenichtse auch gar nicht,doch die Trennung in Wohn-,Schlaf und Arbeitsbereiche verstärkt die Isolation und verhindert kollektive Wohnformen. Wenn der Begriff "strukturelle Gewalt" einen Sinn hat,hier wird er deutlich. Die Herrschaften planen Behausungen für Menschen von vornherein so,daß anderes wie vorgesehen beinahe unmöglich wird. Das Leben wird nicht als Einheit betrachtet, es wird kategorisiert in Produktions-und Reproduktionsbereiche, Kinder und Erwachsenenwelt und weiter in Krankenhäuser,Alten- und Behindertenheime,Getthos für Kriminalisierte,Psychiatrisierte,Ausländer, usw. und so fort.

Gewachsene soziale Zusammenhänge werden zerstört zu Gunsten lang-und mittelfristiger Stadtplanungen,die auf dem Reißbrett entstehen,der Profitrate dienen sollen und sich allzuoft als wirtschaftliche Pleiten erweisen.

Für den Bereich Schulen steht hier beispielhaft die Ruhr-Uni in Bochum. Sie wurde gemäß folgendem Ausspruch erbaut:

"Eine zentral gelenkte Planungsmaschine gewährleistet die größte direkte Übersetzung von oben nach unten mit geringsten Reibungsverlusten. Die Installation einer derartigen Maschine mit dem Ziel,die Universität in einem Baukomplex in einem befristeten Zeitraum ohne Reibungsverluste fertigzustellen,impliziert die Orientierung an dem Bau von Produktionsanlagen der Industrie".

Diese Aussage findet sich in der Abhandlung von Bossard/Eiseld/Grünke/Stierand in "Baumeister Nr. 8/71. Die Uni wurde wie sie erbaut wurde: eine Lehrmaschine mit möglichst wenig Reibungsverlusten; die fanden sich höchstens bei den toten Studenten und Studentinnen. Die perfekte computergesteuerte Fabrik als Vorbild für die Gestaltung menschlicher Lebensräume ist schon heute realisiert in Unis,Krankenhäusern und Schulen.Überwacht und ausgebeutet,ein restlos verwertetes Leben ist Ziel der Maschine.Nicht nur das gemeinsam erarbeitete Volksvermögen wird den Leuten geraubt,das Leben wird den Einzelnen zerstört und in Reichtum für Wenige umgesetzt.

Der Exkurs in den Bereich der Stadtplanung macht klar,wie Sozialtechnik wirkt und die Pädagogik ist ein nicht unerheblicher Bestandteil, Sozialtechnologie läßt sich gliedern in einen integrativen und einen selektiven Aspekt,welcher in der Verhaltensforschung mit Zuckerbrot und Peitsche umschrieben wird.

An den Lehranstalten gibt es bekanntlich Lehrpläne,an die sich die Erziehungsbeauftragten möglichst zu halten haben. Diese Lehrpläne entstehen ja nicht aus dem Nichts,sondern sind Ergebnis von Expertengremien,weitab von der Erziehungspraxis,welche durchaus parteipolitisch ausgehandelt werden und somit wiederrum Abbild der Machtverhältnisse sind. Das in einer CDU/FDP regierten Bundesrepublik andere Lerninhalte in den Bürger getrichtert werden, wie das bei dem verflossenen SPD/FDP-Staat war kann jede und jeder nachvollziehen.

Natürlich ist die Einflußnahme des Staates nicht offen erkennbar, besonders da nicht, wo sich Fachleute um Details streiten. Doch wird aus übergeordneter Perspektive die geplante Normierung der Menschen eines jeden Staatswesens sichtbar. Der Streit der Parteien mit der dahinter stehenden Industrie und deren Kompromissen schlagen sich nieder in der Schulstruktur, den Inhalten und Wertsetzungen. Mit integrativen oder segregativen Mitteln werden die Bürger schließlich in die Staatsnorm gezwängt.

Das setzt im Säuglingsalter bereits an, wo der stillendenden Gebärerin oder dem Flasche reichenden Aufziehungshelfer mittels einer gestylten Wissenschaft eingeredet wird, es gäbe einen Vier-Stunden-Rhytmus. Das heranwachsende Kind müsse täglich so und soviel Gramm zunehmen, also auch bei jeder Mahlzeit 200 g flüssiges Milupa oder Nestle saufen, usw., usf. Daß ein Vier-Stunden-Rhytmus ein Hohn auf jede wissenschaftliche Erkenntnis ist, es sich hierbei um einen Maschinentakt handelt, fällt natürlich keiner technikgläubigen Person ein. Um letztlich einen 8-Stunden-Monotonie aushaltenden Arbeiter oder Angestellten zu erreichen, setzt das Erziehungsunwesen schon beim Kleinsten, die sogenannte Säuglingsgymnastik ein.

Diese Integrationsbemühungen werden ergänzt durch eine immer perfektere Vorsorge, die dann je nach Ergebnis die Segregation schon vorbereitet. Die Diagnose: "Mongoloid" beispielsweise bedeutet dann potentiell Behindertenschule oder heilpädagogisches Heim für den Menschen. Bei weiterer Entwicklung der Gen-Technik wird dieser Segregationsmechanismus pränatal angesetzt.

Ungeachtet des eigenen Bio-Rhytmus, der ganzen individuellen Ausprägung wird nun versucht über erstklassig geschulte KindergärtnerInnen, Erzieher und wie die Experten für die Älteren heißen mögen, nach dem Motto ‚die Guten ins Töpfchen, die Schlechten ins Kröpfchen gesondert.

Der Staat und ganz besonders der kapitalistische Staat braucht eine ganz bestimmte Menge von Menschen und er braucht eine hier nicht näher definierte Sorte. Das High-Tech-Zeitalter braucht andere, wie z.B. eine Agrar-Gesellschaft. Aber Staat braucht auch eine ganze Menge Menschen nicht mehr und hier beginnt dann das Problem für die Sozialarbeiterinnen.

1987, als von den neuerlichen Problemen der Wir-Deutschen höchstens einige Vordenker der Rechten, wie der Anthroposoph und WSL(Weltbund zum Schutze des Lebens)Vorständler oder die Herausgeber der Jungen Freiheit, die hier ja jede kennen dürfte, Dieter Stein und Dr. Götz Meidinger, nicht aber die liberale oder linke Szene etwas ahnte schrieb die Zeit in einem Artikel von Robert Leicht ‚mit dem Titel "Computer - aber kaum noch Kinder": *Ein erheblicher Bevölkerungsrückgang um 30 % wird nach einer aktuellen Erhebung die Wirtschaftswunder-Nation in nicht unerhebliche Schwierigkeiten bringen. Ein solcher Bevölkerungsrückgang würde sich niederschlagen auf die Rentenversicherung, die Besteuerung der einzelnen Bürger zwecks Erhalt der kulturellen Einrichtun-*

gen,auf die Proportion Deutsche - Ausländer (2030 rechnete die Studie mit 40,3 Mil. Deutschen denen 10,4 Mil. Ausländer gegenüberstünden) auf Tendenzen in den Haushalts-, Arbeitsmarkt,Bundeswehr,öffentliche Finanzen, usw. Sollte diese rückläufige Tendenz der Reproduktionsrate aufgehalten werden,müßte jede Frau 2,1 Kinder bekommen. Diese Situation ist in allen Industrienationen ähnlich. Der Autor kommt zu der komprimierten Aussage:" Die Herausforderung,die aus allem erwächst,läßt sich in einem Satz zusammenfassen: Nun kommt es darauf an, die Risiken unseres Zivilisationstyps unter Kontrolle zu bringen, ohne den Zivilisationsgewinn der Moderne zu verspielen". Interessant ist es unter diesen Gesichtspunkten die sogenannte Lebensschutzbewegung und die rechte Ausländerhetze zu analysieren. Und: Die Probleme,die sich der Staat selber schafft löst er mit Hilfe seiner eigenen Bürger, indem er diese die Suppe auslöffeln läßt.

Mit Hilfe von Demoskopen,Soziologen und Politologen werden Programme ausgetüftelt,die letztlich in Patreiprogrammen das Überleben des Herrschaftsapparates sichern sollen.

Doch zurück zur Pädagogik, bzw. deren Negation:

Kritisiert wird von mir ,daß die Pädagogik institutionalisierte Bewegung im Dienste der Herrschenden ist. Sie legt Beziehungsformen fest,verobjektiviert Verhalten und verhindert die Möglichkeit der gleichberechtigten gegenseitigen Beeinflussung. Als pädagogische Institution unterliegt sie auch noch sekundär der Institutionskritik. D.h., Institution ist nur insoweit notwendig,als sie eine Bewegung zu einem ganz bestimmten Zweck festhält,ordnet und formt. Ich versuche das am Beispiel des Lernens deutlicher zu machen:

Lernen ist eine Bewegung zwischen Wahrnehmung und Erkenntnis, mit deren Hilfe eine neue Wahrnehmung und wiederum eine andere Erkenntnis möglich wird. Zunächst geschieht dieser Vorgang ganz ungeregelt und wird von allen menschlichen Individuen,gleich wie jung oder alt sie auch sind, vollzogen. Und zwar gemäß seiner körperlich/geistigen Organisation. Um diesen Vorgang zu fördern brauchen wir Anregungen und Lerninhalte von außen. Wenn diese,um das Lernziel zu erreichen, einer Kontinuität bedürfen, ist es notwendig zeitlich und örtlich zu strukturieren. So entsteht Methodik und Lernort,gemeinhin Schule genannt. Eine pädagogische Institution ist vorhanden. So weit,so gut, wenn diese Einrichtung von Lehrenden und Lernenden gemeinsam gewollt wird.

Nun hat aber jede Institution,ähnlich einem lebenden Organismus,einen Selbsterhaltungstrieb oder im Falle der Organisation, eher eine Eigengesetzlichkeit. Diese führt dazu, obwohl der Corpus überflüssig ist, sich mit allen Mitten am Leben zu halten.

Beispiele dafür gibt es en Masse. In der Regel und nicht umgekehrt führt diese Art von Selbsterhalt zum Gegenteil der ursprünglichen Intention. Man nehme die Kooperativen und Genossenschaften der frühen zwanziger Jahre und das was heute ist. Die alternden Institution sind getreues Abbild einer längst verschwunden geglaubten Gerontokratie,d.,h.Altersherrschaft. Dieser Vorgang kann auch bei neueren subkulturellen Erscheinungen beobachtet werden.. Alternative Finanzierungsmodelle,wie Ökobank und andere, politische Basisbewegungen wie früher die Sozialdemokratie und heute die Grünen sind Paradebeispiele. Bei den Grünen kommt es schon lange nicht mehr auf die inhaltliche Auseinandersetzung an,zumindest primär nicht,sondern es geht um den Erhalt der Machtbefugnisse und der Institution.

Dennoch lehne ich die Institution nicht grundsätzlich ab. Aber ich befürworte sie nur soweit wie unbedingt erforderlich. Danach steht die permanente Institutionskritik.

Die Pädagogik als Konservativismusstütze:

Schließlich und dem heutigen Stand entsprechend verhindert die staatskonforme Pädagogik,und das ist ist mehr oder minder immer, eine kognitive Gesellschaft im Sinne des Erkenntnistheoretikers Jean Piaget. Die am Leistungsprinzip und Kapitalismus orientierte Pädagogik läßt umfassende Erkenntnis für alle nicht zu. Die aber wäre Voraussetzung für eine Befreiung von Zwängen und einer freien Gesellschaft.

Sie schüttet die Möglichkeiten zu,kanalisiert die Triebe und Fähigkeiten zu gewünschten Mehrwert schöpfenden Ergebnissen. Insofern steht sie hier ganz im Dienste der konservativen Eroberung. Sie unterstützt zentralistische Tendenzen im Sinne der Neuen Weltordnung und betreibt eine Regression in der Werteordnung,die vor 10 Jahren nicht denkbar gewesen wäre.

Insofern ist Pädagogik konservativ ,als sie zum Erziehungsgehilfen der Staaten wird und Befreiungsbewegungen nur in den Anfängen dient,wie das in Nicaragua erfahren werden konnte.

Es gibt nun mal Widersprüche,die durch nichts aus der Welt zu schaffen sind.Ein vom Zentralkommitee verordneter Kommunismus ist einfach nicht möglich,so wie es auch keine anarchistische Pädagogik geben kann. Es gibt keine Annäherung ohne Substanzverlust zwischen These und Antithese.Da aber die These derzeit konservativ oder gar faschistisch ist, bleibt mir nur die Negation zunächst: Das schroffe Nein zu dem was mehrheitlich propagiert wird,wie es ja sinngemäß auch das Motto dieser Veranstaltung ist.

Aus der Kritik an der herrschenden Pädagogik sind nun ,etwa gemäß einer Antithese, in der letzten Zeit gehäuft Reform-oder Alternativmodelle hervorgegangen. Hierauf will ich nur sehr kurz eingehen da es genügend Literatur zum Thema gibt und zweitens diese Ansätze inkonsequent bleiben und über den reformistischen Standpunkt nicht hinausgelangen;

Ob es der spanische Anarchist Francisco Ferrer mit seiner 1901 gegründeten "Modernen Schule" war, dessen Kritik am staatlichen Bildungsmonopol ansetzte ,der aber eine sozialistische Erziehung für unabdingbar hielt oder ob es sich um die Summerhillschule von Neill,1921 gegründet und heute noch existierend, handelt, der bekanntlich die Selbstbestimmung in den Mittelpunkt seiner Erziehung stellte und einer Überbewertung der Fähigkeiten des Kindes anheimfällt, beide Versuche stellen nicht die Erziehung an sich infrage.

In jener Zeit tauchen dann auch die ersten Waldorfschulen auf,mit ihrer Forderung "Erziehung zur Freiheit". Das ist schon im Ansatz unsinnig,da Freiheit nicht anerzogen werden kann,es sei denn es geht um die anerzogene Freiheit der ErzieherInnen. Hinzu kommt,daß Waldorfpädagogik ideologische Grundlagen hat,die voll auf die zu Erziehenden durchschlagen.

Weitere Varianten heißen: Makarenkos sozialistische Kollektiverziehung,Montessori-Pädagogik, Freinet-Pädagogik,Freire-Pädagogik, Bemposta-Kinderrepublik in Spanien oder die Tvind -Schulen in Dänemark. Zumindest genau soviel,wenn nicht mehr Initiativen sind in den USA zu verzeichnen.

Von den Versuchen menschliches Lernen in Freiheit zu ermöglichen,scheinen mir die Freien Schulen oder die Initiativen für selbstbestimmtes Lernen die fortschrittlichsten zu sein. Hierzu zähle ich auch die Gegen-oder Alternativ-Unis, wo Angebot und Nachfrage den Lehrstoff bestimmen.

Zur Schulpflicht:

Wenn wir hier über Anti-Pädagogik reden sollte wir aber zumindest noch kurz auf die Schulpflicht eingehen:

Die Befürworter argumentieren: Durch die Schulpflicht erhalten alle Bürger die Möglichkeit von gleichen Bildungs-Chancen.

Das der Staat für gleiche Bildungs-Chancen sorgt ist eine Täuschung und impliziert den gütigen Übervater,der er nicht ist und nicht sein will. Gleichheit muß immer erkämpft werden und zwar von den Unfreien selbst. Es tut niemand für sie. Dem Staat geht es nicht um die Interessen der Menschen, sondern um die durch Machtkämpfe errungene Staatsidentität. Diese wird von oben und hierarchisch durchgesetzt. Der Kampf um den ersten Platz in der Weltrangliste der Autoherstellerstaaten hat herzlich wenig mit den Wünschen der Arbeiterinnen oder der Angestellten zu tun. Wenn also von garantierter Gleichheit im Bildungswesen die Rede ist, so handelt es sich immer um eine vom Staat gewünschte Gleichheit der in seinem Einflußbereich lebenden Menschen. außerdem ist durch die vorher betriebene Sozialtechnologie rechtzeitig sortiert und der Teil der am kapitalistischen Glück Teilhabenden hat dann gleiche Chancen.

Durch die Schulpflicht würden Zukunfts-Chancen gewährleistet,lautet ein weiteres Argument. Was ist eine Zukunfts-Chance? Von den Befürwortern der Schule wird kurzerhand die von den Machthabern definierte Chance übernommen, ohne zu hinterfragen ob denn diese Form der Zukunft von uns, von mir oder Dir überhaupt gewollt ist. Die Anarchie wird garantiert nicht durch die Schulpflicht erreicht.

Kinderarbeit werde verhindert,sagen sie. Doch da die Schule willfähriges Instrument in den Händen des Staates ist,kann dem nur entgegengesetzt werden,daß sie dazu dient die Ausbeutbarkeit der Menschen vorzubereiten und ihnen zusätzlich Jahre einer alters-und entwicklungsbedingten Erfahrung zu stehlen. Auch wäre zu fragen,ob nicht die Schularbeit auch harte Arbeit ist,die oftmals die jungen Menschen überfordert .

Daß die Schule eine soziale Errungenschaft sei, wird behauptet und die könne man doch nicht einfach aufs Spiel setzen. Nun ja, ich weiß nicht was an dieser Vorform von Knast sozial ist? Es sei denn man betrachtet Disziplinierung und Aussonderung als humanitäre Mittel der Sozialisation. Aber vielleicht ist das Militär auch eine soziale Errungenschaft?

Eine Pro-These lautet: durch Öffnung des Bildungswesens hin zum freiwilligen Lernen würde den Zugriff konservativer Kräfte möglich. Den haben diese Kräfte in dem Maße, wie sie im Machtbesitz sind. Würde jedoch ein vielgestaltiges Bildungsangebot ohne Einschränkungen erlaubt, wer ginge dann noch in Klosterschulen? Freie Initiativen hätten erst die Möglichkeit mit Qualität und Phantasie zu überzeugen.

Fazit:

Die Hochzeit der anti-pädagogischen Auseinandersetzung ist augenblicklich vorbei

In der Pädagogik ist bestenfalls eine Reformation erfolgt, die bald wieder reformiert wird. Wie auch auf anderen Gebieten hat die herrschende Clique es verstanden die Revolte zu bremsen. Den einen oder anderen Ansatz der befreienden Momente hat die Pädagogik integriert, das was dem Zeitgeist dient, die revolutionären Ansätze konnte sie mit dem Erstarken der konservativen Wende verhindern.

So wäre es denn die Aufgabe der Kritischen im Lande, den Diskurs in Theoriezirkeln zu führen und in liberale Medien zu tragen. Die wenigen praktischen Ansätze einer Bildung ohne Führung sollten sich konsolidieren um zu überleben. Die Zeiten werden sich ändern, denn der Kapitalismus hat keine längere Überlebens-Chance. Bis dahin allerdings bestehen uns schwere Zeiten bevor.

Faschismus, Rassismus und Pädagogik

von *Gerald Grüneklee*

Über den latenten Rassismus der Pädagogik und die daraus resultierende Unmöglichkeit, dem Faschismus mit erzieherischen Mitteln beizukommen.

Vorbemerkung: Dieser Beitrag soll ein erster Anstoß zur überfälligen Diskussion um das immer noch weitgehend ungeklärte Verhältnis zwischen Faschismus und Pädagogik geben. Im folgenden sind keine fertig ausgearbeiteten, argumentativ "abgedichteten" Thesen zu erwarten, sondern eher fragmentarische Ansätze, die hoffentlich zum Weiterdenken und -diskutieren anregen. Ergänzende Anmerkungen und Hinweise können an die AG Antipädagogik gerichtet werden, damit wir eventuell einmal eine aktualisierte und erweiterte Fassung veröffentlichen können.

Erziehung und Staat

Erziehung war immer auch Nationalerziehung - bei Platon oder Rousseau z.B., in den Erziehungskonzepten des deutschen Kaiserreiches und der Weimarer Republik ebenso wie in der Staatsphilosophie Fichtes etc. -, Erziehung in den Staat: "Wir sind daher sogar durch die Not gedrungen, innerlich und im Grunde gute Menschen bilden zu wollen, indem nur in solchen die deutsche Nation noch fortdauern kann." (1)

Aller Apokalypse zum Trotz, die deutsche Nation dauerte, nicht zuletzt auch dank ihrer von vielen Staaten gerühmten "hervorragenden" Erziehung, fort. Und wenn es im Nationalsozialismus hieß: "Der vornehmste und größte Erziehungsfaktor ist der Staat, und weil dieser Staat und dieses Volk heute, meine lieben Freunde, sich im Kampf, im weltanschaulichen Kampfe sich befindet, deshalb brauchen wir heute, und ich möchte sagen, immerdar, den Typ des kämpferischen, des soldatischen, den Typ des politischen Menschen" (2), so wurde dieser weltanschauliche Kampf bis vor kurzem zwischen Kapitalismus und (Staats-) Sozialismus ausgetragen. Methoden änderten sich, Ziele wurden neu definiert, die Prinzipien aber blieben. Immer noch ist Erziehung eine staatliche Angelegenheit, welche rassistische Anschauungen transportiert - das Gefühl, den "anderen" überlegen zu sein, gleich ob es sich um MitschülerInnen oder andere Nationen handelt. Auch heute, da die westlichen Industrienationen das (angebliche) "Ende der Geschichte" eingeläutet haben, dient die Pädagogik ungebrochen dem selben Zweck, sie mündet nur, mangels "weltanschaulicher Konkurrenz", in eine umso selbstverständlichere Erziehung in das herrschende System.

"Wenn wir einen Blick auf die Geschichte des öffentlichen Schulwesens und der Schulpflicht werfen, entdecken wir, daß ihr im Grunde nicht so sehr falscher Altruismus(3) zugrunde liegt, als vielmehr bewußte Konzeptionen, die Bevölkerung nach den Wünschen der Herrschenden zu formen. Widerspenstige Minoritäten sollten dem Mehrheitstypus angepaßt werden, alle Menschen sollten den "bürgerlichen" Pflichten unterworfen werden, wobei Gehorsam dem Staat gegenüber immer an hervorragender Stelle stand. In der Tat, wie sollte die Schule, wenn die gesamte Bevölkerung in Staatschulen erzogen wird, NICHT zu einem wirkungsvollen Instrument werden, um gehorsam den staatlichen Amtsträgern gegenüber zu erreichen."

(Murray Rothbard: For A New Liberty: The Libertarian Manifesto, 1978)

Die Vergangenheitsbewältigung der PädagogInnen

Berufsmäßige ErzieherInnen und ErziehungswissenschaftlerInnen versuchen sich gerne aus dem Dilemma ihrer doch so "humanistischen" Wissenschaft während des Faschismus herauszureden, indem sie diesem System die pädagogische Legitimation rundherum absprechen. Nationalsozialistische Pädagogik wird als Unbegriff charakterisiert, in Gänsefüßchen gesetzt etc. - unseren PädagogInnen fällt schon ein reiches Repertoire an Taschenspielertricks ein, um jede Wesensverwandtschaft von Faschismus und Pädagogik zu verleugnen. So konstatiert Manfred Berger den Bruch der nationalsozialistischen Pädagogik mit dem Erziehungsbegriff und zieht es vor, von "Menschenformung" zu sprechen(4) Ist Pädagogik etwa nicht immer Menschenformung? (vgl. "Plädoyer gegen die Erziehung" in diesem Reader) - So einfach machen es sich diese PädagogInnen also!

In der Tat negiert die nationalsozialistische Ideologie, konsequent zuende gedacht, die Pädagogik. Eine Ideologie, die erbliche Neigung zum "Verbrecher" und "Volksschädling" behauptet, schränkt die Bedeutung der Erziehung zumindest erheblich ein. Doch ist die nationalsozialistische Praxis eben auch in der Pädagogik nicht ohne Widersprüche. "Warum Erziehung trotz Vererbung?"(5), fragte G. Pfahler in jenen Jahren in seinem gleichnamigen Buch - Die Ehrenrettung der Pädagogik folgte auf dem Fuße.

Pädagogische Machtergreifung

Das Verhalten der LehrerInnenschaft um 1933 wirft kein gutes Licht auf die von heutigen PädagogInnen immer wieder hervorgeholte angeblich humanistische Verfaßtheit dieser Berufsgruppe. Immerhin bereits 1963 legte Rolf Eilers eine Studie zur nationalsozialistischen Schulpolitik vor. Aus dem Organisationsgrad der Lehrer - 1936 waren 97 % im Nationalsozialistischen Lehrerbewegung und davon nochmals 32,2 % in der NSDAP organisiert, darüber hinaus gab es einen hohen Anteil von Lehrern in wichtigen Funktionen der NSDAP - schließt Eilers, daß "gerade in der Lehrerschaft von Anfang an eine große Bereitschaft zur freiwilligen Mitarbeit" vorhanden war. Auch Reformpädagogen (in der Geschichte dieser speziellen pädagogischen Richtung scheinen fast ausschließlich Männer eine Rolle gespielt zu haben!?) wie Peter Petersen von den Jena-Plan-Schulen begrüßten die Machtergreifung zum Teil überschwenglich. Daß der ohnehin von völkisch-nationalistischen Haltungen dominierte Deutsche Philologenverband flugs die Selbstgleichschaltung vollzog, überrascht wohl kaum. Doch vollzog z.B. auch die seit 1805 bestehende Organisation der Hamburger Volksschullehrer, eine trotz ihres vollständigen Namens ("Gesellschaft der Freunde des Vaterländischen Schul- und Erziehungswesens") für die damalige Lehrerschaft fortschrittlich orientierte Vereinigung, schon früh die Selbstgleichschaltung. Im Mai 1983 löst sich 40.000 PädagogInnen umfassende Allgemeine Deutsche Lehrerinnenverein (ADLV) selbst auf, die kleineren Vereine katholischer deutscher Lehrerinnen (VkdL) und Deutscher Evangelischer Lehrerinnen (VDEL), allesamt dem Bund deutscher Frauenvereine angeschlossen, folgen diesem Beispiel, alle, im übrigen mit der ausdrücklichen Empfehlung an nicht - jüdische Lehrerinnen, sich jetzt den entsprechenden Nazi - Organisationen anzuschließen. Schon 1934 gehörten von 120.000 Lehrerinnen 83.000 dem insgesamt männlich dominierten Nationalsozialistischen Lehrerbund an (6). Von der vielgerühmten humanistischen pädagogischen Grundhaltung bleibt also zumindest in Deutschland nicht viel übrig, so daß mensch zu fragen geneigt ist, woher unsere heutigen PädagogInnen ihre "antifaschistische" Reduzierung des Pädagogikbegriffes denn nehmen?

Humanistische Erziehung?

Jeder Pädagogikvariante wohnt auch das Bestreben zu einer mehr oder weniger verdeckten "Menschenformung" inne. Das können diese PädagogInnen natürlich nicht einfach zugeben, schließlich steht mensch ja auf dem Boden der "freiheitlich-demokratischen Grundordnung", nicht wahr!? So werden der Pädagogik ausschließlich hehre Ziele zugeschrieben. Und doch: auch in der humanistischen Pädagogik, dieser "kindgemäßen" Pädagogik, die nur die Erziehung zum "Schönen", "Wahren" und "Guten" zum Inhalt hat, lauert bereits der rassistische Grundtenor: "Wir wollen ja nur Dein Bestes" - so hat bisher noch jede Kolonialmacht den Unterdrückten die "richtige" Kultur zu bringen behauptet. Ulrich Herrmann greift in seinem Beitrag "Zugänge zur nationalsozialistischen Pädagogik"(7) gar 200 Jahre zurück, um die "gute" Pädagogik eines Wilhelm von Humboldt von der "schlechten" nationalsozialistischen Pädagogik abzugrenzen. Tatsächlich forderte Humboldt 1792, daß nicht der Staat das Maß aller Menschen, sondern der Mensch Maß aller staatlichen Einrichtungen sein müsse - doch wo hat das (staatliche!) Bildungssystem bisher so ein Postulat verwirklicht? Wenn Herrmann im folgenden erklärt, daß Freiheit und Selbstbestimmung die Bedingung von Pädagogik sei, "vergißt" er offensichtlich zugleich, daß Freiheit und Selbstbestimmung aufgrund des massiven Zugriffes des Staates auf alle Lebensbereiche in Deutschland auch heute nur relativ - nämlich im Vergleich zu offenen Diktaturen - vorhanden sind. Würde Herrmann diese Kluft erkennen, hätte er es ja auch womöglich nicht mehr so leicht, einzig und allein die nationalsozialistische Pädagogik als "Verführung" hinzustellen - denn wo ist die "nicht-verführerische" Pädagogik?

Die Pädagogik des Faschismus

Erziehung nach der nationalsozialistischen Doktrin ist, wie Herrmann feststellt, immer als Instrument für Partei-, Staats- und Machtinteressen gedacht. So weit, so schlecht. Daß nun jede Pädagogik für die jeweiligen Interessen instrumentalisiert wird, schreibt Herrmann nicht. Schade. Denn so betrachtet stellt sich die nationalsozialistische Pädagogik nicht mehr länger als Un-Pädagogik dar; sie erscheint in diesem Licht eher als ein besonders konsequent durchstrukturiertes pädagogisches Konzept unter Nutzbarmachung aller perversen pädagogischen Möglichkeiten. Nationalsozialistische Pädagogik ist nichts anderes als die TOTALE PÄDAGOGIK. Der nationalsozialistische Staat ist primär ein Erziehungs- (bzw. Um-Erziehungs-) Staat. Als Erziehungsstaat unter der Prämisse "Du bist nichts, Dein Volk ist alles" verstanden auch die Nationalsozialisten selbst ihre Auffassung der Erziehung in den Staat hinein:

"Schließlich ist der totale, organische Staat, nach seiner Wirkung auf die Staatsglieder betrachtet, Erziehungsstaat. Durch sein ganzes Sein und Leben, durch seine Gliederung, seine Funktionen und seine Institutionen formt er alles, was in ihm lebt und wächst, gemäß seinen Normen und zu seinen Zielen. Jede politische Funktion des Staates ist gleichzeitig erzieherische Funktion. Er bezeugt sich als der mächtigste und vornehmste Erzieher. Menschenformung ist für ihn nicht eine Aufgabe neben anderen, sondern eine Seite aller seiner Aufgaben. Andererseits, wie der Staat durch sein Dasein und sein Sosein immer und überall erzieht, so hat alle bewußte und planmäßige Erziehung als eine ihrer obersten Aufgaben den Staat. Ihre Ausrichtung ist allewege vordringlich bestimmt durch die Lage, die besonderen Nöte, die jeweiligen Bedürfnisse des Staates." (8)

Die ohnehin in keiner Staatsform bestehende Trennung von Staat und Gesellschaft wird nicht einmal mehr vorgegeben, alle Lebensbereiche werden unverhohlen dem behaupteten Wohle des Staates untergeordnet, Erziehung wird vollends zur an den Bedürfnissen des Staates ausgerichteten Zurichtung, die "Autonomie der Pädagogik", ohnehin ein Korsett, wird vollends zur Farce.

Die Grundlagen zu dieser Pädagogik wurden von Ernst Krieck 1925 in seinem Buch "Menschenformung" und 1929 im "Handbuch der Pädagogik" (herausgegeben von Nohl/Pallat) formuliert.

Über die Stellung des Individuums im erzieherischen Staat führte Krieck u.a. aus:

"Die aufeinander wirkenden Menschen sind Glieder einer höheren Einheit, ihrer Lebensgemeinschaft, und die Normen der Gemeinschaft wohnen ihrem Denken und Tun, ihrem Sein und Werden ein: eben das macht bei aller persönlichen Besonderung ihre Gliedschaft, ihre organische Verbundenheit, den Grad ihrer Reife und die Stufe ihres Wachstums aus. Darum entsprechen aber auch alle ihre Einwirkungen auf andere Glieder den Normen und Gesetzen der Gemeinschaft, der sie selbst eingegliedert sind, auch wenn im Einzelfall das Bewußtsein dieser Gesetzmäßigkeit nicht vorhanden ist. Alle Handlungen aber, die den Gesetzen und Normen widersprechen, die also geeignet sind, die Gemeinschaft aufzuheben, finden in anderen Handlungen ihre Korrektur und ihren Ausgleich, so daß die Gesetzmäßigkeit wohl verletzt, aber nicht aufgehoben werden kann. Die Gesetze der Gemeinschaft, der überpersönlichen Lebenseinheit, werden somit Normen für Wachstum und Erziehung ihrer Glieder... Persönlichkeit wird man nur, wenn man sich den Gesetzen der Gemeinschaft unterwirft, wenn man ihren Gehalt und ihre Normen als innere Formkräfte in sich aufnimmt." (9)

Das Ziel ist, die Einzelnen als Glied an die höherwertige und überhaupt einzig relevante Einheit "Volk" - und das meint hier auch die "Gemeinschaft" Krieck`s - zu binden.

"Völkische Erziehung ist wesentlich nichts anderes denn Bindung" - so der schon zitierte Nazi-Ideologe Sturm.

Um diese Bindung zu erreichen, brauchte es nicht unbedingt die Brecheisen-Methode. Im Gegenteil: So fielen die von NSDAP und SA/SS eingeleiteten Verfolgungsmaßnahmen gegen alles "Andere", d.h. gegen ethnische ebenso wie gegen politische und soziale Minderheiten auf den fruchtbaren Boden einer intoleranten, nationalistisch geprägten Grundgesinnung. Es bestand ein weitgehender Grundkonsens mit dem NS-Regime. Der gesellschaftliche Resonanzboden war damit vorhanden, die "selbstgerechten Sozialnormen, Vorurteile und Ressentiments der mittelständischen deutschen bürgerlichen Gesellschaft" mußten nur noch funktionalisiert werden (wobei sie sich durch diese Funktionalisierung dann nochmals verstärkten). Über den Widerstand in der NS-Zeit ist inzwischen viel geschrieben worden - gemessen an der Bevölkerung hat nur ein relativ kleiner Teil, eine gewisse Dunkelziffer eingerechnet, Widerstand geleistet - selbst als das noch vergleichsweise weniger gefährlich war. Aufgrund dieser Grundakzeptanz rassistischer Denk- und Handlungsmuster (Ähnlichkeiten mit der Gegenwart sind nicht zufällig, wie in diesem Beitrag noch zu zeigen sein wird), brauchten die LehrerInnen die SchülerInnen nicht hundertmal "Die Deutschen brauchen Lebensraum im Osten" ins Schulbuch schreiben lassen - es ging auch anders:

"Wir werden also zum Beispiel rassenpolitische Erziehung nicht beginnen und erschöpfen mit gescheiten Abhandlungen zur Rassenthematik. Wir werden das Kind im Umgang mit Pflanze, Tier und Mensch jahrelang Anschauungen sammeln lassen, ohne das Wort Rasse überhaupt zu benutzen. Wir lassen es dann im Arbeitsgarten im bewußten Versuch Fragen an die Natur stellen. Erst im letzten Schuljahr werden wir sammeln, sichten, ordnen, ergänzen und so zu festen Sachkenntnissen kommen. Denn nicht diese Sachkenntnisse lehnen wir ab, sondern die Scheinerkenntnisse, denen die Grundlage der Anschauung fehlt.

Wir lassen in der Klasse die Geschwisterzahl feststellen und die Zahl der Geschwister bei Eltern und Großeltern. Erschüttert begreift das Kind den drohenden Volkstod nicht als eine Theorie von Berlin aus, sondern als eine Tatsache, die auch in seinem Lebenskreis Geltung hat." (10)

Auch die Nazis hatten also schon begriffen, daß die Vermittlung von Lerninhalten aus dem direkten Lebenszusammenhang viel effektiver ist als das stumpfe Einpauken abstrakter Stoffe. Ein ohnehin zynischer Spruch klingt in diesem Zusammenhang nur noch bitter: "Nicht für die Schule, sondern für das Leben lernt ihr!" - Fragt sich nur, für was für ein Leben (oder: gegen wessen Leben!)

Der eben zitierte Autor gibt im selben Buch übrigens auch ein schönes Beispiel für das glühende Selbstverständnis der LehrerInnen in der NS-Zeit:

"Wir selbst sind als Erzieher so sehr von der Bedeutung unserer Aufgabe durchdrungen, daß wir sie auch ohne äußere Anerkennung auf Grund innerer Nötigung erfüllen." (11) Zumindest diese Selbstlosigkeit ist heute wohl kaum noch anzutreffen, auch die LehrerInnen fordern jedes Jahr mehr vom schnöden Mammon. Etwas hat sich geändert.

Kontinuitäten I

Es wurde den Nazis leicht gemacht: Sie mußten das bisherige Pädagogikrepertoire nicht auswechseln, brauchten vielmehr nur die immer schon praktizierte Einbindung und Unterordnung der/des Einzelnen in/unter die Bedürfnisse des Staates und des "Gemeinwohls" zu perfektionieren. Die bisher gelehrten Inhalte wurden zwar, vor allem im Bereich der gesellschaftswissenschaftlichen Themen, zusammengestrichen (was vor allem für die ohnehin von den wenigsten besuchten gymnasialen Oberklassen gilt), dafür kamen dann Rassenlehre und ähnliches ins Programm.

Insgesamt jedoch kommt z.B. Detlef Peukert zu folgendem Urteil:

"Aber was sich hier als Bruch markiert, demonstriert auch Kontinuität. Die meisten Deutsch- und Geschichtsbücher des Kaiserreichs, ja auch der Weimarer Republik, strotzten vor antidemokratischen Haltungen, nationalistischer und altertümelnd teutonischer Emphase, vor militaristischen Verherrlichungen. Diese konnte der Nationalsozialismus beibehalten oder brauchte sie nur um ein weiteres Maß zu steigern. Die Ausschaltung der wenigen politisch links eingestellten Lehrer und der Reglementierung derjenigen, die eine humanistische und kindbezogene Pädagogik befürworteten, entsprach das anknüpfen an eine verbreitete Prügelpädagogik, an den autoritären Charakter des Lehrsystems und vor allem auch des Lehrers selbst." (12)

Die Transformation der traditionellen Schule in die nationalsozialistische verlief im Ganzen relativ reibungs- und widerstandslos. Die nationalsozialistische Pädagogik konnte die pädagogische Methode übernehmen. Lediglich die pädagogische Zielsetzung - am Ende stand nun nicht mehr das "nützliche Mitglied des Volkes", sondern der kämpfende Volksgenosse - mußte schärfer gefaßt werden. Neben den Traditionen des völkisch-nationalistischen Obrigkeitsstaates konnte sich die nationalsozialistische Pädagogik aber auch große Teile des Organisation- und Methodenrepertoires aus Jugendbewegung und Reformpädagogik nutzbar machen.

Daß die faschistische Pädagogik auf viel Altbekanntes gerade dieser Zusammenhänge zurückgriff, hat seinen Grund: Wie wir gesehen haben, ging es der nationalsozialistischen Pädagogik vor allem um "Bindung" (an Volk und Nation). So auch Hitler in einer Rede auf dem nationalsozialistischen "Reichsjugendtag" am 1./2. Oktober 1932 in Potsdam: "Nicht früh genug kann die deutsche Jugend dazu erzogen werden, sich zuallererst als deutsch zu fühlen...". Die Belohnung wurde zwar nicht gerade auf das Himmelreich, jedoch auf die unbestimmte Zukunft verschoben: " ...ihr werdet dereinst in glücklichem Stolz bekennen dürfen, daß eure Treue und eure Einsatzbereitschaft das neue Deutschland schufen." (13)

Daß sich diese Bindung kaum argumentativ begründen/und schon gar nicht mit bloßen Argumenten "beibringen" ließ, war auch den Nazis klar. Im Gegenteil verachteten die Nazis Bildung und setzten eher auf Tatendrang Die (männer-) bündischen, gruppen- und massenpsychologisch raffiniert eingesetzten Aktivitäten - hier ein Lagerfeuer, dort ein Aufmarsch - vieler Gruppen der Jugendbewegung erschienen, in Verbindung mit deren Wertsetzung (z.B. Kameradschaft), gerade recht angetan, um etwas modifiziert die gewünschte emotionale Begeisterung aufkommen zu lassen.

In diesem Zusammenhang ist vor allem die Hitler-Jugend (HJ) zu nennen, deren pädagogische Wirksamkeit, aufgrund der geschickt kombinierten Zutaten Gemeinschaftserlebnis, Spaß, Sport, Abenteuer, noch über der Schule gelegen haben dürfte. Hier wird denn auch die Rolle der Eltern deutlich: Die HJ beruhte, da sie die Jugendlichen ja der elterlichen Hemisphäre und damit auch deren Einfluß entzog, nicht zuletzt auf dem Einverständnis der Eltern - und diese spielten, selber noch von den völkisch-nationalistischen Traditionen des Kaiserreiches und der Weimarer Republik (die mit diesen Traditionen auch nicht ernsthaft brach) geprägt, mit. Nach der faschistischen Machtübernahme standen dann Eltern, Schule und HJ als Erziehungsagenten nebeneinander. Die wichtige Rolle der Familie als Sozialisationsinstanz wurde von Reichsjugendführer Baldur von Schirach hervorgehoben; drei Kräfte seien es, die "in sinnvollem Zusammenwirken" die richtige Einstellung der Jugend bestimmten: "Elternhaus, Schule und HJ. Die Familie ist die kleinste Einheit im Volksganzen, dabei aber die wirkungsvollste." (14,15)

Wie die Koppelung der Familie als "Miniaturstaat" (Wilhelm Reich) an das "Gemeinwohl" des Gesamtstaates über die Erziehung erreicht werden soll, wird auch im 1939 erschienenen Erziehungsbuch "Schuljahre" von Elisabeth Plattner deutlich: Dort heißt es u.a.: "Zwang ist nicht Gehorsam... Gehorsam ist geradezu die Vorbedingung, um Zwang zu gewährleisten. Das gilt für Kleinkind, Schulkind, Reifende - ja auch in der Welt der Erwachsenen: Die Gesetze des gesunden Staates bedeuten nicht für die Guten, sondern nur für Selbstsüchtige und Verbrecher einen Zwang." (16) Der Gehorsam des Kindes wird mit der Selbstüberwindung des Erwachsenen, mit dem "Sich schicken ins Notwendige", (17) nicht zuletzt eben des Staates, gleichgesetzt. Das Ziel ist die freiwillige Unterwerfung unter die höheren "Sachzwänge": "Denn das Notwendige wird dem Kinde allmählich so selbstverständlich, daß es auch ohne erneute Aufforderung getan wird." (18) Und weiter: "Das Leben selbst verlangt später solche Disziplin von uns, wohl dem Menschen, der sie früh lernt!" (19) Die Hitler-Jugend hätte ihre Erziehungsziele nicht nur kaum gegen die Eltern durchsetzen können, sondern bedurfte vielmehr der eifrigen erzieherischen Mitarbeit dieses familiären Kleinstaates:

"Die Hitler-Jugend kann wohl ausbauen, was die Mutter gepflanzt hat, sie kann vor allem die Brücke bilden von der Familiengemeinschaft zur Volksgemeinschaft, nicht aber kann sie ersetzen, was die Mutter versäumt hat. Unglücklich macht die Mutter ihr Kind, wenn sie es nicht durch ihre Forderungen im Haushalt an die Forderungen des späteren Lebens gewöhnt, wenn sie es nicht auf den Weg bereitwilliger Pflichterfüllung führt." (20)

Merke: Wer sein Kind wirklich liebt..., der/die erzieht es schon frühzeitig dazu, später willig und ohne eigenes Nachdenken den größten befohlenen Schwachsinn auszuführen! (21)

Kontinuitäten II

Der Werdegang bekannter Pädagogen der Weimarer Republik:

Eduard Spranger schreibt 1933, daß die "begeisterten Tage des März" uns "das lange gefährdete Bewußtsein gaben, daß wir noch ein Volk sein können" und "daß nun endlich "das Leiden am Krieg" einer heroischen Einstellung zur Wirklichkeit, die immer und überall Kampf ist, zu weichen beginne". Den "Kampf" meinte er dabei nur allzu wörtlich: "Wer wollte es uns verdenken, wenn wir... den Krieg nicht nur als Vergangenheit sehen, sondern die Notwendigkeit eines zweiten Aufbruchs aus der gespannten Weltlage heraus vorfühlen müssen?"(22)

Noch in den 70er Jahren wurde eine aufwendige 10-bändige Werkausgabe Sprangers neu herausgebracht - ohne jeden kritischen Hinweis zu seiner zumindest zeitweisen faschistischen Grundhaltung.

Wilhelm Flitner reagiert mit "vaterländischer Begeisterung" auf die Machtübernahme durch die Faschisten und beschwört die "Einheit einer Gesittung", die sich "in der nationalen Aufgabenwelt bewährt". Es schließt sich der emphatische Ausruf an: "... möge unser Geschlecht, das der Frontgeneration und das der ihr nachfolgenden Jugend, nicht zu klein sein für das, was uns abgefordert ist!" (23)

Flitner, geistiger Mittäter des NS-Regimes, durfte auch nach 1945 der deutschen Pädagogik ungebrochen seine hervorragenden Dienste zur Verfügung stellen. In seiner Autobiographie von 1985 weist er auf seine national-konservative Position hin und macht auch aus seiner Wertschätzung von Reichswehr und Stahlhelm keinen Hehl - selbstkritische Anmerkungen? Fehlanzeige!

Auch Hermann Nohl und Theodor Litt begrüßten freudig den Faschismus. An ihrem bedeutenden Einfluß auf die Pädagogik der Nachkriegsjahre bis in die 60er Jahre hinein änderte das nichts.

Neubeginn? An der Universität Göttingen z.B. brauchten von dem Drittel aller HochschullehrerInnen, gegen deren weitere Lehrtätigkeit der Entnazifizierungsausschuß zunächst Bedenken geäußert hatte, letztlich nur 3 (von 102) tatsächlich als Belastete ihre Karriere beenden.
(24,25)

Es wäre ja sonst auch ungerecht: Warum sollte bei den PädagogInnen anders verfahren werden als z.B. bei den JuristInnen: So wurde der Jurist Globke, einst Kommentator der faschistischen Rassengesetzgebung, schließlich nach '45 Staatssekretär im Bundeskanzleramt.(26)

"Er tat ja nur seine Pflicht": Mit den Worten, er sei "im Grunde kein politischer, sondern ein juristisch denkender und administrativ handelnder Mensch"(27) gewesen, wird in einem Nachruf die NSDAP-Mitgliedschaft des verstorbenen ehemaligen Bundespräsidenten Carstens umschrieben. Und so wird einmal mehr eine Täter-Biographie auf die Rolle des "Mitläufers", der ja nur treu die ihm auferlegten Staatsbürgerpflichten erfüllte, reduziert. Auch in der DDR löste, wie eine von der Regierung Adenauers in Auftrag gegebene

Studie nicht ohne Genugtuung bemerkte, "die rote Diktatur nur die braune" ab. So wurden zwar einige Tausend ideologisch belastete LehrerInnen nach ` 45 vom Dienst suspendiert und durch in Kurzlehrgängen geschulte NeulehrerInnen ersetzt.Doch viele ehemalige NSDAP-Mitglieder verstanden es auch dort,ihre Dienste dem neuen System anzubieten - das, durch die pädagogische Brille betrachtet,so neu gar nicht war: Zucht Disziplin,Fleiß Ordnung und Sauberkeit blieben auch in der DDR die tragenden Säulen von Gesellschaft und Staat,die erstrangigen Ziele sogenannter "antifaschistischer Volkserziehung" Ziel war außerdem vor allem die Erziehung auf der Grundlage des Marxismus-Leninismus,unter Berücksichtigung der "führenden Rolle der Partei", Hilfestellung bei der ideologischen Formierung gaben nun die "Freie Deutsche Jugend" und die Kinderorganisation "Junge Pioniere". Gemäß dem Bildungsgesetz von 1985 waren die SchülerInnen "zur Liebe zur DDR und zum Stolz auf die Errungenschaften des Sozialismus zu erziehen, um bereit zu sein, alle Kräfte der Gesellschaft zur Verfügung zu stellen, den sozialistischen Staat zu stärken und zu verteidigen". (28)

Kontinuitäten III

"Seine (des Kindes und Jugendlichen, d.V.) gesamte Erziehung muß darauf angelegt werden, ihm die Überzeugung zu geben, anderen unbedingt überlegen zu sein" (Adolf Hitler) (29)

"Alle wahre Erziehung aber ist Charaktererziehung. Nur im Dienste der Gemeinschaft und im Opfer für die Gemeinschaft bewährt sich der Charakter" (A. Baeumler, NS-Pädagoge) (30)

"Das Gesetz der Erziehung ist das Gesetz des Lebens in der Gemeinschaft" (E. Krieck, NS-Pädagoge) (31)

Schnee von gestern? Frage an die LeserInnen: Von wann sind die folgenden Zitate von Horst Wetterling, Wolfgang Memmert und Wolfgang Brezinka?

"Wenn Autorität geächtet... wird, dann kommen Zustände herauf, in denen der eine den anderen hinters Licht zu führen trachtet und nichts anderes im Schilde führt, als ihn über die Klinge springen zu lassen. DER MENSCH IST DEM MENSCHEN EIN WOLF (Hervorhebung des Autors)" (Horst Wetterling) (32)

Wolfgang Memmert bezeichnet den Lehrer kurz und griffig als "Führer", wohlwissend, daß dieser Begriff "für deutsche Ohren keinen guten Klang hat". Sein Motto im einleitenden Kapitel trägt denn auch das sinnige Motto "Keine Angst vor dem Führer". Und weiter: "Sich führen lassen ist prinzipiell etwas Freiwilliges. Es wird die Gutwilligkeit des Geführten vorausgesetzt, also Einsicht in seine Erziehungsbedürftigkeit." (33) Auch eine Version rassistisch legitimierter Unterdrückung!

Mit Wolfgang Brezinka haben wir nun einen besonders schweren Brocken vor uns, einen bekannten, weithin angesehenen konservativen Erziehungswissenschaftler, der dank seiner fachlichen Qualifikation auch schon Kultusminister beraten hat. Und er haut so richtig rein: in bester schlechter Manier des konservativen Forums "Mut zur Erziehung", daß sich seinerzeit gegen die Verweichlichung der Jugend durch die APO zur Wehr setzte, formuliert er als Erziehungsziele neben "Lebensmut und Lebensfreude" vor allem "Dienstbereitschaft, Gemeinschaftssinn und Traditionsbewußtsein, das heißt Verbundenheit mit den Herkunftsgemeinschaften Familie, Volk, Kirche; Anerkennung ihrer Leistungen, Treue zu ihrer Lebensordnung, Teilnahme an der Erfüllung ihrer Aufgaben." (34) Amen!

Für ihn ist es ein "Irrtum mit verheerenden Folgen, wenn Erzieher meinen Kinder brauchten keine frühzeitige Disziplinierung", denn: "Einordnung und Disziplin, Opfer und Dienstleistungen muß jeder (!, d.V.) Staat fordern, um überleben zu können." (35) Weiterhin ist staatsbürgerliche Erziehung "nicht nur zur Erhaltung des Staates notwendig, sondern kann auch zur moralischen Selbstachtung und zur seelischen Beheimatung seiner Bürger beitragen... Wer ohne Gefühlsbindungen an ihn (den Staat, d.V.) aufwächst, kann die grundsätzliche Treuepflicht, die er seinen Bürgern auferlegen muß, nicht verinnerlichen und wird später notwendige (?,d.V.) Beschränkungen der Freiheit als Zumutung empfinden." (36) Usw.,usf.., Brezinka hat mit dieser völkischen Phraseologie schon einige Bücher vollgekriegt. Er ist damit wohl kaum weit entfernt von jener nationalistischen Ideologie, die im Leitsatz "Der Einzelne ist nichts, das Volk ist alles" gipfelte, entfernt. sicher zielte die nationalsozialistische Pädagogik auf die Heranziehung williger erfüllungsgehilfen für ein massenmörderisches System ab. Doch läßt sich Brezinka's Erziehungsziel anders als in der kurzen Formel "Führer befiehl, wir folgen" zusammenfassen?

So heißt es in "Erziehung und Unterricht - Grundlagen zur Neuordnung des höheren Schulwesens" 1938, daß nur aus straffer Zucht "echte Bildung als die zentrale Aufgabe der kommenden Schule erwachsen (kann), die die Begeisterungsfähigkeit des jungen Deutschen nicht lähmt, sondern steigert und zur Einsatzfähigkeit fortführt." (37)

Was dem einen seine "Begeisterungsfähigkeit" ist, heißt bei Brezinka eben "Gefühlsbindungen" und beim Nazi-Ideologen Sturm schlicht "Bindungen."

Kontinuitäten - Fazit

Eine "Stunde Null" hat es nach dem Faschismus nie gegeben. Mit diesem Begriff sollte ein Neuanfang suggeriert werden - doch beim Aufbau des Staates BRD wurde auf beinahe den gesamten Beamten- und Justizapparat des Faschismus zurückgegriffen, wie so bekannte Namen wie Gehlen (Ex-Nazi-Offizier, nach '45 Chef des Geheimdienstes MAD), Filbinger (Ex-NSDAP-Mitglied, später Ministerpräsident Baden-Württembergs) und Carstens stellvertretend für den ebenfalls nie ernsthaft behelligten unteren Stand der SchreibtischtäterInnen belegen. Dementsprechend gab es auch keine wirkliche ideologische Entrümpelung, die alten Traditionen blieben relativ ungebrochen weiterhin wirksam. Das wurde mit Verweis auf den schon bald beginnenden Kalten Krieg der Machtblöcke USA-UdSSR auch offen gerechtfertigt. Dieser oft verklärte Neubeginn, der keiner war, wurde zwar durch die APO-Revolte '68 teilweise entmythologisiert, wirkt jedoch bis heute fort. So kommt Heinrich Kupffer zu dem Urteil, daß die Epoche des Faschismus in der Pädagogik bis heute nicht ernsthaft reflektiert wurde. Damals wie heute wird Pädagogik eingesetzt, um dem Menschen zu sagen, wie er leben soll. So ist die Unterströmung, die schon den Faschismus mit ermöglicht und dann überdauert hat, auch heute noch wirksam."Ein konditioniertes, braves Kind darf nicht spüren, was es empfindet, sondern fragt sich, wie es FÜHLEN SOLLTE"(38) - solcherlei manipulative Gefühlsverdrängung wirkt umso tiefer, da die daraus resultierenden permanenten Schuldgefühle ("ich bin unzulänglich/schlecht") dann meist nicht mehr verarbeitet, sondern auf politisch-ideologisch auserkorene "Andersartige" umgeleitet werden. Gerade diese kollektive Verdrängung authentischer Gefühle ist die Basis für die politische Ver-Führbarkeit.

"Deutsch sein, heißt, eine Sache um ihrer selbst willen zu tun", (39) dieser Ausspruch Richard Wagners - einige Jahre, nachdem er mit Bakunin auf den Barrikaden Dresdens gekämpft hatte - bringt den Wahnsinn dieser spezifisch deutschen Mixtur aus rassistischer Überheblichkeit und verselbstständigten Leistungsprinzips mit seltener Deutlichkeit auf den Punkt. Es ist nur allzu wahr:

"Die Deutschen sind für uns tätig als Schergen, Richter, Sklavenaufseher, Soldaten und Geldeintreiber. Ihr werdet es merken, wenn ihr sie verjagt habt und euch selber als Deutsche aufführen müßt!" (40)

Freerk Huisken weist in "Die Wissenschaft von der Erziehung" auf den "demokratischen Rassismus der Erziehungswissenschaft" und die Aktualität der Gedankenführung des folgenden Zitates hin:

"Die Natur hat den Neger zu dieser Knechtschaftslage bestimmt. er hat die Stärke und ist kräftig zur Arbeit; aber die Natur, die ihm diese Stärke gab, verweigerte ihm sowohl den Verstand zum Regieren, wie den Willen zur Arbeit. Beide sind ihm verweigert! Und dieselbe Natur, die ihm den Willen zur Arbeit vorenthielt, gab ihm einen Herren, diesen Willen zu erzwingen." (41)

Huisken folgt:

"Es ist nach dieser Argumentation also die NATUR des Negers, die nach einer HERRSCHAFT über ihn verlangt. Die Biologie hat der Verfasser gar nicht erst bemüht, um seine Behauptung über Mutter Natur zu stützen. Er hätte dort auch nicht entdecken können, das er sich zurechtkonstruiert hat, die Absurdität einen NATÜRLICHEN WILLENS (Hervorhebung des Autors) nämlich." (42)

Auch Erich Fromm betont, daß der Argumentation, der Mensch sei faul, gierig und destruktiv, der Ruf nach dem Herrscher folge, der diese unzulänglichen Mensche daran hindere, ihren Neigungen nachzugeben. Er fügt hinzu:" Historisch gesehen ist es freilich korrekter, den Satz umzudrehen: <u>Wenn Institutionen und Führer die Menschheit beherrschen wollen, ist es ihre wirkungsvollste Waffe, den Menschen davon zu überzeugen, daß man ihm nicht zutrauen kann, seinem eigenen Willen und seiner Einsicht zu folgen, weil beide vom Teufel in ihm geleitet werden.</u> Niemand hat klarer erkannt als Nietzsche: Gelingt es , den Menschen mit dem ständigen Gefühl von Sünde und Schuld zu belasten, dann wird er unfähig, frei zu sein und er selbst zu sein, weil sein Selbst verdorben ist"(43)

In der Tat, Sklavenarbeit als "Kultivierung der Wilden" auszugeben, hat eine bis heute andauernde Kontinuität, die sich z.B. im biologistisch und kulturalistisch begründeten "Ethnopluralismus"-Konzept der Neuen Rechten, aber auch unter den Strategen der "multikulturellen Gesellschaft" wiederfinden läßt.

Kein Wunder, daß der alltägliche Rassismus der Erziehenden, der jeder Ohrfeige noch ein "Du wirst mir noch einmal dankbar sein" hinterherschleudert, keine grundsätzlichen Kategorien zur radikalen Kritik der faschistischen Pädagogik entwickelt werden können. Propaganda, Manipulation, Auslese - tatsächlich nur spezifische Merkmale faschistischer und stalinistischer Pädagogik? Huisken: "Wer also den Rassismus etwa der Apartheid kritisiert, hätte allen Grund, denselben... im Feld der Erziehung wiederzuentdecken und anzugreifen." (44) Doch der Rassismus der Pädagogik wird von der Öffentlichkeit nicht zur Kenntnis genommen.

"Auslese verlangt die demokratische Wissenschaft also nicht mit dem Verweis auf Rassenunterschiede, sondern als Inbegriff eines verantwortungsbewußten Gebrauchs der Freiheit... So sehen die Lehren aus, die demokratische Pädagogen aus dem Faschismus gezogen haben - und die ihm zum Verwechseln ähnlich sehen." (45)

So ist die von Huisken skizzierte Logik des rassistischen Denkens die Ursache des Unvermögens der PädagogInnen, sich ernsthaft mit Wesen und Wirkungen des Faschismus auseinanderzusetzen. Einer Wissenschaft, die, wie Huisken zeigt, "Anpassung" und "Selbstbestimmung" gleichsetzt, kann es mit einem dieser Ziele nicht ernst meinen - da gilt immer noch die Anpassung als das höherrangige Erziehungsziel.

Vor diesem Hintergrund kann "antirassistische"/"antifaschistische" Pädagogik nur grober Unfug sein, und so verwundert auch das weitgehende Schweigen (und wenn das Schweigen unterbrochen wird, dann regelmäßig zu mühsamen Distanzierungsversuchen) der PädagogInnen zum Faschismus nicht!

"Wo Deutschland liegt, bestimme ich!"

Unter diesem Titel erschien im Oktober 1988 eine von Mitgliedern der Gewerkschaft Erziehung und Wissenschaft(GEW) Baden-Württemberg herausgegebene Broschüre zum Revanchismus und Nationalismus in Baden-Württembergischen Lehrplänen. Meines Wissens fehlen solche Reader leider zu anderen Bundesländern, wobei sich der Baden-Württembergische Minister besonders durch seinen offenen Revanchismus hervorgetan hat. So heißt es im Gemeinschaftkunde-Lehrplan für Berufsschulen dieses Bundeslandes zur "deutschen Frage":

"Die Schüler erkennen, daß die Teilung Deutschlands gegen den Willen des deutschen Vollkes vertieft worden ist... Hierbei und in Verbindung mit der geschichtlichen Tradition entwickeln sie Aufgeschlossenheit für Gemeinsamkeiten und erwerben die Bereitschaft, den Wiedervereinigungsanspruch wachzuhalten und beharrlich zu vertreten." (46)

Nun, des Ministers Wünsche gingen inzwischen in Erfüllung, inwiefern sich die Vervollständigung dieser geknechteten Teilstaaten zu einem großen Deutschland auf die Lehrpläne der letzten 2,3 Jahre auswirkt (Baden-Württemberg hat inzwischen einen Regierungswechsel hinter sich), entzieht sich leider meiner Kenntnis.

Weitere Beispiele:

Auf einer Veranstaltung im "Haus der Heimat" Baden-Württemberg behauptete der beamtete Oberpädagoge, daß es keinen Zweifel daran geben könne, daß es "deutsche Ostgebiete" und nicht "ehemalige deutsche Ostgebiete" heißen müsse; er begründete dies mit der Identität des mit dem Gebietsstand des Deutschen Reiches vom 31.12.1937 verbundenen Staatsvolkes. (47) - in Treue deutsch, von der Maas bis an die Memel?

Im für die beruflichen Schulen Baden-Württembergs zugelassenen Schulbuch "Staatsbürger in Freiheit" heißt es:

"Das Deutsche Reich ist beim Zusammenbruch im Jahre 1945 nicht untergegangen... Die Bundesrepublik ist Rechtsnachfolgerin des Deutschen Reiches. Eine wichtige Auswirkung der Prinzipien des Grundgesetzes ist die gemeinsame Staatsangehörigkeit aller Deutschen in der Bundesrepublik, der DDR und in den Ostgebieten." (48)

Darauf aufbauend wird in diesem Schulbuch anschließend offen die Annexion von Staatsgebieten der UdSSR und Polens gefordert. Da ist es nur konsequent, wenn im besagten Buch in der Lehrplaneinheit "Nationalsozialismus" der Zweck des Zweiten Weltkrieges, der in der rassistischen Ausrottungspolitik der Bevölkerung im Osten zwecks Schaffung neuer Siedlungsflächen für deutsche Volksangehörige beruhte, glatt verschwiegen wird. Stattdessen werden die Wehrmachts-Soldaten gefeiert:

"In der Sowjetunion wurden die deutschen Soldaten von der Bevölkerung als Befreier vom Kommunismus begrüßt... In allen besetzten Gebieten, außer in Polen, fanden sich Männer, die bereit waren, für Deutschland zu kämpfen." 39

Das Ziel dieser Propaganda ist die kultusministeriell geförderte Schaffung des Mythos von der einen, großen deutschen Nation, unter gleichzeitiger Verleugnung der geschichtlichen Folgen dieses Nationalismus. So wird der Boden bereitet für die Akzeptanz faschistischer und rassistischer Denk- und Handlungsmuster, ein fruchtbarer Boden, wie wir inzwischen wissen. Bemerkenswert sind auch die in mehreren Bundesländern von Vertriebenenverbänden und Innenministerien gemeinsam veranstalteten "Ostkundewettbewerbe", deren Hintergrund die Förderung der "Kultur der Vertreibungsgebiete" ist. 1986/87 nahmen allein in Baden-Württemberg 11940 SchülerInnen daran teil. (50)

Doch so nützlich eine solche Broschüre auch ist, kann sie ihren Schwachpunkt nicht verbergen: So wird wohl daran erinnert, daß es DAS "Volkstum" nie gab. Demgegenüber seien dann regionale demokratische Traditionen - wobei nicht reflektiert wird, daß auch dieser Regionalismus nur allzu oft neo-konservative Züge annimmt - wie z.B. örtlicher Widerstand gegen die Nazi-Diktatur, aufzugreifen. Doch die Forderungen der im Anhang dokumentierten Beschlüsse der GEW Bayern erschöpfen sich eben auch darin, "bayerische Literatur (zu) lesen und deutsche und schweizerische und österreichische und englische und amerikanische und russische und..., Dialekt (zu) sprechen und Fremdwörter zu benützen und Fremdsprachen (zu) lernen" sowie "deutschnationaler, bajuvarisierender und revanchistischer Verwendung des Heimatbegriffs entgegenzutreten" und "Kontakte zu Asylbewerbern (zu) vermitteln." (51)

Eine Auseinandersetzung mit dem im Wesen der Pädagogik begründeten permanenten Rassismus findet auch hier nicht statt. Wozu auch? Man weiß halt einfach um die "besseren" Erziehungsziele!

Neo-Faschismus

"Warum ich mich auf die Wiedervereinigung freue:Weil wir dann eine Macht sind.Eine Million Soldaten.Noch mal soviel Polizisten. Jeder Deutsche ein Auto.Hunderttausende von Gefängnissen.Ein unübersehbares Heer von Finanzbeamten...Weil wir dann nicht erpresst werden.Weil wir dann keine Schicksalsfrage der Nation mehr haben.Nur noch Antworten.Auf demokratischer Basis.Und jeder,der kein Demokrat ist,kriegt dann eins in die Fresse..."(Wolfgang Neuss) (52,54)

An dieser Stelle kann, schon aus Platzgründen, keine geschlossene Analyse der Ursachen des Neo-Faschismus geleistet werden. Ein paar Anmerkungen scheinen dennoch angebracht, insbesondere um im Anschluß noch einmal das Verhältnis der pädagogischen Wissenschaften und der PädagogInnen dazu zu klären.

Die zunehmende Akzeptanz nationalistischer/rassistischer Denk- und Handlungsmuster darf angesichts des gesellschaftlichen und politischen Jetzt-Zustandes kaum verwundern.

Da ist einmal die im Regelfall weiterhin autoritär, "pädagogisch" geprägte, als "Struktur- und Ideologiefabrik des Staates" (Wilhelm Reich) funktionierende, (Klein-) Familie. Die Familie trägt in ihrer Abgrenzung gegenüber Außeneinflüssen (der Psychoanalytiker Horst Eberhard Richter spricht vom "Gefängnis Familie"), in ihrer totalen Selbstbezogenheit und andererseits den totalen Ansprüchen ihrer Mitglieder aneinander (Richter spricht vom "Sanatorium Familie", in dem sich alle gegenseitig ihre Defizite auflasten, ohne sie wirklich zu bearbeiten) wesentliche Strukturmerkmale des Staates in sich.

Auch die nationalistischen Traditionen sind weiterhin, ja nach der Groß-Deutschlandisierung sogar verstärkt, wirksam. Dies kommt schon in einem "Nationalismus der Symbole" zum Ausdruck. So wurde das 1814 nach dem nationalen Triumph über Frankreich geschaffene Eiserne Kreuz mit Lorbeerkranz in der Hand der Siegesgöttin 1991 wieder auf DAS deutsche Symbol, das Brandenburger Tor, geschraubt. Ebenso wirft der verstärkte Bezug Deutschlands auf preußische (und das heißt immer auch: militärische) Traditionen, wie er sich in der Umbettung des Preußenkönigs Friedrich II, des glorifizierten "alten Fritz", manifestiert, ein beredtes Licht auf das deutsche "Geschichtsbewußtsein". Schon angesichts der Ehrung von SS-Gräbern in Bitburg fühlte sich der Historiker Helmut Kohl als "Deutscher" gekränkt, daß die Ehrung zwischenzeitlich aufgrund internationaler Proteste in Frage stand. "Wir sind wieder wer" - erst recht nach der gewonnenen Fußballweltmeisterschaft 1990, die nebenbei genutzt wurde, um in Berlin Jagd auf VietnamesInnen und PolInnen zu machen: "Deutschland siegt!"

-"Wie deutsch solls noch werden? Und darf's dann noch ein bißchen mehr sein?" (53)

So wird überall der "gute" Nationalismus entdeckt, und der GRÜNE Udo Knapp phantasiert von Deutschlands positivem Beitrag zur Weltfriedensordnung. Solche Thesen reichen bis in das doch eigentlich des Nationalismus unverdächtige anarchistische Spektrum hinein, wie die Nationalismusdebatte in der Zeitschrift "Schwarzer Faden" (Nrn. 34-37) zeigt. Dabei wird dann zu gern vergessen, daß Nationalismus nicht anders als durch Schaffung einer gemeinsamen Identität in Abgrenzung zu wie auch immer definierten "Anderen" entstehen kann. Nationalismus kann damit im Grunde gar nicht anders als negativ interpretiert werden.

Eine hübsche Nationalismus -Definition gibt Freerk Huisken:"Wenn in einer dunklen Straßenecke dem Passanten die Alternative `Geld oder Leben ` aufgemacht wird,dieser die Bescheidenheit des Räubermanns doch glatt ablehnt,ihm beides, nämlich Geld UND Leben zu seiner Benutzung freiwillig anbietet,ihn für einen Überfall auch noch ganz fürchterlich in sein Herz schließt und fürderhin ganz für ihn da sein will - so geht Nationalismus".(55)

Dabei darf auch die Rolle der Armee als "stärkstes Symbol des deutschen Staates" (General von Scheven, "Tagesspiegel" v. 20.7.91) nicht vergessen werden (vgl. "Vom Kind zum Krieger", in diesem Reader).

Wenn die Offensive neo-konservativer und faschistischer Zusammenhänge ohne weiteres als solche erkennbar ist (weshalb sich's gegen sie noch recht einfach agitieren und aktivieren läßt), wird der alltägliche Rassismus pädagogischer, gesellschaftlicher Strukturen kaum mehr als solcher wahrgenommen - weshalb ihm denn auch kaum Widerstand entgegengesetzt wird. Doch gerade diese Gewaltverhältnisse reproduzieren sich permanent selber und ermöglichen damit erst die offene Rassismus-Variante.

"Immer häufiger Gewalt gegen Kinder" (so z.B. der katholische Caritasverband in einer Pressemitteilung vom 12.9.89): Mal abgesehen davon, daß ich nicht weiß, wie die Mitglieder dieses Verbandes ihre Mitmenschen behandeln - doch wohl ERZIEHERISCH -, grassiert im privaten Halbdunkel der "heiligen Familie" ein enormes Maß an Gewalt, daß in den letzten Jahren offensichtlich sogar noch zunimmt. Die Familie als getreues Abbild der "Ellbogengesellschaft" - und zugleich der verstärkende Treibriemen. "Zunehmende Gewalt an Schulen", das ist eine regelmäßige Schlagzeile der Medien. Wo sich früher die Gewalt eher gegen die "kalte", unpersönliche Ausstattung manifestierte, bekämpfen sich heute die SchülerInnen mit immer martialischerer Ausstattung.

Das eine sind die Schlagzeilen. Dahinter registriert - und regiert - die Statistik:

64 % der Jugendlichen im Gebiet der Ex-DDR bejahen die Aussage "Ich bin stolz, ein Deutscher zu sein", 48 % Zustimmung erhält dieser Satz bei West-Jugendlichen. Die Zustimmung zu anderen Statements: "Die Deutschen waren schon immer die Größten in der Geschichte": 24 %/13 %; "Wir sollten wieder einen Führer haben, der Deutschland zum Wohle aller mit starker Hand regiert": 16 %/7 %; "Mich stören die vielen Ausländer bei uns": 50 %/40 %; "Jede Gruppe, in der viele Ausländer sind, sollte mit Mißtrauen beobachtet und möglichst überprüft werden": 28 %/11 %. Und stolze 37 % der Jugendlichen in der DDR meinen, daß in der DDR zu viele Ausländer leben - in der DDR leben noch knapp 20000 Ausländer: ein Anteil von gut 0,1 % der Bevölkerung! (56)

Ökonomischer Rassismus

In diesem Zusammenhang ist es äußerst zynisch, wenn Michal Rutschky die Neonazis zu einer "antiautoritären Revolte von rechts" umdefiniert (taz vom 8.7.91) und so zugleich verharmlost. Der Geist von Hoyerswerda entspringt damit denselben Impulsen wie die 68er Bewegung, der "Führer" gerät so zum Chef-Antiautoritären, da er "immer mehr Züge eines hysterisch-brüderlichen Genossen als die eines Patriarchen" trug. Einzig die Beobachtung, daß die Nazis geschickt die Unzufriedenheit der Bevölkerung und damit das Potential möglicher Revolten wirksam in ihr Konzept einzubinden wußten, ist sicher treffend. Doch handelt es sich dabei um eine reine Funktionalisierung, der (Neo)Faschismus steht schon aufgrund seiner inneren Struktur antiautoritären Impulsen diametral gegenüber - und es sollte eigentlich unnötig sein, dies zu betonen.

Ein in der Diskussionen zum Rassismus oft unterschätzter Faktor ist dabei der Rassismus des Kapitalismus:

"Wir wollen auch in Zukunft die besten Automobile der Welt bauen. Wir wollen in der Luft- und Raumfahrt zum Helfer eines europäischen Aufstiegs in die obersten Ränge der globalen Wettbewerber werden. Wir wollen das Technologiepotentioal der AEG zum Inbegriff für ebenso erstklassige wie ertragsstarke Güterangebote machen." (Alfred Herrhausen)(57,58)

Das Konzept des offensiven, internationalen ökonomischen Wettbewerbs ist durchsetzt von rassistischen Mustern wie dem "Überlegenheitsmythos". Die Tatsache, daß Gutachten aus Wirtschaftskreisen den Effekt der AusländerInnen in Deutschland durchweg als "positiv" beschreiben, macht die Sache nicht besser, im Gegenteil: Hinter dieser "AusländerInnenfreundlichkeit" verbirgt sich schlicht das Interesse der Konzerne an billigen und willigen Arbeitskräften sowie an einem Überangebot an Arbeitskräften, das sich lohndrückend auswirken und die ArbeiterInnen vollends den Bedingungen der Konzerne unterwerfen soll - "es warten schon welche auf Deinen Arbeitsplatz". (59) Ebenso in allererster Linie ökonomisch begründet ist auch das scheinbar so fortschrittliche Konzept der "multikulturellen Gesellschaft": "Je freier der Markt, desto besser vertragen sich die verschiedenen Rassen, Kulturen und Religionen." Schließlich: Wer nur das Wohl "seiner" Firma und die eigene Karriere im Kopf hat, der hat "keine Zeit für Rassenstreitigkeiten" (60) wahrhaftig eine schöne, neue Welt!

Der scheinbar objektivierte Sprachjargon der WirtschaftsFÜHRER trägt nationalistische Grundmuster als nicht mehr zu hinterfragende "Normalität" in die Köpfe der Bevölkerung - wird solchen Aussagen doch nicht nur nicht widersprochen, sondern vielmehr mit weitgehender Zustimmung begegnet. Übrigens: der oben zitierte, inzwischen von der RAF umgebrachte Oberkapitalist Herrhausen galt weithin, nicht erst in den Nachrufen, als Beispiel eines moderaten, liberalen Managers!

Angesichts solches sich hinter kalten, nüchternen Aussagen versteckenden Rassismus gilt der sich in Anschlägen auf Asylbewerberheime äußernde offene Rassismus als vergleichsweise unfein, "undiplomatisch". Manchen PolitikerInnen fällt dann auch ein, daß sich so etwas im Ausland nicht so gut macht. Am Ende könnte gar eine antideutsche Stimmung entstehen, die wiederum Auswirkungen auf die Exporte deutscher Konzerne haben könnte. so ist mensch denn doch lieber be müht, bei Attentätern, die den Rassismus derart mißverstehen, offiziell von "Geistesgestörten" und "Einzeltätern" zu sprechen - die also quasi aus dem Himmel, oh weh, ausgerechnet auf deutschen Boden fallen. Nichtsdestotrotz: Die Aktivitäten der Skin-Szene fallen auf einen dankbaren gesellschaftlichen Resonanzboden. Mag sein, daß die Motivation der Skins zunächst eher im Abenteurertum, nicht in einer ausgeprägten politischen Grundhaltung, liegt, wie manche Politologen vermuten. Demnach wären die Punks von gestern heute, aufgrund des Niedergangs der entsprechenden Subkultur, die Skins. Abgesehen davon, daß diese These nicht unumstritten ist, gibt es zumindest einen gewaltigen Unterschied: Während die Punkszene aus der Gesellschaft ausgestiegen ist, finden die Skins sowohl in ihrer Altersklasse als auch in der Eltern-Generation viel Zustimmung, gehen also insofern deutlich über die Subkultur hinaus.

"Die Deutschen waren schon immer die Größten in der Geschichte": Dieser eben schon einmal zitierte Satz speist sich aus zwei verschiedenen, ineinandergreifenden Argumentationen: Da ist einmal der offizielle", "sachliche" Rassismus der Konsum- und Wirtschaftswelt. Das olympische Credo "Schneller, höher, weiter" wird zum "viel, mehr, besser" der kapitalistischen Lebenshaltung. Zum zweiten steckt in diesem Satz die rassistische: An die Stelle des als Mangels empfundenen - und von Kapitalismus und Staatssozialismus erst erzeugten - Bewußtseins, bloß "vereinzelter Einzelner" zu sein, "tritt das Bewußtsein der Identität mit dem Volk, als die vielbeschworene "nationale Identität". Freiheit, Gleichheit, Wohlstand usw. sind dann nicht mehr Eigenschaften des Menschen schlechthin oder Resultat seiner Tätigkeit, sondern verdanken sich der praktischen Identifikation mit dem Volk."

Das Nationale ist auch ein Kampfbegriff des ökonomischen Wettbewerbs. Heleno Sâna weist darauf hin, daß die deutsche Wirtschaft, stärker noch als die Japans und der USA, primär auf Expansion ausgerichtet ist, das erste Gebot die Eroberung von ökonomisch-finanziellem "Lebensraum" sei. Der Leistungsmythos stelle die Legitimation der Deutschen schlechthin dar, es habe sich ein Wirtschafts-und Leistungspatriotismus entwickel (der als "deutsche Arbeitsdisziplin" auch im Nationalsozialismus als Element der Abgrenzung höchst wirksam war). Sâna zeigt in seinem lesenswerten Buch, daß gerade die vielbeschworene Tüchtigkeit der Aufbaugeneration nach`45 die Fortsetzung des Krieges "unter anderen Voraussetzungen und mit den einzigen Mitteln, die den Besiegten zur Verfügung standen" war: Produktion und Wirtschaft. Die Tatkraft diente zugleich der Verdrängung von Niederlage und Ursachen des Nationalsozialismus: Mensch hatte keine Zeit, sich mit "sowas" zu beschäftigen. Sâna meint allerdings, daß nationalistische Stimmungen und Bewegungen weniger von Wirtschaftskreisen als vielmehr von Gruppen, die kein direktes Verhältnis zur Produktion haben (Politiker, Intellektuelle), ausgehen. Da aber die Elemente der ökonomischen Logik sämtlich nationalistisch und rassistisch durchdrungen sind, werden damit auch die entsprechenden Ideologien transportiert. Die "Weltoffenheit" des Kapitals, die, wie bereits erwähnt schließlich auch nur eine Offenheit zwecks Nutzbarmachung neuer Ressourcen - Rohstoffe wie Menschen - ist, widerlegt diese These nicht, sondern stützt sie vielmehr. Lediglich müssen aus Kapitalinteressen strategische Rücksichten genommen werden.So z.B. die SPD 1989 in einer Werbeanzeige:"Die größte Außenhandelsnation der Welt kann sich keinen Rechts-Ruck LEISTEN"(Hervorh.G.G.)Daß die Deutschen aus Tüchtigkeit undOrdnungssinn eine Rassen-und Herrschaftslehre entwickeln, muß im übrigen auch Sâna konstatieren.

" HÖCHSTE ZEIT,daß SIE mal testen,wie es um Ihren MARKTWERT steht"(Hervorh. im Original) - der Werbeslogan eines Hannoveraner "Zeitarbeits-Dienstes. So nennen sich die modernen Sklavenvermittler:ARBEITS-DIENST. Die Phrasen der privaten Jobvermittler ähneln sich.Doch scheinbar begehrt kein Mensch gegen solch dreiste Reduzierung seiner Existenz auf die Arbeitskraft und damit gegen die degenerierte Existenz des Menschen als Ware auf. Im Gegenteil,in der selben U-Bahn,in der ich diese Anzeige lese,unterhält sich ein Grüppchen stammtischmäßig über seine Lage:"Ob `de Straße fegst oder was is egal, Hauptsache Knete stimmt". Die Arbeitsideologie,nach der "ohne Fleiß kein Preis" zu gewinnen ist(wem dieser Fleiß zunutze kommt,wird dabei ebenso unterschlagen,wie die Frage,worin ddieser Preis denn nun eigentlich bestehen soll), steht, trotz wachsender Arbeitsverweigerung, nicht schlecht da. Da eine Belohnung zu winken scheint,wenn mensch sich nur genügend abrackert(es sollen sich schon welche zu Tode gearbeitet haben),gibt es auch etwas zu verlieren. Der schon seit Jahren praktizierte Fingerzeig auf das "volle Boot"(das,da schon jahrelang voll,inzwischen eigentlich längst abgesoffen sein müßte) hat sich nicht zufällig in den letzten Jahren zu einer ganzen Medienkampagne ausgeweitet.

Es sollte stutzig machen,wenn ausgerechnet das Unternehmerorgan "Wirtschaftswoche",die Bild-Zeitung des Managements,darauf hinweist,daß das Boot keineswegs voll sei.Verdächtig? Da sei der DGB vor, in Zeiten der "Sozialpartnerschaft"(einer deutschen Erfindung) haben wir schließlich alle ein gemeinsames Interesse(zu Haben). Das den nicht-deutschen ArbeiterInnen eine Lohndrücker-Funktion zugedacht ist,zeigt den Wert der Einwanderung für die Ökonomie - und, wie wir dank Sozialpartnerschaftsideologie wissen,ist, was gut ist für`s Kapital auch gut für "uns". Das da nur keiner auf die Idee kommt, gemeinsame Interessen festzustellen,die künstliche Trennung zwischen "uns" deutschen Volksgenossen und den "anderen" zu durchblicken!

Spalte und Herrsche!

Die "Vereinzelung" ist dabei gerade erst Produkt einer Durchkapitalisierung aller Lebensbereiche, einer "Ellenbogengesellschaft", in der Individualität - zumindest wenn sie sich außerhalb der von der Werbeindustrie entwickelten Kategorien bewegt - zunächst einmal Vereinzelung und Isolierung bedeutet. Immer weniger Menschen können die "Individualisierungschancen" im Sinne einer echten Selbstverwirklichung überhaupt entwickeln. Gerade im Zeitalter der, besonders in den angeschlossenen Bundesländern ausgeprägten, Massenarbeitslosigkeit entsteht Perspektivlosigkeit, Ohnmachts- und Abhängigkeitsgefühle sind die Folge. Das wirkt sich vor allem im Land der "Wirtschaftswunder-Ideologie" fatal aus: Die Agitation gegen vermeintlich "Arbeitsscheue", die sich "auf unsere Kosten ein schönes Leben" machen wollen, statt jeden Morgen pünktlich in Büro, Werkstatt oder Fabrik ihren Dienst zu verrichten, ist die andere Seite einer zum Wert an sich erhobenen Auffassung von "Arbeit", die den Wirtschaftswunder-Deutschen dank Fleiß und Opferbereitschaft überhaupt erst ihre internationale wirtschaftliche Vorrangstellung eingebracht hat - so will es jedenfalls die Legende. Dazu paßt, daß es dem Faschismus auch von vielen Jugendlichen als Vorteil angerechnet wird, daß er "die Faulen von der Straße geholt" und, sinnigerweise, in den Autobahnbau integriert hat. Demgegenüber verblaßt dann natürlich die Erinnerung an kleinere "Fehler" wie an die KZ's und deren Opfer. Faschismus und Rassismus sind, zumindest in Deutschland, nicht zuletzt auf das "preußische" Arbeitsethos gegründet.

Die Antwort der PädagogInnen

DAS Merkmal unserer Gesellschaft - hier und heute, nicht nur während des Nationalsozialismus - ist ein sich im Schlagwort der "Ellenbogenfreiheit" charakterisierender Sozialdarwinismus. "Das Recht des Stärkeren" wird nur der Befriedung allzu großer potentieller Unruheherde wegen mit ein paar Sozialgesetzen ummäntelt (61), ansonsten aber von einer Interessenunion von Staat und Kapital ideologisch unterstützt. Die andere Seite dieser sozialdarwinistischen Medaille ist die gesellschaftlich weitgehend als selbstverständlich hingenommene Repression und Unterdrückung des Anders-seins im weitesten Sinne. Politische und soziale Minderheiten, "Faule", alles, was nicht in dieses Raster paßt, wird diffamiert und gehört entsprechend bekämpft.

Und die PädagogInnen? Angesichts des potentiellen Rassismus der pädagogischen Umgangsweise haben die PädagogInnen eigentlich am allerwenigsten etwas zu vermelden - da sie das stillschweigend auch eingesehen zu haben scheinen, herrscht aus dieser Richtung vornehmlich Schweigen. So müssen sie sich denn eingestehen, daß sie offensichtlich überflüssig sind:

"Obwohl sich Jugendliche wie nie zuvor über die Schrecken des Nationalsozialismus informieren können, scheinen sie wenig immunisiert gegen "rechte" Parolen und Haltungen." (Michael Pechel). (62)

So muß Pechel konstatieren, daß die rechtsextremen Jugendlichen "nazistischen Werten (Volksgemeinschaft, Arbeitszwang, Rassenreinheit) nahestehen". Die Konsequenzen daraus? Da fallen Pechel auch nur Streetwork, "bessere Infrastruktur und vernünftige Freizeitbereiche gerade für Jugendliche" und vielleicht noch "Forderungen an die Adresse des Staates" ein. (63)

Und der niedersächsische Kultusminister Wernstedt (SPD) schreibt in einem Artikel über die "Einheit Deutschlands als Lernprozeß":

"Die Deutschen müssen aufgrund ihrer Geschichte mehr aufpassen als alle anderen Völker Europas. In Niedersachsen böten sich Anregungen für eine solche Diskussion im Zusammenhang mit der Neugestaltung der Gedenkstätte Bergen-Belsen, der inzwischen tausendfach verbreiteten regionalen Gedenkstättenarbeit sowie mancher Bezugspunkt für gemeinsame Erinnerungen an Verfolgungen." (64)

Merke:

1. Nationalsozialismus existiert nur als vergangenes, schrecklicher Ereignis.
2. Nationalsozialismus ist ein Wissens-Problem.

Der BürgerInnenantrag an den Rat der Stadt Wuppertal nimmt immerhin den organisierten Neo-Faschismus als Problem wahr. Die jugendpolitischen Ziele erschöpfen sich jedoch ebenfalls in Aufklärung: "Rock- und Kulturfeste gegen Neofaschismus und Ausländerfeindlichkeit..., eine Woche des antifaschistischen Films..., Projekttage/Projektwochen über den Neofaschismus..., antifaschistische Aufklärung an Schulen..., ein Infoblatt der Stadt gegen Neofaschismus und Ausländerfeindlichkeit..." usw.(65)

Nichts gegen Infomaterial oder eine antifaschistische Kultur. Die rassistischen Strukturen in der Gesellschaft werden jedoch nicht erwähnt, lediglich die Arbeitslosigkeit soll bekämpft werden, und wenn das noch nichts hilft, werden "behördliche Gegenmaßnahmen" gefordert. Weitere Vorschläge sind auch von den PädagogInnen nicht zu bekommen. Eine kritische Gesellschaftsanalyse fehlt völlig; sie könnte von den PädagogInnen ohnehin nicht glaubhaft geleistet werden. Antifaschismus/Antirassismus kann nicht pädagogisch, "von oben", eingefordert, sondern nur (vor-) gelebt werden - aber eben auch nicht von PädagogInnen, die ihre Legitimation ja gerade aus einem neo-kolonialistischen, bevormundenden Machtverhältnis beziehen. Da mögen Projekttage und Klassenfahrten noch so "antifaschistisch" gemeint sein, sie sind doch wieder nur künstlich organisierte Nachbildungen einer von den PädagogInnen als wünschenswert erachteten Utopie, die nichts mit der Lebensrealität der diesen Maßnahmen Ausgesetzten zu tun haben - und die überdies regelmäßig auf halber Strecke, bei der eigenen, unreflektierten Rolle der PädagogInnen, halt machen. Die Ausgrenzung des "Anders-seins" beruht auf wirksamen Traditionen in unserem System - und ausgerechnet PädagogInnen, die permanent selber knallharte Auslese betreiben, sollen diesen Rassismus aufbrechen können?

Erziehung lehrt den permanenten Kampf gegeneinander um individuelle Überlebensstrategien. Die Vorschläge zu einer gegen Ausgrenzung zielenden Pädagogik kommen entsprechend aufgesetzt daher. So schlägt die Zeitschrift "Pädagogik" als Unterrichtsgestaltung zum Thema eine eine Bundestagsdebatte zum Thema Ausländerpolitik vor(Heft März `92) - wobei auffällig ist,wie selten Asyl,Fremdenfeindlichkeit,rassistische Übergriffe,Neo-Faschismus überhaupt Thema der pädagogischen Fachliteratur sind,von einigen Artikeln Peter Dudeks und dem Band " Pädagogik und Nationalsozialismus" von Ulrich Hermann und Jürgen Oelkers(Beltz 1989) einmal abgesehen.

Umfragen werden durchgeführt,Statistiken erstellt.Die Folgen?

Nach einer von der brandenburgischen Jugendministerin Marianne Birthler(Bündnis 90)vorgestellten Umfrage sind 54% der Jugendlichen der Ansicht,daß Deutschland von Ausländern "überschwemmt" werde, 42% stimmten der Aussage "Deutschland den Deutschen - Ausländer raus" zu, 30% bejahten den Satz "Ausländer muß man aufklatschen und raushauen". Die Ministerin weiß was wir brauchen, in bester Tradition obrigkeitsstaatlichen Sicherheits-und Ordnungsdenken: Da die Polizei bei der Bekämpfung dieses beträchtlichen Gewaltpotentials überfordert sei, müsse sie eben besser ausgestattet und ausgebildet werden.(66) Mehr Polizei = weniger Faschisten?

Die Schule allein, so erkannte auch der frühere Direktor des Institutes für internationale Schulbuchforschung, kann nicht verhindern, daß Skinheads Jugendliche aus Polen mit Steinen angreifen. Dazu bedürfe es vielmehr vor allem auch entsprechender wirtschafts- und sozialpolitischer Ansätze(67) (die von ihm jedoch nicht konkreter genannt wurden).

Daß die Schule zur Bekämpfung rassistischer Gewalt ein untauglicher Ansatz ist, mußte eine Berliner Schulklasse erfahren. Auf einer Fahrt an die Ostsee mussten die BesucherInnen schon nach 24 Stunden vor Skinheads flüchten. LehrerInnen, SchülerInnen und deren Eltern kehrten nach 3 Wochen noch einmal an den Ort des Geschehens zurück, versuchten, mit der Gruppe ins Gespräch zu kommen. Wie kaum anders zu erwarten, kamen die Skins nicht aus ihrer Rolle raus, ließen sich nicht mehr pädagogisch umgarnen. Zu spät. (68)

Der Lehrer Albert Kaufmann aus Graz bekam kürzlich für sein Engagement gegen neonazistische Computerspiele den "Internationalen Friedenspreis für Erzieher". Tatsächlich scheinen die Informationsabende des Pädagogen zunächst einen Rückgang von Videospielen wie "Hitler-Diktator" und eine gewisse Sensibilisierung des Themas gebracht zu haben. Wie wirksam ddiese Arbeit wirklich war, bleibt dennoch dahingestellt. Die Aussage eines Jugendlichen dürfte nicht untypisch sein: "Ich spiel` das gar nicht heimlich, Den `KZ-Manager `hab `ich von Papa, der spielt das mit Kollegen.(69)

Jan Philipp Reemtsma weist darauf hin, daß die Lehrermahnung, ein Türkenwitz sei diskriminierend, witzlos sei, denn dieser "Witz" soll ja diskriminieren. Er folgert: "Das einzige Mittel gegen solche Witze ist eine Umgebung, in der es riskant ist, sie zu erzählen. Und eine solche Umgebung herzustellen, wäre in der Tat auch - sicher wesentliche, vielleicht einzige - Aufgabe derjenigen, die gern "den Rassismus" bekämpfen möchten. Ein Freund von mir hatte mal in einer Kneipe ein "Zigeunerschnitzel" bestellt; als es gebracht wurde, sagte einer am Nebentisch:`Das beste, was man aus einem Zigeuner machen kann` ; der Freund haute ihm den Teller ins Gesicht. So etwa. Aber wer traut sich das schon, nicht wahr?(70)

Die bloße Aufklärung, die den PädagogInnen als einziges Mittel der (Neo-) Faschismus-Bekämpung in den Sinn kommt, schlägt schon deshalb immer haarscharf neben das Ziel, da sie die Adressaten aufgrund des von ihnen vertretenen schlichten Weltbildes nicht erreichen kann - die RechtsextremistInnen sind in dieser Hinsicht in ihrer eigenen Welt argumentativ nicht zu kriegen. Und auch jene, die noch nicht "drin" sind, sind mit Aufklärung nicht zu kriegen: Halbherzige Aufklärung hilft ihnen bei der beschissenen Lage, in der sie oft stecken, auch nicht weiter. für sie ist das Leben nicht nur ein Planspiel, wie für die sozial abgesicherten PädagogInnen, sondern REAL.

Eine Gesellschaft, die ihren Reichtum aus der Ausbeutung anderer Nationen bezieht (was von den PolitikerInnen stets aus deren "Unvermögen" begründet wird - "sie sind doch selber schuld"/"die sind eben zu faul"/"sollen sie halt nicht ihr ganzes Geld für Waffen ausgeben"/"haben keine Eigeninitiative und warten nur auf unsere Entwicklungshilfe"), eine solche Gesellschaft verankert die rassistische Grundhaltung, daß "wir" den anderen überlegen sind, als selbstverständlich in der Bevölkerung. Und DIESE Schule, die wahre Schule des Lebens, lernen die Jugendlichen schon früh. Wer selber kolonialisiert wird, ist froh, festzustellen, daß er doch nicht GANZ UNTEN in der Gesellschaft steht.

Doch, ach, auch diesen Rassismus können die PädagogInnen nicht thematisieren. Nicht nur, um nicht ihre eigene Stellung in Frage zu stellen, sondern schlicht, weil Schule als Veranstaltung des Staates eben der "Staatsräson" unterliegt. Und der würde schon einschreiten, wenn er sich durch die Arbeit seiner PädagogInnen gefährdet sehen würde. Und die Gefährdung beginnt dann, wenn die Über-Lebensgrundlagen eben dieses Staates angegriffen werden. Und diese Grundlagen liegen, z.B. als billige Rohsubstanzen zur Lebensmittelherstellung, eben in der "Dritten Welt" (wobei allein schon dieser Ausdruck das Ausbeutungsverhältnis impliziert). (71)Nein, GEGEN den Rassismus - der wesentlichen ideologischen Voraussetzung des Nationalsozialismus wie des Neo-Faschismus - können die PädagogInnen (72)nichts machen. Ihnen sind die Hände Gebunden. Gegen solche Vorherrschaft können sie schlecht sein, erklären sie Herrschaft doch als unabdingbare Voraussetzung zur Menschwerdung. Und außerdem weiß man ja, was man seinem Arbeitgeber schuldig ist.

Es wird den PädagogInnen aber auch nichts gedankt: so kommen Klaus Farin und Eberhard Seidel-Pielen in ihrem Buch "Krieg in den Städten"(Rotbuch 1990),einem Bericht über Jugendgangs unterschiedlicher Couleur und Nationalität gar zu der absurden These, daß "linke" PädagogInnen am Neo-Faschismus schuld seien,weil sie stets von deutschen SchülerInnen Rücksicht und Toleranz gegenüber nicht-deutschen SchülerInnen forderten,den deutschen SchülerInnen jedoch die Äußerung und Entwicklung ihrer eigenen - eben teutonischen - Identität nicht zuließen. Kein Wunder,daß solche Äußerungen Balsam in den Ohren(und Verlautbarungen) der rechten Szene sind und z.B. von der "Jungen Freiheit",dem wohl auflagenstärksten Blatt der Neuen Rechten,entsprechend wohlgefällig kommentiert werden.Diese Analyse ist eine groteske Verdrehung von Ursache und Wirkung. Auf ddie Frage,ob sich Identität nicht noch anders als durch nationale Bindungen aufbauen läßt,wird von diesen Autoren gar nicht erst gestellt. Schließlich dürften Chauvinismus und Nationalismus demnach bei nicht-deutschen nicht vorkommen; das dem nicht so ist,es vielmehr Gangs von EmigrantInnen-Kids mit ähnlichen Tendenzen gibt, wird von den Autoren dieses reißerisch aufgemachten Buches sehr wohl gezeigt. Die Kritik der Pädagogik von Farin und Seidel-Pielen ist offensichtlich nur ein Mittel zur Absatzsteigerung ihrer Ergüsse.

Vor SOLCHER Kritik müßten wir die PädagogInnen fast wieder schützen. Auch wenn die Kritik an den staatlichen Ver-FührerInnen manchmal seltsame Blüten treibt: Es ist schon ein Glücksfall,wenn die pädagogischen SozialklempnerInnen mal keinen Schaden anrichten. Und so werden ihre Allmachtsvorstellungen manchmal jäh gebremst:

"Erstaunlicherweise geraten Kinder von Eltern,die sich um pädagogische Theorien wenig kümmern,immer noch gut."(73)

Anmerkungen

(1) J.G. Fichte: Sämtliche Werke, Bd. 2, S. 290, 1846

(2) Hans Schemm, Gründer des Nationalsozialistischen Lehrerverbundes(1929) und bis zu seinem Tode 1935 auch dessen Leiter, zit. in: Heinrich Kupffer: Der Faschismus und das Menschenbild der deutschen Pädagogik, S. 37f., Fischer 1984.

(3) Altruismus = durch Rücksicht auf andere gekennzeichnete Denk-und Handlungsweise, Selbstlosigkeit.

(4) Manfred Berger: Vorschulerziehung im Nationalsozialismus, Beltz 1986

(5) G. Pfahler: Warum Erziehung trotz Vererbung?, 1938

(6) vgl. die überaus informative und trotz wissenschaftlichen Anspruchs gut lesbare Arbeit "Mütter im Vaterland" von Claudia Koonz(Kore 1992),die den Preis von DM 50,- wirklich wert ist und sich um ein vorsichtiges Bild der Frauen im Faschismus(nicht nur Opfer - auch nicht, wie es bisweilen z.B. von KZ-Wärterinnen behauptet wurde, (einfach die schlimmeren Täterinnen) bemüht und Folgen und die Rollen der NS-FrauenführerInnen und deren Intrigen ebenso nachzeichnet wie die individuellen Versuche der kleinen Fluchten(wobei eher spektakulärer, wie etwa bewaffneterWiderstand ausgeklammert bleibt).

(7) Ulrich Herrmann, in: Ulrich Herrmann (Hg.): Die Formung des Volksgenossen, S. 9, Beltz 1985

(8) Karl Friedrich Sturm: Deutsche Erziehung im Werden, zit. in: Herrmann, S. 67, a.a.O.

(9) Ernst Krieck (führender NS-Pädagoge), in: Nohl/Pallat: Handbuch der Pädagogik, S. 255, 1929. Krieck ist für den Pädagogen Hans Jochen Gamm der "Modellfall eines gutbegabten Erziehungswissenschafters...,der auf politische Abwege gerät",der Chefpädagoge des Nationalsozialismus,dessen Verbrechen er stillschweigend hinnehmen mußte(Gamm: Führung und Verführung, S.95f.,List 1964)- So einfach ist die Entlastung unter Berufskollegen, indessen: Krieck propagierte bereits ab 1917 eifrig das "Dritte Reich"(in seiner -1934- erneut aufgelegten - Schrift "Die Deutsche Staatsidee".)

(10) Wilhelm Kirchner: Die völkische Landschule im Aufbruch, S. 37ff., Diesterweg 1939

(11) Wilhelm Kirchner, S. 48, a.a.O.

(12) Detlef Peukert, in: Ulrich Herrmann (Hg.), S. 50, a.a.o

(13) zit. in Matthias von Hellfeld/Arno Klönne: Die betrogene Generation - Jugend im Faschismus, S. 23, Pahl-Rugenstein 1985

(14) Quellennachweis liegt mir leider nicht vor.

(15) wobei es durchaus Kompetenzstreitigkeiten zwischen den familiären und den staatlichen Erziehungsagenturen um ddie Führungsrolle gab, so betonte der Gesamtleiter des Deutschen Zentralinstituts für Erziehung und Unterricht und SS-Obersturmbannführer Rudolf Benze, daß die Familie als Erziehungsinstanz zwar wichtig sei,letztlich jedoch staatlichen Anweisungen unterliege.

(16) Elisabeth Plattner: Schuljahre, S.2, Teubner 1939

(17) Elisabeth Teubner, S. 13, a.a.o.

(18) Elisabeth Teubner, S. 16, a.a.o.

(19) Elisabeth Teubner, S. 39, a.a.o.

(20) Elisabeth Teubner, S. 66, a.a.o.

(21) die nationalsozialistische Pädagogik kann hier nur angedeutet werden, zur weiteren Lektüre sei neben den in den Anmerkungen genannten Büchern von Lingelbach und Keim noch hingewiesen auf:

Elke Nyssen:Schule im Nationalsozialismus,Quelle und Meyer 1979

Kurt-Ingo Flessau:Schule der Diktatur,Fischer 1979

Harald Scholtz:Erziehung und Unterricht unterm Haken kreuz,Vandenhoek 1985

Manfred Heinemann(Hg): Erziehung und Schulung im Dritten Reich, Klett-Cotta 1980

(22) Eduard Spranger, in: Erziehung (damals die maßgebliche Zeitschrift für diesen Bereich), März 1933

(23) Wilhelm Flitner, in: Erziehung, April 1933:.. HansJochen Gamm ,durchaus kein ewiggestriger Konservativer, widmete seinen bereits erwähnten Klassiker zur Pädagogik des Nationalsozialismus(Anm.9) "in dankbarer Verbundenheit Wilhelm(und Elisabeth)Flitner".

(24) Karl-Christoph Lingelbach: Erziehung und Erziehungstheorien im nationalsozialistischen Deutschland, S. 18, Dipa Verlag 1987

(25) Wolfgang Keim weist darauf hin, wie einfach sich die PädagogInnen ihre "Vergangenheitsbewältigung" machten: im - nicht nur von ihnen - gerne gebrauchten Begriff des "Hitlerismus" drückt sich die Fixierung der Verantwortung am Nationalsozialismus auf eine Person, eben Hitlers, aus. HITLERS Ideologie, HITLERS Politik etc. - so konnte man sich und anderen leicht vormachen, daß "DAS BÖSE" plötzlich über einen hereingebrochen sei (S. 38/39). Tatsächlich habe es im Nationalsozialismus meist überhaupt keinen Zwang gebraucht, der allergrößte Teil habe sich freiwillig, z.T. äußerst bereitwillig, integrieren lassen (S. 66). In: Wolfgang Keim (Hg.): Pädagogen und Pädagogik im Nationalsozialismus, Verlag Peter Lang 1988

(26) Karl-Christoph Lingelbach, S. 209, a.a.o.

(27) Hannoversche Allgemeine Zeitung, 1.6.92

(28) Hermann Weber: DDR-Grundriß der Geschichte,S.123,Fackelträger 1991

(29) Adolf Hitler, in: Manfred Berger, a.a.o.

(30) A. Baeumler, in: Manfred Berger, a.a.o.

(31) Ernst Krieck, in: Manfred Berger, a.a.o.

(32) Horst Wetterling: Ist Autorität unmenschlich, S. 60, Fromm Verlag 1972

(33) Wolfgang Memmert: Die Führung einer Schulklasse, S. 5, Prögel Verlag, 2. Aufl. 1987

(34) Wolfgang Brezinka: Erziehung in einer wertunsicheren Gesellschaft, S. 53, Reinhardt 1986

(35) Wolfgang Brezinka, S. 66, a.a.o.

(36) Wolfgang Brezinka, S. 65, 66, a.a.o

(37) Erziehung und Unterricht - Grundlagen zur Neuordnung des höheren Schulwesens, S. 12, 1938

(38) Alice Miller: Am Anfang war Erziehung, S. 145,Suhrkamp 1980. Im Buch ist auch eine interessante Studie über die Bedeutung der Erziehung in der Kindheit für die Biographien von Hitler,dem KZ-Kommandanten Rudolf Höss u.a.enthalten.

(39) zit. in: Wilfried Gottschalck: Soziales Lernen und politische Bildung, S. 36, EVA 1969

(40) so zitiert Riccardo Bacchelli in seinem auf Tatsachen beruhenden Roman "Der Teufel auf dem Pontelungo" einen italienischen Kommunisten des Jahres 1874, Manesse Bibliothek 1972

(41) New York Daily Tribune, 10.12.1858, in: Freerk Huisken: Die Wissenschaft von der Erziehung, S. 239, VSA 1991

(42) Freerk Huisken, S. 239, a.a.o., vgl. auch den Beitrag von Gottfried Mergner in diesem Reader

(43) Erich Fromm: Die Pathologie der Normalität, S. 145, Beltz 1991

(44) Freerk Huisken, S. 242, a.a.o.

(45) Freerk Huisken, S. 255, a.a.o.

(46) Gemeinschaftskunde-Lehrplan für Berufsschulen 1987/88, zit. in: "Wo Deutschland liegt, bestimme ich", S. 3 Selbstverlag 1988

(47) zit. in: "Wo Deutschland...", S. 3, a.a.o.

(48) zit. in: "Wo Deutschland...", S. 5, a.a.o.

(49) zit. in: "Wo Deutschland...", S. 6, a.a.o.

(50) "Wo Deutschland...", S. 10, a.a.o.

(51) Beschluß der Landesvertreterversammlung der GEW Bayern v. 17.10.87 ,zit. in: Wo Deutschland..",S.44,a.a.o.

(52) zit. in Geronimo: Feuer und Flamme II,S. 71,ID-Archiv 1992

(53) Roger Willemsen, Kopf oder Adler,S. 15 Edition Tiamat 1991

(54) Auch der Ober-Multi-Kulti-Bendit ertappte sich bei nationalen Fußballspielen schon einmal dabei,daß er sich eine Träne abwischt(zit.in Kurz,S.14),derselbe Cohn-Bendit,der auf die Frage,wie er sich die Durchsetzung von Mindestkriterien des sozialen und menschlichen Zusammenleben zwischen Deutschen und Nicht-Deutschen vorstellt ant-

wortet:"Ist mir egal.Irgendwann wird das staatlich durchgesetzt"(Der Spiegel 35/1991 - wieder einmal: der Staat als oberster Antifaschist?)

(55) Freerk Huisken: Ausländerfeinde und Ausländerfreunde,S.90, VSA 1987. Im selben Buch finden sich auch aufschlußreiche Beispiele für den "alternativen Rassimus der Verständnispädagogik".

(56) Dieses Zahlenmaterial entstammt verschiedenen im Beitrag "Rechtsextremismus - eine subjektive Verarbeitungsform des Umbruchs" von Wilfried Schubarth zitierten Untersuchungen, in: Heinemann/Schubarth: Der antifaschistische Staat entläßt seine Kinder, S. 78ff., Papy Rossa 1992

(57) Kölner Stadtanzeiger v. 29.6.89, zit. in: Die GRÜNEN (Hrsg.): Argumente gegen REP's & Co., S. 85, Selbstverlag, ca. 1990

(58)Diese Denktradition ist übrigens auch im Sport alltäglich: "Die DDR ist in vielen Entwicklungen hinter der Bundesrepublik zurück, was im Fußball durchaus positiv sein kann. Dort drüben blüht noch der Straßenfußball mit unentdeckten und unverdorbenen Talenten. Deshalb glaube ich, daß wir schon bald eine Nationalmannschaft kriegen werden, die Europa beherrscht." (Nationaltrainer Franz Beckenbauer, zit. in: Redaktion Diskus (Hg.): Die freundliche Zivilgesellschaft, im Aufsatz "Die multikulturellen Freunde und ihre Gesellschaft" von Andreas Fanizadeh, S. 13, Edition ID-Archiv 1992)

(59) Mensch denke in diesem Zusammenhang z.B. an die ge plante Streichung der Karenztage für kranke ArbeiterInnen und die Diskussionen um eine längere Lebensarbeitszeit - obgleich die wenigsten ArbeiterInnen überhaupt noch gesund ihr Rentenalter erreichen: Schuften bis zum Umfallen?

(60) zit. in: LUPUS-Gruppe: "Was hat das multikulturelle Konzept mit Verkehrsberuhigung zu tun?", in: Schwarzer Faden 2/92, S. 27ff
In diesem Beitrag wird recht anschaulich die Funktion des multikulturellen Konzeptes als besonders perfides Mittel der Integration ALLER in der BRD lebenden Menschen in die Ideologie des "survival of the fittest" beschrieben - besonders effektiv, denn so muß man die AusländerInnen nicht einmal mehr ausmerzen: zumindest in Maßen assimiliert sind sie viel nützlicher! - Nebenbei: die größte Einwanderungswelle nach Deutschland gab es während des Nationalsozialismus - und auch hier dienten die (zwangsweise ins Land geholten) AusländerInnen für Kapital und Staat zur Herrschaftsfestigung.

(61) Wie weiland bei Bismarck: die noch heute als "federführend" hochgelobte Sozialgesetzgebung ist ein Mittel zur Ruhigstellung der ArbeiterInnen gewesen, nachdem das "Sozialistengesetz" nicht seine gewünschte Wirkung getan hatte.

(62) Michael Pechel (Landesstelle Jugendschutz Niedersachsen): Jugend, Gewalt, Rechtsextremismus, Manuskript, c. 1991

(63) Michael Pechel, a.a.o.

(64) Rolf Wernstedt, in: Frankfurter Rundschau, 2.8.90

(65) BürgerInnenantrag an den Rat der Stadt Wuppertal, zit. in: Die GRÜNEN, a.a.o.

(66) taz 25.6.92

(67) Frankfurter Rundschau, 12.6.92

(68) taz 4.6.92

(69) Stern 23/1992 vom 27.5.92,S. 90

(70) Jan Philip Reemtsma: "Die Falle des Antirassismus", in: ders.: u.a. Falun, S. 320, Edition Tiamat 1992

(71) "Die Kosten gesundheitsschädlicher Verschmutzung bemessen sich nach den entgangenen Einnahmen durch erhöhte Krankheit und Sterblichkeit.So gesehen sollte Verschmutzung in dem Land mit den geringsten Kosten stattfinden... Die ökonomische Logik,eine Ladung Giftmüll in dem Land mit den niedrigsten Löhnen loszuwerden,ist untadelig.."(Lawrence D.Summers,Vize Präsident der Weltbank,zit in Greenpeace Magazin 1/92,S.27)-Also Friß Müll, Nigger!

(72)Die besondere Rolle der Frauen sowohl in der familiären Erziehung wie auch in den bezahlten pädagogischen Berufen als oft selber unterdrückerischen, sexistischen Handlungen ausgesetzter Gruppe wäre einen eigenen Artikel wert. An dieser Stelle würde das vom Umfang den Rahmen sprengen, zudem wäre es schön, wenn sich dieses Themas - Sexismus als eine Form des Rassismus steht ebenfalls in vielfacher Beziehung zu erzieherischen Umgangsformen (wie im unrast-Beitrag angedeutet wird)- auch Frauen annehmen würden! Jedenfalls ist festzustellen,daß Nationalismus,Militarismus,Rassismus und Sexismus im wesentlichen dieselben Wurzeln haben.

(73) Funk-Kolleg Erziehungswissenschaften, zit. in: Freerk Huisken, S. 227, a.a.o.

VOM KIND ZUM KRIEGER: MILITÄR ALS "SCHULE DER NATION"

von *Gerald Grüneklee*

Militarismus: "Zustand des Übergewichtes militärischer Grundsätze, Ziele und Wertvorstellungen in der Politik eines Staates und die Übertragung militärischer Prinzipien auf alle Lebensbereiche" (Duden, Band 5, Fremdwörterlexikon).

Auf viele LeserInnen mag die Vorstellung, wir lebten in einer militaristisch geprägten Gesellschaft im obigen Sinne, befremdlich wirken. Ja, damals im kommunistischen Ostblock, aber hier und jetzt in Deutschland?

Militarismus als übersteigerte Bewertung militärischer Formen kann sich auf verschiedene Art äußern, z.B.:

- im Anteil der Militärausgaben (während überall in Deutschland über die kriselnde Staatsfinanzierung gejammert wird und die Prügelknaben schon ausgemacht sind - "Scheinasylanten" - sind für das Prestigeprojekt "Jäger 90" mal eben 3 Mrd. in den Sand gesetzt worden)

- in der Beherrschung verschiedener gesellschaftlicher Bereiche durch militärische Werte (wie z.B. die Sprache in vielen Bereichen von militärischen Begrifflichkeiten und Symbolen durchtränkt ist, ist uns oft kaum noch bewußt - wodurch die durch diese Sprache transportierten Vorstellungen zumindest unbewußt als selbstverständlich hingenommen werden);(1)

- in der hohen Bewertung der Inhaber militärischer Ränge durch Außenstehende (die Achtung der älteren Generationen vor Uniformen ist ungebrochen, während die Jugendlichen ihren Respekt vor den "Leistungen", der "Härte" etc. vor allem der II.-Weltkriegs-Generation mittels Aufbau paramilitärischer Wehrsportgruppen und dem Militär entsprechend hierarchisch geführter Organisationen bekunden).

Wie sehr es in der Tat auch heute noch darum geht, den Spruch von Armee als "Schule der Nation" im Sinne einer geistigen Anpassung der Individuen an die Interessen des Staates zu erfüllen, zeigen die folgenden Zitate:

"Der Waffenkrieg ist nur noch ein Teil einer auf allen Gebieten angreifenden geistigen Kampfführung, die keine grundsätzlichen Unterschiede zwischen Krieg und Frieden kennt" (der ehemalige Chefideologe der Bundeswehr, Baudissin, in: Programmatische Schriften 1951-1981, München 1982)(2)

"Wenn die jungen Soldaten die Kaserne nicht nur als gute Soldaten sondern auch als gute Staatsbürger verlassen - was sich im übrigen gegenseitig bedingt -, dann haben sie ihre Aufgabe voll erfüllt" (Baudissin, a.a.o.)

"Die Wehrpflicht bewirkt die augenfälligste und stärkste Verbindung zwischen Bundeswehr und Gesellschaft... Die Wehrpflicht ist das entscheidende Vehikel, über das die meisten Jugendlichen erst Zugang zu den Problemen der Landesverteidigung finden" (Schulungsoffizier Fleckenstein, in: Sicherheitspolitik heute 11/1975).(3)

Die Mär von der Wehrpflicht als "Kind der Demokratie" stimmt weder historisch noch aktuell. Dabei darf nicht vergessen werden, daß das Militär noch immer die gesellschaftliche Norm ist, trotz erfreulicherweise ansteigender Verweigerer-Zahlen, die diesen Zustand vielleicht einmal umkehren könnten - doch in Anbetracht der aktuellen Entwicklungen sehe ich eher in Zukunft die Verweigerer-Zahlen wieder zurückgehen (aber das ist reine Spekulation).(4) Als Ursache für die relative Unattraktivität des Zivildienstes trotz vergleichsweise liberalem Recht auf KDV (5), sieht Uli Wohland in seinen - sehr lesenswerten- "Thesen über militarisierte Männlichkeit" (Graswurzelrevolution Nr. 131/Febr. '89) den Ruf von "Schlappschwänzen" (!, d. Verf.), die Besetzung der meisten Tätigkeiten mit traditionell "weiblichen" Arbeiten, dem die Bundeswehr als von "einer sexuell-männlichen Metaphorik geprägt, z.b. Waffe gleich Phallus" (Wohland) gegenüber steht.(6) Hierbei ist festzustellen, daß nicht - wie meist angenommen - der Drill den Soldaten macht, sondern die militärische Schulung die letzte - allerdings massive - Ausformung eines "Idealbildes" für die militärische und staatliche Brauchbarkeit darstellt. Die Grundlagen für die Akzeptanz dieses Idealbildes werden vielmehr schon in der zivilen Sozialisation verinnerlicht. Denn auch diese zivile Männlichkeit ist umgekehrt durch die Rolle des Mannes als Krieger geprägt. Wohland: "Beim Eintritt ins Militär bringen die jungen Männer eine für die Erfordernisse des Militärs angemessene Charakterstruktur mit. Sie besitzen bereits eine Disposition für militarisierte Männlichkeit, die im Verlauf der militarisierenden Sozialisation nur ausgeprägter herausgearbeitet wird."

Die gesellschaftlichen Folgen dieser geistigen Militarisierung sind unübersehbar: "Die in dem Erziehungsanspruch (des Militärs, d. Verf.) bereits enthaltene politische Wertschätzung der Armee sowie die Verallgemeinerung soldatischer Tugenden und militärisch orientierten Handelns führten zu einer als Gesinnungsmilitarismus bezeichneten politischen Kultur. Sie war nicht nur durch nationalistische und vaterlandstümelnde Ideologien geprägt, sondern zugleich an ein Modell männlicher Identität gebunden " (Bernd Imgrund: Funktion der Wehrpflicht, in: Sozialer Angriff auf die Bundeswehr, Reader der Graswurzel-Aktionsgruppen).

Hanne Margret Birckenbach bezeichnet in ihrem Aufsatz "Heiliger Sankt Florian, ich komm drum rum, mach andre dumm " (antimilitarismus information, Heft 9/88) u.a. den Kompensationsmechanismus als wesentlich für die Wehrddienstmotivation der Jugendlichen: "Als Reaktion darauf, was im zivilen Leben an Ängsten produziert, was an Triebunterdrückung gefordert und was von ihnen als "Lebensverlust" empfunden wird, bilden Heranwachsende Kompensationsinteressen aus, die sie mit dem Wehrdienst zu realisieren suchen."

Wohland sieht die Lebensphase, in der junge Männer zum Militär gehen, als Phase der Verunsicherung über die zukünftige Rolle an, in der die Suche "nach einem Erfolg und Anerkennung verheißenden Mann-sein" bestimmend ist. Diese Form der Männlichkeit wird beim Militär geboten, indem als positiv angenommene Werte wie Disziplin, Härte,

Ordnungssinn etc. hervorgehoben werden - mit dem Leitsatz "Eine starke Truppe" betitelt die Bundeswehr schließlich ihren jüngsten Werbefeldzug.(7) Eine besondere Rolle spielt die Kameradschaft, die in Männerbünden wie Polizei, Sportvereinen, Jugendgangs und eben dem Militär durch bestimmte Rituale und Verhaltensweisen gegenüber einer als negativ definierten "Weiblichkeit" herausgestellt wird. (8) Insofern ist das Idealbild des Mannes als militaristischer Mann ungebrochen wirksam, ein Bild, zu dem als Gegenstück die Vorstellung von der Frau als Mutter, Gebärerin, als zu Beherrschende und quasi natürliche Pazifistin - in diesem Kontext abwertend - gehört. Nicht zufällig findet sich diese strikte patriarchale "Aufgabenteilung" zwischen Mann und Frau auch in der Programmatik sämtlicher rechtsextremer und faschistischer Gruppierungen wieder.

Angesichts dieser gezielten Zurichtung der Männer und der damit einhergehenden Gewöhnung an Gewalt als probatem Mittel zur schnellen, unkomplizierten Lösung aller Probleme darf die Resonanz rechtsradikaler Parolen und Attentate gerade bei Männern nicht verwundern. Tatsächlich wählen regelmäßig dreimal soviele Männer wie Frauen die entsprechenden Parteien und der Anteil der Männer unter den AktivistInnen dürfte noch um einiges frappierender sein.(9) Eine Instanz, die die bei ihren Mitgliedern gewünschte "starke" Identität durch scharfe, frauenverachtende Abgrenzung alles "schwachen", "weiblichen" herauszustellen versucht, (10) fordert faschistische Tendenzen geradezu heraus.(11) Doch auch wenn die Wehrpflichtigen die Ziele der militärischen Erziehung bejahen, bleibt ihnen die Systematik, die Logik dieses Prozesses wohl meist verborgen.

Einer, der es wissen muß, der geschaßte Flottillenadmiral Elmar Schmähling: "Wenn die Menschen in der Bundesrepublik Deutschland wirklich wüßten, wie sich die von ihnen gewählten Sicherheitspolitiker und deren Militärplaner die Verteidigung der Bundesrepublik Deutschland vorstellen, würden sie dankend auf eine solche `Verteidigung` verzichten"(12).

"Ein Major... weihte uns in die Grundprinzipien der militärischen Erziehung in der Bundeswehr ein. diese, so berichtet er uns, beruht im wesentlichen darin, die Rekruten kleinzukriegen, um sie anschließend - mit anderem Ziel - wieder aufzubauen" (Helmut W. Ganser: Technokraten in Uniform).

Und Hubert Treiber beschreibt in seinem Buch "Wie man Soldaten macht" diese Sozialisation, die darin besteht, "dem Neuling das Rückgrat zu brechen, ihn in die Rolle des Abhängigen zu versetzen, um ihn auf diese Weise zur Ablegung früherer Identitäten und zur Identifikation mit der neuen Rolle zu zwingen, was um so wirksamer gelingt, je strikter die Isolierung des Neulings von der bisherigen sozialen Umwelt ist."

Die militarisierte Männlichkeit : Eine Erziehungsaufgabe, bei der auch die heilige Kirche stets mit von der Partie ist. "Der Krieg ist absolut notwendig, weil er ein Erziehungsmittel für die Jugend ist - zu Tüchtigkeit und Nationalbewußtsein"(13). "Der Krieg ist eine Erziehung zum Christentum", so predigten jahrhundertelang bigotte Kriegspfaffen, unter diesem Banner ließen sie ihre "Glaubensschlachten" führen, so segneten sie noch jeden Krieg."Der Zweck heiligt die Mittel": Mit diesem Motto konnten katholische Inquisitoren ,wie evangelische Bauernschlächter, im alleinigen Wissen um das jeweilige "Gute", sich jeder Massenvernichtung nutzbar machen.Und noch heute ziehen die Repräsentanten des Herrn mit in den Krieg, biedern den SoldatInnen auch im Frieden ihre (perverse) moralische Hilfe an - "Militärseelsorge" ,eines der finstersten Kapitel der finsteren Institution Kirche.

Auch George Bush betrat noch schnell medienwirksam eine Kirche,bevor er seine Mannen(und Frauen) zum Angriff auf den Irak blies."Der Zweck heiligt die Mittel" -daß dann regelmäßig ganze Brigaden doch eigentlich "unmoralicher" Prostituierter das Gefolge bilden,ist in diesem Fall,weil nötig zur Befried(ig)ung der Kämpfer(gibt`s für die Frauen eigentlich auch eine entsprechende männliche Service- Abteilung?),auch kirchlich gestattet.die ewig gleiche Leier:"Mit Gott für König und Vaterland"(heute,da die Könige zur Neige gehen,darf`s ersatzweise auch schon mal ein Führer o.ä. sein).

Gerade der Golfkrieg '91 wurde dazu benutzt,männliche Normen und Verhaltensweisen wieder offensiv als Problemlösungs-Strategie in der Bevölkerung zu verankern. Sowohl George Bush als auch Saddam Hussein strotzten unmittelbar vor und während des Krieges vor männlich-militaristischer Symbolik und definierten jeweils sich selbst als das "Männliche"(="Gute"),den Gegner dagegen als das Weibliche,"Schwache", eben "Schlechte". Zumindest von US-amerikanischer Seite aus war der Krieg ganz massiv eine Veranstaltung,um der Vietnam-traumatisierten Bevölkerung wieder ein "starkes Selbstbewußtsein" - im skizzierten militaristischen Sinn - zu geben, ein gigantischer Psycho-Workshop. Authentische Gefühle haben in dieser Logik der Krieger natürlich keinen Platz.

So werden Männer dazu konditioniert, keine Rücksicht auf Gefühle zu nehmen und Opfer - bis hin zum Tod - in Kauf zu nehmen (14). Ist Mann schließlich bereit, selbst die eigene Todesangst zu beherrschen, wird alles zu Opfern seiner Allmachtsphantasien.

Der männliche Machbarkeitswahn,durch patriarchalische Muster und blinde Technikgläubigkeit dominiert,erzeugt Allmachtsgefühle,die durch strikte Verlegnung möglicher Konsequenzen gekennzeichnet sind:"Alles scheint handhabbar,alles nur eine Frage der Technik zu sein. Krieg gibt es nur im Fernsehen.Die amerikanischen Piloten,die vor ihren Kampfbombern stehen,werden nur gefragt,wie schnell ihre Kisten fliegen,wieviel Kerosin sie verbrauchen,wie groß die Reichweite ist. "Die Golfpartie ist längst vergessen", so C.C.Malzahn in einem Bericht zur größten Militärschau der Republik, der "Internationalen Luft-und Raumfahrtausstellung"(15).Krieg wird wird zu einer banalen,beinahe beiläufigen Angelegenheit,auch dank der Bildschirmtechnik,die jede/n gleich nah,bzw. gleich fern am Geschehen sein läßt und durch den ewig gleichen Bildschirm-Abstand von allen Geschehnissen eine merkwürdige Distanz und Unbeteiligtheit fördert. Modifiziert wurde auch der Sprachjargon, in dem nicht mehr von "Angriffen",sondern scheinbar neutralisiert von "chirurgischen Operationen" die Rede ist. Wer heute tötet,bemerkt aufgrund der hochkomplexen Technologie,derer er sich bedienen kann,kaum noch,daß er tötet. An den realen Gewaltverhältnissen ändert sich dabei nichts,im Gegenteil. Durch eine scheinbare Alltäglichkeit und Allgegenwart von Gewalt und Tod,schon als stetige TV-Dauerberieselung,sinken die Hemmschwellen.Die Akzeptanz der Gewalt als Handlungsmuster unter Männern steigt.

Kinder, Frauen, andere Völker und Religionen, die Natur - alles bekommt seine Gewalt zu spüren. ein in dieser Gesellschaft stark akzeptierter Sozialdarwinismus, der Kriege als "Reinigung des Volkes" begrüßt, sieht es selbst noch als heldenhaft an, wenn "Schwächlinge" ausgemerzt werden - der in diesem Lande gerade wieder einmal wuchernde Neo-Faschismus ist, ebenso wie das geradezu "normale", alltägliche Aggressions- und Gewaltpotential, nicht zuletzt die Folge sich ständig reproduzierender autoritärer, militaristischer Strukturen in Militär und Gesellschaft!

Anmerkungen

(1) Männer beschreiben "Liebesakte" mit Frauen mit Begriffen wie aufreißen, abschießen, rohrverlegen, stoßen, Weib fassen, einen Schuß aus dem Rohr jagen und, ziemlich gängig, "bumsen" (bumm = knall = Schuß) - Hinweis aus einem Flugblatt "Rekrutenzüge stoppen", Berlin, April '92

(2) Die Folgen dieser "geistigen" Kampfführung, dieser umfassenden Militarisierung: "Die große Chance für den Terrorismus der Militärklasse liegt darin, daß die Leute ihn nicht erkennen. Sie erkennen ihn nicht wieder in jenem Teil ihrer Identität und ihres Bewußtseins, der militarisiert ist" (Paul Virilio, in: Virilio/Lothringer: "Der reine Krieg", S. 24, Merve 1984

(3) Mit welchen Motivationen Wehrpflichtige bereits zur Kaserne fahren, geht aus einem Berliner Text zur Rekrutenzugblockade am 1.4.92 hervor, in dem auf die "Sieg Heil!"-Rufe der Einberufenen hingewiesen wird (telegraph 5/92)

(4) Nur nebenbei sei darauf hingewiesen, daß ddie KDV ihre politische Dimension weitgehend eingebüßt hat und sich in die Interessen einer umfassenden gesellschaftspolitisch-militärisch-sozialen Gesamtplanung hat einbinden lassen(siehe z.B. die Diskussion um die KDV-Perspektiven in der Zeitschrift 4/3 ,Heft 3/92)

(5)... das allerdings auch nur das Recht zur Verweigerung des Kriegsdienstes MIT DER WAFFE (d.h., für Begriffstutzige: die Alternative lautet lediglich "Kriegsdienst ohne Waffe") ist!

(6) Werbefeldzug = ein Beispiel für die militaristische Durchsetzung des Sprachjargons auch in der Wirtschaft

(7) Die "Nationalistische Front" bedauert ganz offen das Ende des Stechschrittes (mit dem Ende der DDR): "Mit ihm geht zweifellos ein Stück Preußentum in der NVA (Nationale Volksarmee) unter... Disziplin, Ordnung, Autorität und Gehorsam waren dort tatsächlich vorhanden."

(8) Eine besondere Rolle kommt dabei dem Phallus als Symbol "für Macht, Potenz und Fähigkeit zur Unterwerfung" (Wohland), als Symbol des "Bewaffneten Mannes" im doppelten Sinne zu - US-amerikanische Vietnamsoldaten berichten davon, daß sie das Tragen eines Gewehres so empfunden hätten, als wenn sie einen erigierten Schwanz hätten. - Ne-

benbei: Von allen WählerInnen sind die der REPs nach einer Umfrage des "Playboy" sexuell am unbefriedigten. (taz, 25.5.90)

(9) zu einem anderen Ergebnis kommt allerdings eine Göttinger Studie von Universität und IG Metall im Zwischenergebnis(der Abschlußbericht wird erst 1993 vorgelegt):Hinter der äußeren Zurückhaltung verberge sich nämlich durchaus eine innere Zustimmung.Auch Frauen würden eine hierarchisch gegliederte Gesellschaft und einen starken Staat befürworten.gerade ihre Benachteiligung in Arbeit und Öffentlichkeit ließe sie zu den von neo-faschistischen vertretenen Rollenmustern Zuflucht suchen(Hannoversche Allgemeine Zeitung,17.7.92)

(10) Ein "Kamerad" anläßlich der Ermordung des Nazi-Schlägers Rainer Sonntag, der in seiner Eigenschaft als Schutzgeldeintreiber von einem Zuhälter in Dresden erschossen wurde, bei der Trauerrede: "Sonntag ist wie ein Soldat gestorben"

(11) Helke Sander und Barbara Johr(Hg.) zeigen in "BeFreier und Befreite - Krieg,Vergewaltigungen,Kinder" (Kunstmann 1992),in welchem Ausmaß Vergewaltigungen während des 2.Weltkrieges geradezu "üblich" waren,begangen zunächst von deutschen Männern v.a. in der Sowjetunion,´45 dann von den Angehörigen der alliierten Armeen in Deutschland. "Alle wußten davon,doch niemand sprach darüber, wie heute in Kuwait,in Jugoslawien...(Helke Sander).

Arno Gruen zeigt(in"Der Verrat am Selbst",dtv 1986)die Doppelmoral der Männer,die einerseits das "Weibische" fürchten - und daher verachten -,andererseits der Frauen um der Selbstbestätigung willen bedürfen. Seiner Ansicht nach erklärt diese tiefe innere Frauenverachtung, weshalb viele Männer nur Sex genießen,wenn sie eine Frau unterworfen,"besiegt",haben.

(12) zit. in Heleno Sana: Das vierte Reich, S. 115, Rasch und Röhring 1990.

(13) Pastor Schuhmann im 1. Weltkrieg, zit. in Jens Bjorneboe: Wider den Bevormundermenschen,S.115, Trotzdem 1980.

(14) taz 20.06.92.

Abschließende Bemerkung: Dieser Artikel beschäftigt sich mit der Wirkung des Militärs und hierarchischer Denkmuster auf Männer, da diese nun einmal - solange es die staatlicherseits immer wieder angeregte Dienstpflicht für Männer und Frauen noch nicht gibt - die von der Wehrpflicht direkt Betroffenen sind. Das bedeutet aber nicht, daß nicht auch Frauen zunehmend offen und auf vielfache Weise in militärische Strategien einbezogen würden. Daß die Militärs einpacken müßten, wenn die Frauen ihre Mithilfe verweigern würden, bestätigte bereits 1976 der damalige Verteidigungsminister Leber: "Wenn die Frauen sich entschließen würden, auf einen Schlag, an einem Tag uns ihre Mitarbeit aufzukündigen, wir könnten die Kasernentore schließen und die Soldaten nach Hause schikken. Die Bundeswehr fände nicht mehr statt..." (Informationen für die Truppe 2/76)

PLÄDOYER GEGEN DIE ERZIEHUNG

von *Gerald Grüneklee*

"Dann gewährt es uns aber auch einen ganz besonderen heimlichen Genuß, zu sehen, wie Leute um uns nicht gewahr werden, was mit ihnen wirklich geschieht." (Adolf Hitler)

"Kranke sind ja keine Kinder, und sie haben ein Recht darauf, zu erfahren, was mit ihnen geschieht und warum es gemacht wird." (aus einer ZDF-Sendung v. 31.8.80)

"Erziehung ist das Bestreben eines Menschen, einen anderen nach seinem Ebenbild zu schaffen." (Leo N. Tolstoi, 1862)

"Die Pädagogik ist gleichsam immer unzufrieden mit dem Menschen, sie will ihn verändern..." (Hermann Giesecke: Einführung in die Pädagogik 1969)

Erziehung wie auch Pädagogik als deren institutionalisierte, (scheinbar) verwissenschaftlichte Lehre sind also Vorgänge, bei dem die als "unfertig" betrachteten Kinder (1) und Jugendlichen zum Objekt der Erwachsenen werden, die diese mittels bestimmter Richtlinien, Norm- und Wertschemata und Ideologien zu vervollständigen trachten - wobei den so Angeleiteten der Einblick in die Methoden und Ziele dieses Prozesses bewußt vorenthalten wird. Die Kinder und Jugendlichen werden dabei von den erziehenden Menschen nicht in ihrem So-sein akzeptiert - dann würden sich die PädagogInnen ja womöglich selbst für überflüssig erklären -, sondern als mangelhaftes, zu bearbeitendes Rohmaterial angesehen. Ekkehard von Braunmühl gebrauchte dazu das Bild des Steinmetzes, der das Material mit Hammer und Meißel bearbeitet und mit Schmirgelpapier glättet und poliert, wobei er auch gewisse Rücksichten auf den "Charakter" des Materials nehmen muß.

Nach dieser Definition ist der lernende Mensch ein Wesen, daß erst durch eben dieses Lernen zum "richtigen" Menschen wird. Dabei bewirkt das vermeintlich alleinige Wissen des erziehenden Menschen über das, was gut für den Lernenden und dessen Zukunft ist, die traditionelle Rolle des Erziehers über seine "Zöglinge". Klaus Rödler vergleicht in seinem Buch "Kinderbefreiung und Kinderbewußtsein" (AFRA-Druck 1981) das Verhältnis des Kindes zum Erwachsenen mit dem des Kolonisierten zum Kolonialherrn. Bestimmten, als erziehungsbedürftig angesehenen Menschen - neben Kindern auch die Insassen von Knästen, Heimen und Irrenanstalten, Insassen "totaler Institutionen" (Ivan Illich) also und als solche ihren Erziehern im weitesten Sinne ausgeliefert - werden damit die freien Entfaltungsmöglichkeiten schlicht untersagt: Heraus kommt ein Leben, das von der Gesellschaft für Unmündige vorgesehen ist, das diese umgekehrt gerade wieder zu unselbstständigen und abhängigen Wesen macht - somit also die diesem Verhältnis vorausgesetzten Annahmen nachträglich zu erfüllen versucht - und das sich obendrein noch permanent selbst reproduziert.

"Erst in dem Moment, in dem die Erwachsenenwelt den Anspruch auf Wahrheit, auf allgemeine Gültigkeit ihrer Sichtweisen und Erkenntnisse (der Wege und damit auch der Inhalte) monopolisiert, erst dann muß sie jegliche Abweichung unterdrücken. Der Allgemeingültigkeitsanspruch kann nichts neben sich dulden, ohne seine Glaubwürdigkeit zu verlieren." (Rödler, a.a.o.)

"Erziehung impliziert (= beinhaltet, Anm. d. Verf.) immer ein Gewaltverhältnis von Menschen über Menschen" (Giesecke, a.a.o.)

"Mündig sind die Jungen dann, wenn sie zwitschern wie die Alten; man hetzt sie durch die Schule, damit sie die alte Leier lernen, und haben sie diese inne, so erklärt man sie für mündig" (Max Stirner, 1844)

Die Folge ist ein permanenter Erziehungskrieg des Erziehenden, der ständig verbessern, verändern und belehren will und damit Persönlichkeiten unterdrückt, egal ob bewußt oder unbewußt, offen oder heimlich. Im arroganten Selbstverständnis der Pädagogik, die von Plato über Kant, von Humboldt über Rousseau bis zu den "progressiven" LehrerInnen der vergangenen zwei Jahrzehnte immer darauf beharrt, Menschen ändern zu wollen, liegt denn auch die Unfähigkeit begründet, "Andersartige", im weitesten Sinne - Kinder und Jugendliche ebenso wie Lesben und Schwule, Sinti und Roma, Juden etc. - als gleichwertige Menschen zu begreifen.

Das pädagogische Denken erweist sich so als Wurzel aller Vorurteile die Menschen von Menschen haben. Statt vorbehaltloser Annahme des Gegenübers sehen Eltern, LehrerInnen, Verwaltungsapparat, PolitikerInnen, Sozial- und Kulturbehörden, Justiz usw. ihre "Klientel" von vornherein als beformundungs- und verbesserungsbedürftig an. Jeder Erziehungsanspruch ist damit faschistoid! Pädagogik als seelische Gleichschaltung bereitet damit der politischen Gleichschaltung den Boden!

Welchen Interessen die herrschende Erziehung unterliegt, wird schon deutlich, wenn der Entstehungszusammenhang zwischen der Herausbildung der Nationalstaaten und der Schaffung der - gegen die Proteste der Bevölkerung durchgesetzten - Schulpflicht betrachtet wird. Doch wenn daraus einzig die Forderung nach einer anderen Erziehung folgt, läuft mensch Gefahr, unversehens bei der Kulturkritik eines "Club of Rome" steckenzubleiben, die Heinrich Kupffer so zusammenfaßt: "Wenn die Welt nicht so ist, wie sie sein müßte und sein könnte, dann bedarf es einer gigantischen pädagogischen Anstrengung, um den Menschen und die Verhältnisse zu ändern" (in: Der Faschismus und das Menschenbild der deutschen Pädagogik, Fischer Vlg. 1984, S. 59). Vielmehr ist die Funktionalisierung der Pädagogik entsprechend der jeweiligen Interessen und damit die Begrenzung der Köpfe auf die für richtig befundenen Inhalte und Methoden JEDER Form von Pädagogik und Erziehung immanent.

"Erziehung zur Freiheit" (so der Titel eines Buches von WaldorfpädagogInnen), "Erziehung zum Ungehorsam" (Erich Fromm), "Erziehung ohne Zwang" (Celestine Freinet), Erziehung zur Selbständigkeit, zu gemeinsamen, solidarischem und kritischem Handeln (2) (so oder ähnlich einige Landesschulgesetze), sind immer ein Widerspruch in sich, da durch eben diese Erziehung bereits eine Einschränkung der vorgegebenen Ziele erfolgt.

So hat sich denn sicher schon so manch ein/e APO-Veteran/in gewundert, daß das Söhnchen/Töchterchen allen wohlmeinenden Ermahnungen zum Trotz plötzlich im Lacoste-Dress den Inbegriff der Freiheit erblickt. Eine freiheitliche Gesellschaft kann nicht durch Anleitung, Abhängigkeit, Vereinzelung und Disziplinierung erzwungen werden - ist doch eigentlich logisch, oder?

Auch kommt Erziehung als zielgerichteter Prozeß nicht ohne eben diese klar definierten Ziele aus, die natürlich "irgendwie" hergeleitet werden müssen. Das geschieht dann im Kontext der jeweiligen Machtsysteme - darum noch einmal: Ob Erziehung zum Sozialismus oder zum Kapitalismus (nennt sich nicht so, sondern versteckt sich hinter Begriffen wie "demokratische Gesellschaftsordnung") - Erziehung ist IMMER Zwang, da alles dem großen Ziel Entgegenstehende unterdrückt werden muß.

Zudem schränkt, was erst einmal paradox klingen mag, Erziehung das Recht auf Lernen und Bildung drastisch ein. Denn - elterliche wie schulische - Erziehungsziele schränken nicht nur die Lernmöglichkeiten abseits vorbestimmter Wege ein, sondern benötigen um ihrer effektiven Vermittlung willen formalisierte Anstalten (Kinderhort, -garten, Vorschule, Schule, Universität). Diese übernehmen nicht nur den Kanon, sondern versuchen mit Lehrplänen und Prüfungsordnungen die Gehirne zu Computern umzubilden, die in gleicher Zeit, auf gleiche Art und Weise, das gleiche erreichen, auf daß das Ziel nur schnell erfüllt werde.

Die Wirkungen sind fatal: Schule (und die anderen Bildungsinstitutionen) verabsolutiert den Wert von Bildung, wobei Bildung wiederum mit den Wissensfragmenten schulischen Unterrichts gleichgesetzt wird. Schule momopolisiert Bildung, indem Bildung als auf den Faktor "Schule" begrenzt definiert wird und gelehrt wird, daß das wichtig ist, was in der Schule beigebracht wird und daß, wenn etwas wichtig ist, es in der Schule schon unterrichtet wird. Damit wird gleichzeitig der Wert unabhängigen Lernens herabgesetzt und die Bildung zur Ware degradiert, die konsumiert wird - aufgrund der ausgelösten Hoffnung auf soziale Gerechtigkeit (jede/r bekommt, was sie/er verdient) - bzw. werden muß, nach dem Motto: Je mehr, desto besser! Everett Reimer führt daher einzig die großen Religionen mit ihren niemals erfüllten Versprechungen als mit der Schule vergleichbar an (in: Schafft die Schule ab!, Rowohlt 1972, S. 31). Die Frage, wozu Schule überhaupt notwendig ist, wird nicht mehr gestellt!

"Die erste intellektuelle Aufgabe, die sich einem Kleinkind stellt, ist das Erlernen der gesprochenen Sprache... Das Kind ist vom Leben innerhalb des Hauses umgeben, nicht von Personen, die es unterrichten oder Modell stehen... Eltern haben es noch nie erlebt, daß das Kind die einzelnen Teile der Sprache abstrahiern und üben würde. Das gibt es einfach nicht. Selbst in den Momenten, in denen wir uns vielleicht als Lehrer sehen - wenn wir uns zum Beispiel über das Baby beugen und "Was-ser" sagen, um sein "Wascha" zu korrigieren - ist unsere unvermeidliche Begeisterung Teil eines Spiels; und wie alle Eltern wissen, hört das Kind in jedem Fall dann sofort auf, mitzumachen, wenn diese Begeisterung nachläßt und reines Unterrichten an ihre Stelle tritt" (George Dennison: Lernen und Freiheit, März Verlag 1971).

"Kinder haben eine Lernmethode, die ihrer Verfassung entspricht und die sie auf eine natürliche und richtige Art anwenden, bis wir sie ihnen durch unsere Erziehung abgewöhnt haben... Wenn wir versuchen würden, Kindern das Sprechen zu lehren, würden sie es nie lernen..." (John Holt: Wie Kinder lernen, Beltz 1971).

Auch "Freie Schulen" bieten keinen Ausweg aus dem Dilemma der Pädagogik. Bereits die gesetzliche Einbindung auch - und gerade - der "Alternativschule" (welch ein schwammiger Begriff, unter dem z.B. das im Rowohlt Verlag erschienene "Handbuch Freier Schulen" selbst kirchliche Schulen erwähnt) in das Staatsschulsystem hat integrativen Charakter. Und während des jahrelangen Kampfes um die Zulassung als Alternativschule hat bisher noch jede Schule erhebliche Abweichungen vom ursprünglichen Konzept vornehmen müssen (vgl.: Lernen auf der Straße - Die Freie Schule Essen, Transit 1982), zumal die staatliche kultusministerielle Oberhoheit sehr wohl um die Wirksamkeit der Paragraphen weiß, wenn es um die Beaufsichtigung der LehrerInneneinstellungen, Lehrpläne und Prüfungen geht. Selbst beim besten Willen kann eine Freie Schule also keine wirkliche Alternative darstellen - abgesehen davon, daß auch hier die Grundlagen jeder Pädagogik nicht in Frage gestellt werden (können). Verbindlich definierte Inhalte und Ziele werden dabei nur ausgetauscht, nicht zugunsten eines anderen Miteinander-umgehens aufgegeben. Daher sollten für AntipädagogInnen die Stoffe und Strukturen der Schule keine Rolle spielen, ganz gleich, ob diese sich nun reaktionär oder vergleichsweise liberal ("Finessen ausgesuchtester Pädagogik" - die sanften Verführer!) gebärdet. Das schließt nicht aus, daß es Nuancen in Bezug auf die Freiräume gibt, nur bezweifle ich die Wirksamkeit eines Kampfes um die Akzeptanz Freier Schulen - warum dann nicht gleich für den umfassenderen Ansatz eines Miteinander-umgehens jenseits pädagogischer Bevormundung streiten?

Gerade die Waldorfpädagogik,diese "Erziehung zum vollkommenen Menschen"(Waldorf -Eigenaussage) hat der Tücken viele(und wäre,zumal diese Schulen geradezu das Monopol für Freie Schulen beanspruchen,einen eigenen Beitrag wert).Schon mit der behaupteten "angstfreien Erziehung" ist es nicht so weit her:"In der Waldorfschule herrscht der Lehrer;er ist König,absoluter Monarch und an keine Konstitution gebunden außer seiner Wesenserkenntnis,gegen die es keine Appellation und keine Berufung gibt".(4)

Die Folgen dieser sich auf den "Menschheitsführer" Rudolf Steiner berufenden verquast-religiösen anthroposophischen Menschheitserziehung:"Es ist sicher keine Übertreibung,zu behaupten,daß der Waldorfzögling an einem festen pädagogischen Gängelband geführt wird. Keine Aktivität oder Zusammenkunft von Schülern,die nicht der Phantasie und der immerwährenden Initiative ihrer Lehrer entspringt.Keine Reise,kein Schritt,der nicht von einem pädagogischen Hintersinn geprägt wäre.

Bezeichnenderweise ist im Konzept der Waldorfschule auch keine institutionalisierte Form von Schülermitverantwortung vorhanden.Nicht einmal eine sogenannte.Hier wird der Schulbetrieb ausschließlich gestaltet und verwaltet von Pädagogen,die ein immerwährendes,unausgesprochenes "Wir-wissen-genau-was-für-euch-gut- ist" auf den Lippen tragen...Einen größeren Grad an Entpolitisierung der Schüler hat kaum ein anderer Schultypus hervorgebracht"(5).

Auch die "moderne" Pädagogik hat ihre Tücken, sie wirkt nur subtiler - damit aber auch noch unanfechtbarer - als die offen repressive Form: Die für den Grundschul- und Gesamtschulbereich oft geforderten und zum Teil auch bereits umgesetzten Be-URTEIL-ungen als Zeugnisersatz schaffen nicht den Vergleich ganz unterschiedlicher Individuen aus der Welt, sondern richten noch viel umfassender über die SchülerInnen. Die scheinbar größere Transparenz gegenüber bloßen Zahlen verstärkt den moralischen Druck auf die Kinder erheblich. Ein eventuell konstatiertes "Versagen" wirkt noch totaler, wenn es sich von kumpelhaft als "FreundInnen" (3) darstellenden LehrerInnen ausgegeben wird (vgl. Dennison, a.a.o.). So sollen letztlich die gewünschten Änderungen in Verhalten, Wahrnehmung, Denken und Motivation der SchülerInnen - besonders pervers - aufgrund "eigener Einsicht" mit spitzfindigen pädagogischen Clownereien erreicht werden. Es bleibt dabei: "Erziehung ist Gehirnwäsche, zunehmend trickreich veranstaltet, um keinen Widerstand aufkommen zu lassen, kein Bewußtsein, aber eben Gehirn- (und Seelen-) wäsche" (Ekkehard von Braunmühl in seinem 1975 erstmals erschienenen Buch "Antipädagogik" (S. 84), das - inzwischen ein Klassiker - erstmals seit den Zeiten der Weimarer Republik konsequent aus dem ewigen Geschwafel um "bessere" Lehrpläne ausbrach und die Diskussion um Sinn und Unsinn der Pädagogik an sich einläutete).

"Man fragt sich, woher heute irgend jemand das Recht sich nimmt, darüber zu entscheiden, wozu andere erzogen werden sollen" (Theodor W. Adorno: Negative Dialektik, Suhrkamp 1966, S. 107).

Aus dem Gesagten sollte ersichtlich werden, daß ein pädagogisch herbeigeführte "freiwilliger" Zwang zur Selbstbestimmung einfach eine komplette Absurdität ist. Freilich ist diese Absurdität Normalfall, schaut man sich die angeblichen Ziele von Pädagogik und Erziehung an und vergleicht sie mit den Mitteln und Methoden, mit denen dieses Ziel erreicht werden soll. Tatsächlich gibt es auf schulischer Ebene keine antipädagogischen Alternativen, es kann sie innerhalb eines staatlich reglementierten und kontrollierten Schulsystems auch gar nicht geben. Warum auch sonst sollte der Staat alljährlich Milliarden im Bildungssektor ausgeben, wollten die Herrschenden nicht dieses Ressort als Riemen zur Durchsetzung ihrer eigenen Ideologie nutzen? - Zumal in kapitalistischen Staaten, in denen jede Entscheidung erst einmal unter dem Kriterium der Effektivität bewertet wird, lassen sich solche Summen wohl kaum "einfach so" oder mit reiner Nächstenliebe erklären. Doch möchte ich im folgenden noch einige Überlegungen anschließen, wie wir die Umsetzung unseres antipädagogischen Ansatzes wenigstens außerhalb von Schul- und Universitätsmauern schon heute beginnen könnten.

Als praktikabel erscheint mir, ganz simpel, zunächst der Beginn eines mitmenschlichen Umgangs jenseits hierarchisierter Verhältnisse, basierend auf dem Prinzip der "gegenseitigen Hilfe" (Kropotkin; vgl. das gleichnamige Buch, Trotzdem 1989).

Nicht hinter dem unantastbaren Bollwerk des scheinbar Allwissenden sollten wir uns verschanzen, sondern uns und unseren Mitmenschen eigene Unzulänglichkeiten eingestehen. Mit dem Anspruch des "perfekten Menschen" (der durch diesen bestenfalls annähernd, doch niemals vollkommen zu erreichenden Zustand letztlich lebendig in ein Gefängnis permanenter Maßregelungen und Rechtfertigungen gesperrt wird, in dem lediglich die Autorität der vermeintlich "weisen", "göttlichen" Autorität gilt, an deren Verlautbarungen jede Äußerung gemessen wird), haben Kirche und Erziehungswissenschaft schon genug Schindluder getrieben. Wir sollten stattdessen unsere GANZE Persönlichkeit so offen wie möglich ausleben und das permanente Theater des Lebens (nie wir selber, stets verschiedenen fremdbestimmten Interessen und Vorstellungen zu entsprechen versuchend) zu durchbrechen versuchen. Von dieser - oft auch anstrengenden - Rolle der Über-Person befreit, können wir dann endlich beginnen, einfach MENSCH zu sein. Das bedeutet nicht, z.B. den Egoismus der anderen nun ständig unwidersprochen hinzunehmen (wer Antipädagogik so versteht, mißversteht sie bzw. verwechselt sie mit Laissezfaire) - auch uns muß es erlaubt sein, einmal zu schreien. Und wenn wir uns und anderen eingestehen, daß wir nicht immer "recht" haben, dann sollten wir zugleich jeden zurückweisen (bzw. unsere Haltung verdeutlichen), die/der das nun weiter für sich beansprucht. Mit einem somit unbelasteterem Miteinanderleben wird uns überhaupt erst ermöglicht, unsere Mitmenschen wirklich kennenzulernen - wenn wir uns eben nicht mehr vor einem Labyrinth unsichtbarer (und damit um so tiefer wirkender) Mauern verstecken. Womöglich entdecken wir dann sogar, daß wir auch von "Kindern" etwas lernen könnten. Allgemein haben diese jungen Menschen z.B. zunächst einen viel offeneren Zugang zu Menschen und einen viel unverkrampfteren Umgang mit ihnen. Auch in der Reaktion fremden Kindern und Situationen gegenüber reagieren sie viel undogmatischer, wie sie auch selber viel ehrlicher und ungehemmter sind. Was hier im Groben aufgezählt wurde, gilt auch in unzähligen, kleinen, alltäglichen Szenen und Gesten - öffnen wir die Augen! Erst die Sozialisation in unser aller autoritärem Umfeld beendet diese Entwicklungen (was nicht heißt, daß jeder Mensch, wäre er frei von diesen Einflüssen, nur "gut" wäre!) - graben wir sie wieder aus, indem wir uns unserer herkömmlichen Rolle entledigen! Sicher sind wir selber autoritär geprägt - und können das auch bei besten Bemühungen nie ganz verleugnen. Doch der grundsätzliche Rollenwechsel vom "Allwissenden" in die Perspektive der/des "Laborhelfers/in" (vgl. Barbara Sichtermann: Vorsicht Kind, Wagenbach Verlag) wird den Blick freimachen für einen menschlicheren Umgang.

Wem dies zuviel nach "Ganzheitlichkeit" und derlei modischen esoterischem Brimborium klingt, der sei beruhigt (bzw. gewarnt): Ich will hier nicht einem unter dem Schlagwort "New Age" versammelten illusorisch-positivistischen und streckenweise auch präfaschistischem Weltbild das Wort reden, daß in Zitaten wie dem folgenden seine naive Tendenz, die realen Widersprüche schlicht "sanft wegzudenken" offenbart:

"Erfahre deine Ganzheit. Erfahre unsere Einheit. Erfahre die elementare Quelle unserer Macht. Entledige dich der patriarchalischen Muster - der Muster der Entfremdung, Angst, Feindschaft, Aggression, Zerstörung. Es ist gar nicht notwendig, sie wegzujagen. Wenn sie im Bewußtsein aufkommen, sollte man sich auf diese negativen Gedanken konzentrieren und dann einfach beschließen, sie nicht länger zu nähren. Dadurch verlieren sie ihre Kraft und gehen langsam zurück" (Charlene Spetnak, in: Ökologbuch 3, Beltz 1984)

Im Gegenteil sollte ein antipädagogischer Ansatz stets die bewußte politische Auseinandersetzung mit dem Hier & Jetzt beinhalten und sich im Zusammenhang mit anderen Bewegungen zur Befreiung entrechteter Menschengruppen (Antipsychiatrie, Anti-Knast-Bewegung, entwicklungspolitische Zusammenhänge etc. wie auch, im Zusammenhang mit der auf Vereinzelung abzielenden Stadtplanung, z.B. Stadtteilgruppen- und Behindertengruppen usw.;vgl. Gerhard Kern: Anti-Pädagigik oder die Kraft der Negation: in diesem Reader) stellen, um nicht in den seichten esoterischen Gewässern von vornherein die potentiell systemsprengende Dynamik preiszugeben. Und: Menschen, denen Freiheit nicht "anerzogen" wird, sondern die in Freiheit leben, werden sich ungern lautlos irgendwelchen angeordneten Sachzwängen fügen, ungern kategorisieren lassen, sondern unabhängige Standpunkte bilden und vertreten. Utopie? Fangen wir an, unsere Vorstellungen vorzuleben und - HINAUSZUTRAGEN!

ANMERKUNGEN:

(1) Wobei zu berücksichtigen ist, daß "Kindheit" als eigenständige soziologische, kulturgeschichtliche Kategorie eine neuere "Entdeckung" ist, die sich erst ab dem 17. Jahrhundert vollends durchsetzt. Da die Einsicht, daß "Kindheit" als erst in neuerer Zeit geschaffene abgegrenzte "geschlossene Veranstaltung" eben eine künstliche Trennlinie markiert, das Selbstverständnis borniter PädagogInnen ankratzen würde, wird dieser Sachbestand samt der sich daraus ergebenden weitreichenden Folgerungen jedoch lieber nicht weiter analysiert (vgl. Philipe Aries: Geschichte der Kindheit, dtv 1978/9. Aufl. 1990 und den Beitrag von Thomas Straecker in diesem Reader!)

(2) Von der Scheinheiligkeit dieser "modernen" Erziehungsziele, die schließlich innerhalb einer zuallererst auf dem reibungslosen Funktonieren der Gesellschaft - und zwar SO WIE SIE IST - begründenden Pädagogik verwirklicht werden sollen, einmal abgesehen! Wie weit wird eine Erziehung zur Kritikfähigkeit denn innerhalb eines staatlich organisierten Erziehungssystems überhaupt gehen können, selbst wenn sie denn ernst gemeint wäre?

(3) vgl. Christoph Lindenberg: Waldorfschulen, rowohlt 1975.

(4) Klaus Prange, zit. in Martina Kayser/Paul-Albert Wagemann: "Wie frei ist die Waldorfschule?", S. 26. LinksDruck 1991

(5) Paul Albert Wagemann, zit.in : Kayser/Wagemann, S. 108, a.a.o.

(6) Ein besonders perfides Konzept der pädagogischen Wissenschaften: Da reiner Zwang uneffektiv - da entweder in Verweigerung oder in eine ganze Gewaltspirale mündend - und, wir leben schließlich in einer Demokratie, "unpädagogisch" wäre, wird auch hier letztlich wieder nur die Unterwerfung wie auch immer geartete Macht samt entsprechender Erziehungsziele gefordert - nur jetzt halt FREIWILLIG:

"... ein positives Autoritätsverhältnis zwischen Schülern und Lehrern. Die Schüler bejahen unter genannten Voraussetzungen ihre Abhängigkeit, anerkennen freiwillig das Gebot des Lehrers und lernen, in kritischem Sinne gehorsam zu sein."

Dieses Zitat entstammt nicht finstersten Fiktionen a la "1984", sondern einem 1988 in 4. Auflage erschienenen Standardwerk der pädagogischen Küche namens 'Zeit- und Grundfragen der Pädagogik' von Theo Dietrich - läßt sich Gehirnwäsche noch besser ausdrücken?

Interview

ANSICHTEN EINER SCHULGEGNERIN

von *Waltraud Kern*

In der "Feministischen Freistilschwimmerin Nr. 6" (einer Zeit- und Streitschrift für positive feministische Utopien) fanden wir folgendes Interview, das wir mit freundlicher Genehmigung der Autorin hier abdrucken:

Frage : Auf der Veranstaltung des Feministischen Forums zu "Chancen und Perspektiven weiblicher Bildung für das nächste Jahrtausend" am vergangenen Samstag haben Sie sich vehement gegen die Pflichtschule bzw. die Schulpflicht ausgesprochen. Können Sie uns dazu mehr sagen?

Antwort: Gern, aber ich möchte etwas ausholen, wenn ich darf. Als im Gefolge der politischen Aufbruchbewegungen nach ´68 auf den verschiedensten Ebenen nachgedacht wurde, z.b. über repressive Familienpolitik, über Wirkungen des Schulapparates auf heranwachsende Menschen, auf die Funktionen von Vater Staat und Mutter Kirche als Herrschaftsinstrumente zur Disziplinierung von Individuen zu braven Bürgerinnen und Bürgern, begann eine Gruppe um Ekkehard von Braunmühl, Hubertus von Schönebeck u.a. sich auf der Grundlage von z.b. Walter Borgius´Buch "Schule - ein Frevel an der Jugend", Schriften von Alice Miller und anderen Autoren damit, sich mit Anti-Pädagogik zu befassen als mögliche Antwort auf die staatliche Repression durch Schule und Entwicklung von Strategien zur Gegenwehr. So jedenfalls habe ich es in meiner Erinnerung.

Seltsamerweise wurde bei allen Diskussionen in der Folgezeit zu diesem Themenkreis nur von sehr Wenigen die Erziehungsbedürftigkeit des Menschen als solche in Frage gestellt.

Frage: ...aber der Mensch wird doch als unfertiges Wesen geboren, er bedarf doch der Hilfe ...

Antwort: gewiss, der Hilfe schon, nicht aber der Erziehung, denn die setzt ja immer voraus, daß jemand weiß oder bestimmt, wohin *ge*zogen, bzw. *er*zogen werden soll. Bei einem egalitären Umgang von Menschen miteinander ist das aber schlechterdings möglich. Im Augenblick wird dieses Erziehungskonzept klar durch den Staat, bzw. die Länder, die ja die Kulturhoheit haben, formuliert und durchgesetzt., d.h. es unterliegt dem jeweiligen politischen Kalkül der Parteien; in gewissen Grenzen natürlich.

Frage: Gehen Sie denn von dem Gleichheitsgrundsatz aller Menschen als einer realen Möglichkeit aus?

Antwort : Allerdings. Der Sozialdarwinismus in unserer Gesellschaft ist erziehungsbedingt. Ohne diese Erziehung wäre vieles möglich und das scheinbar Unvorstellbare würde Realität! Natürlich stünde dann in letzter Konsequenz dieser Staat mit seinen so organisierten Machtstrukturen zur Disposition - also werden entsprechende Tendenzen im Keim erstickt. Phantasievolles Umdenken ist noch niemals Sache der Herrschenden gewesen.

Aber wir schweifen ab, eigentlich wollten Sie ja von mir wissen, warum ich als Frau und Mutter gegen Schule bin. Dazu muss ich vorausschicken, in welcher Weise die Gängelung der Frau vom emanzipierten Wesen zur Funktionseinheit eingeleitet und vorangetrieben wird, sobald aus ihr eine "Werdende Mutter" wird. Schon rein grammatisch wird jetzt aus der aktiv Handelnden ein passiv-empfangendes Objekt. Das beginnt mit den Vorsorgeuntersuchungen, die ein Muss für jede angehende Mutter sind, sowohl moralisch als auch krankenkassenseits, denn es soll ja medizinisch gewährleistet werden - scheinbar - daß das werdende Leben ein "normales" wird.

Frage: Wieso "Scheinbar"?

Antwort: Weil in diesen Vorsorgeuntersuchungen nur ein sehr geringer Anteil von sogenannten Fehlentwicklungen feststellbar ist und diese teilweise mehr Gefahren bei bestimmten Untersuchungsmethoden bergen als Nutzen bringen. Außerdem werden die Frauen darüber in d er Regel nicht in ausreichendem Maße, wenn überhaupt, aufgeklärt. Zu den neuesten Entwicklungen will ich hier gar nichts sagen, ich meine die Abtreibungsfrage, sonst sprengt es den Rahmen des Interviews total. So, zurück zum Objekt "Werdende Mutter". Von einem breitgefächerten Literaturangebot in Zeitschriften und Büchern über wohlmeinende Ratschläge von Verwandten und Freunden bis zum massiven Einsatz von Werbung reicht die Palette, um die Frau zu verunsichern und ihrer Mutterinstinkte zu berauben. Unter dem Motto "Alles Gute für Ihr Kind" macht die Industrie kräftig Profit - und welche angehende Mutter würde nicht dafür sorgen wollen, daß alles gut und richtig und schön für die Ankunft des neuen Erdenbürgers oder der Erdenbürgerin vorbereitet ist und die Entwicklung in beste Bahnen gelenkt wird? Von der richtigen Ernährung zur Vermeidung wunder Babypos, den richtigen Windeln, der richtigen frühen Intelligenzentwicklung wird alles geboten. Sie wird so allmählich völlig entmündigt und mundtot gemacht - bis zur Geburt hat sie schon keinen eigenen Willen mehr und das setzt sich natürlich fort, z.B. mit den Früherkennungsuntersuchungen für Säuglinge und Kleinkinder bis zum vollendeten vierten Lebensjahr. Hier wird die physische, psychische und geistige Entwicklung des kleinen Menschenwesens auf seine Normalität hin untersucht. Im Namen von Zukunft und Ent-wicklung des Nachwuchses werden teilweise Argumente angeführt, denen sich die Mutter gar nicht entziehen kann, denn dann wird ja sofort klar, daß sie offenbar nicht das Beste für ihr Kind will ... Die Zwickmühle ist perfekt: Überwachung und Kontrolle durch die Außenwelt ist allgegenwärtig und im Hirn der Mutter ist sie mittlerweile ebenso verankert. Das Ziel ist schon fast erreicht. Ich lasse jetzt mal die Kindergartenzeit aus, da ich mich als Kind erfolgreich gegen diesen Zwang zur Wehr setzen konnte - und auch meine Kinder nicht in diese erste Formierungsinstitution gingen, obwohl mir von allen Seiten vorgehalten wurde, daß dadurch der Schuleintritt für das Kind wesentlich erschwert würde...

Frage: Was meinen Sie mit Zwang bzw. Formierungsinstitution?

Antwort: Als mein Vater mich in einem Kindergarten ablieferte, etwa ein halbes Jahr vor meiner Einschulung, lernte ich zum ersten Mal zwangsweise etwas Bestimmtes spielen zu müssen, hatte ich mich schließlich darin zurechtgefunden und Spass an der Sache, mußte etwas anderes gespielt werden. Ich fand das so ärgerlich, daß ich nicht wieder dorthin gehen wollte. Heute mag das ja anders sein, d.h. "kindgerechter" oder "kinderfreundlicher", das will ich gar nicht bestreiten, aber auf jeden Fall wird der heranwachsende Mensch als Mensch zweiter Klasse, nämlich Kategorie "Kind" ," unfertiges Wesen " - eben erziehungsbedürftig - behandelt und deshalb nach bestimmten, vorgegebenen Normen formiert. Und dann geht es vom Regen in die Traufe gewissermaßen, nämlich vom Kindergarten in die Schule!

Frage: Warum gehen Ihre Kinder denn überhaupt zur Schule, wenn Sie doch prinzipiell dagegen sind?

Antwort: Eine gute Frage! Leider besteht in Deutschland die Schulpflicht. Verweigert der oder die Schulpflichtige, werden die Eltern zur Rechenschaft gezogen: das geht vor Bußgeldbescheiden über zwangsweises Abholen des Kindes durch Polizeigewalt, Einknasten des oder der Erziehungsberechtigten bis zum Entzug des Sorgerechtes, wobei die Reihenfolge unterschiedlich sein kann. Es soll trotzdem eine ziemlich hohe Dunkelziffer geben von Kindern, die keine Schule besuchen. Ich bin aber ziemlich sicher, daß das mit der sozialen Herkunft der Kinder zusammenhängt. Wird z.B. seitens der Eltern ein Widerstandspotential - aus welchen Gründen auch immer - mit entsprechender Öffentlichkeitsarbeit erwartet, spart der Staat weder Mühen noch Prozesse um des Kindes habhaft zu werden - bei "sozial Schwachen", die ohnehin später aus dem Räderwerk fallen werden, lohn der Aufwand von vornherein nicht - daraus rekrutieren sich dann die Reihen der Analphabeten in den Industrieländern.

Frage: Das sind ja scharfe Geschütze, die Sie da auffahren! Schule als Institution hat doch auch viele positive Aspekte, wie z.B. die Möglichkeit für alle, eben auch "sozial Schwache" zu Bildung und Aufstiegschancen zu kommen durch die Schule, unabhängig von der ökonomischen Möglichkeiten der Eltern . Es hindert Kinderkriminalität und -banden stoppt Kinderarbeit und schafft doch auch Freiraum für die Mütter während die Kinder in der Schule sind....

Antwort: von wegen! Merken Sie übrigens wie wir beide in eine militärische Ausdrucksweise gerutscht sind!? Wo Zucht und Ordnung herrschen, passt sich halt auch die Sprache quasi automatisch an. Wir sind alle derartig normiert worden, daß wir für die jeweils Herrschenden einschätzbar und handhabbar sind als Menschenmasse: Hirn, Herz und Hand sind manipuliert worden, seit unserem ersten Schrei!

Aber ich muß noch auf zwei Punkte eingehen, nämlich warum unser Sohn die Schule besucht und zweitens auf die von Ihnen angeführten, positiven Aspekte der Schule. Also erst einmal besucht unserSohn die Schule, weil er wegen der Schulpflicht grundsätzlich keine freie Wahl hatte, sondern lediglich die Möglichkeit entweder die örtliche Grundschule zu besuchen oder in eine Freie Schule zu gehen, dazu hätte er allerdings zu Freunden in eine andere Stadt ziehen müssen. Er entschied sich für hier - und der Stress begann!

Morgens geht es los: ich m u s s um eine bestimmte Zeit aufstehen, m u s s den Jungen wecken und antreiben, damit er rechtzeitig fertig wird, sauber und ordentlich, versteht sich - egal, ob er dazu Lust hat (oder ich) ; wir m ü s s e n beide - allerdings werde ich dabei von ihm als meckernde, treibende Instanz erlebt, die in sein Leben eingreift, seine Pläne und

Wünsche durchkreuzt ... das beeinträchtigt unser bis zu diesem Zeitpunkt ungetrübtes und liebevolles Miteinander erheblich. Ich hasse mich, weil ich als verlängerter Arm der Ordnungsmacht Staat und /oder Schule die lustvolle Entfaltung dieses Menschen-wesens beoder sogar verhindere und ihn stattdessen in die vorgegebenen Normen zwinge. Nachmittags setzt sich das fort: von der Zwangsjacke Schule möchte sich der Junge wenigstens jetzt befreien und spielen, toben und vergessen, frei sein, eben! Aber: es gibt Hausaufgaben und die m ü s s e n gemacht werden. Ich m u s s also in sein unbeschwertes Spiel eingreifen, ihn unterbrechen ("ist ja nur Spiel" sagen die gescheiten Erwachsenen, "nichts von Bedeutung" - er soll sich mal beizeiten an den Ernst des Lebens gewöhnen ...usw.)Zwar lernt er häufig "im Spiel" leichter, lieber und intensiver als bei den oft so blöden Hausaufgaben, aber: "erst die Arbeit, dann das Spiel.." Oft genug muß ich mich auch noch zeitlich und inhaltlich um die Schularbeiten kümmern, weil er es i n der Schule nicht verstanden hat und mich nun fragt - ob ich will oder nicht, steht nicht zur Debatte - ich kann ihn doch nicht allein lassen damit - und überhaupt werde ich diesem lieben kleinen Menschen doch nicht s e i n e Zukunftschancen vermasseln, nur weil ich vielleicht gerade selbst etwas anderes will?

Selbst wenn ich diese mütterlichen Gepflogenheiten selbstbewußt durchbreche, und den Sohn mit seinen Schularbeiten (ich könnte auch sagen mit der nachmittäglichen Frohn) alleine lasse, weil ich schließlich weiß, daß die Lehrerin (meistens handelt es sich um eine solche in der Grundschule) nur wissen möchte, ob der Stoff verstanden ist oder nicht und ich mich also darauf verlasse, daß sie sich am nächsten Tag darum kümmern wird, werde ich nach einigen solcher Versuche mein Leben nach meinen Bedürfnissen einzurichten, weich, wenn die Noten des Jungen mir das nahelegen oder entsprechende Vermerke.... Fazit: In der Zeitspanne, in der Mütter schulpflichtige Kinder haben, m ü s s e n sie ihr eigenes Leben, ihre eigenen Wünsche zugunsten des Nachwuchses an den Nagel hängen; es zählen nur noch die Leistungen der Kinder, mit denen der gesellschaftliche Wert und die Annerkennung von Müttern steigt oder fällt und die Zukunft der Kinder, natürlich.

Frage: Aber es gibt doch viele berufstätige Mütter, die beides offenbar gut miteinander vereinbaren können - oder trügt hier der Schein?

Antwort: Wie gut es den erfolgreichen Müttern dabei tatsächlich geht, kann von außen kaum beurteilt werden. Der Zwang, die Doppel- bis Tripelbelastung scheinbar erfolgreich und souverän zu meistern, ist Frauen ansozialisiert und so internalisiert, daß nach außen ein brilliantes Objekt "Erfolgsmensch" erscheint, hinter der Fassade jedoch ein für sich handelndes und denkendes Subjekt auf der Strecke geblieben ist.Die Werbung hilft natürlich gezielt mit, ein entsprechendes Frauenbild zu verHERRlichen und zu verbreiten. Vor einiger Zeit fiel mir eine etwas ältere Werbebroschüre, nett aufgemacht, in die Finger. Es war ein Waschmittel, glaube ich, mit dem Titel "Wir Muttis schaffen das". Es zeigte die stets fröhliche oder glückliche Mutti, alles blitz-blank -auch das Lächeln - die, geschwind wie ein Wirbelwind mit allen Anforderungen spielend fertig wird und natürlich mit den hartnäckigen Flecken in Sohnemanns Hose auch. Die Industrie als Stütze der perfekten Hausfrau und Mutter, auch der berufstätigen ...ist doch wirklich rührend, nicht wahr? Aber Werbung mit ihrer "sinnstiftenden" (ich sollte besser sagen "kapitalstiftenden" Scheinwelt, die echte Utopien zerstört und manipuliert, wäre ein anderes Thema das sich zu diskutieren lohnte! Leider haben nur zu viele Frauen immer versucht, diesem Werbeidealbild zu entsprechen - wie es ihnen dann körperlich, gesundheitlich und seelisch in den reiferen Jahren ergeht, interessiert mindestens die Werbung nicht mehr oder aber für eine entsprechende neue Produktkampagne ... Aber zurück zur Schule! Mit dem Aufbruch der Frauenbewegung machten sich Frauen an die Arbeit, um die speziell weibliche Diskriminierung in und durch Schule zu untersuchen.

Es gibt eine ganze Reihe von einschlägigen Untersuchungen und Publikationen von Frauen zu diesem Thema, deren Lektüre frau die Haare zu Berge stehen lässt. Z.B. den von Ilse Brehmer herausgegebenen Sammelband "Sexismus in der Schule" mit sehr interessanten Beiträgen, die obwohl das Buch schon vor etwa zehn Jahren erschienen ist, immer noch aktuell sind, besonders jetzt, wo bedingt durch die wirtschaftliche Rezession und die konservativen Herrschaftsverhältnisse in der Politik, Frauen wieder vermehrt an Heim und Herd verbannt werden. Da geht es z.B. um die Sozialisation von Säuglingen, die bereits nach Vollendung des ersten Lebensjahres geschlechtsspezifisch unterschiedlich ist (der "Stammhalter" ist eben was anderes als "nur" ein Mädchen) oder um tatsächliche Benachteiligung von Mädchen im Unterricht in gemischten Klassen, um die Situation von Lehrerinnen in Schulen und mit Schülern, um das Nicht-Vorkommen von Frauen in Geschichte und anderen Fächern, die negativen Identifikationsmodelle in Lehrmaterial und Lernmitteln usw.. Letzteres hat sich allerdings in den letzten zehn Jahren partiell verbessert.

Frage: Inwieweit?

Antwort: Also, damals wurden Frauen in der Regel nur in dienenden und pflegenden Tätigkeiten vorgestellt oder als ekelige Alte, alles Wichtige und Grosse dieser Welt war den Männern vorbehalten.Das kindliche Leben beginnt mit der pflegenden und liebenden Mutter, setzt sich mit der Kindergärtnerin fort, und erst in der Grundschule tauchen Männer auf, meistens zwei: der mit dem technischen Know-How, der Hausmeister also, und der mit dem pädagogischen KnowHow, der Rektor der Grundschule. Den Rest besorgen Frauen: vom Putzen bis zur Unterrichtung.. Allerdings habe ich gerade gelesen, daß auch in der Grundschule männliche Lehrer gefordert werden, weil Kinder auch in diesem Alter schon Stärke und Mut usw. als Vorbilder bekommen sollten! Na ja, dazu gibt es nichts weiter zu sagen, nicht wahr?

Heute gibt es da mehr Angebote für weibliche Identifikation, sowohl in der Literatur als auch in der Praxis, wenn auch insgesamt immer noch zu wenig. In punkto Sprache und Sprachgebrauch hat sich dank feministischer Bemühungen ja auch einiges an Bewußtwerdung getan! - Ich könnte natürlich noch viele Einzelheiten anführen, aber ich glaube, daß interessierte Leserinnen sich am besten selbst kundig machen sollten für eine eigene Beurteilung.

Bedeauerlicherweise ist all diesen Untersuchungen und Ergebnissen eine breite Öffentlichkeit versagt geblieben und solche Ansätze werden nach wie vor nur in Fachkreisen diskutiert und weitergetrieben, weshalb auch nur Reformansätze daraus abgeleitet werden anstatt ein totales Umdenken zu provozieren.

Frage: Warum?

Antwort: Na, welcheR Berufstätige möchte sich und seinen Beruf denn selbst ad absurdum führen? Konsequentes Zu-Ende-Denken der Misere erfordert doch die Abschaffung der Schule als Zwangssituation.

Frage: Wenn die Schulpflicht abgeschafft würde, so wie Sie das propagieren, wie soll denn dann eine Alternative aussehen? Herumlungernde Kinder und Jugendliche auf den Strassen, steigende Kriminalität, Kinderarbeit, wachsendes Analphabetentum usw. ..

Antwort: Wer das als Folge propagiert, ist wahrlich ein Einfaltspinsel - und einer, der den Glauben an die Menschheit verloren hat! Das Analphabetentum verhindert die Schule gerade nicht, das habe ich schon vorhin kurz angerissen. Im Gegenteil: durch den Leistungsdruck und Lernstress dem die SchülerInnen unterworfen sind durch die vom Staat (durch die Kultusministerkonferenz z.B.) vorgegebenen Lehrpläne, dem die öffentlichen Schulen wiederum folgen müssen, werden gerade sensible, musisch begabte und intellektuell vielleicht etwas langsamere Heranwachsende aus dem Normierungsraster herausgedrückt. Ein weiterer, leider nicht unerheblicher Faktor in diesem Zusammenhang ist ungeeignetes Lehrpersonal. Das ist ein ganz trauriges Kapitel, an dem viele junge Menschen zerbrochen sind und es immer weiter werden. Schafft also ein Kind das vorgegebene Lernziel des Schuljahres nicht, wird es mit physischen und psychischen Tests und Untersuchungen gequält und schließlich zur "Besonderen Förderung" vorgeschlagen. Wissen Sie, was das bedeutet? Die besondere Hilfe, die dem Kind angedeihen soll, heißt im Klartext Sonderschule, und das bedeutet Abstellgleis für nicht recht handhabbares Menschenmaterial. Das ist nicht zynisch gemeint. Ich spreche da leider aus eigener Erfahrung : ich war eine Zeit als Sonderschullehrerin tätig und weiß als "Insiderin" durchaus, wovon ich rede. Gerade in der unglücklichen Mischung dieses "Outfalls", der an einem solchen Ort zusammengewürfelt und geballt wird, entsteht das Krisenpotential der Zukunft, denn mit diesem Start ins Erwachsenenleben bleibt den Jugendlichen wirklich nur "no future": dank mangelnder Qualifikationen Arbeitslosigkeit oder Drecksarbeit mit Niedriglohn-Niveau, Kriminalität und Bandenbildung ... und das alles müsste nicht sein, wenn wir einen menschenwürdigen Umgang miteinander pflegten und uns nicht mehr von kapitalistischen Interessen lenken ließen.

Schulpflicht abschaffen bedeutet für mich lediglich, den von mir beschriebenen Zwang abzuschaffen und stattdessen die Orte so zu gestalten, daß es Spass macht, dorthin zu gehen und zu lernen. Ich habe nämlich immer erlebt, daß Menschen jeden Alters wißbegierig sind und *lernen wollen,* wenn jede/r nach seinen/ihren Möglichkeiten gelassen wird und entsprechende Angebote vorhanden sind. In meiner Utopie wird die Zwangssituation abgeschafft zugunsten eines breitgefächerten Bildungsangebotes, was mit Sicherheit ein wesentlich effektiveres und lustvolleres Lernen ermöglichen würde. Die Welt sähe gewiss anders aus, wenn so jedes heranwachsende Menschenwesen in einer ganz individuellen Weise lernen könnte mit beiden Beinen in der Welt zu stehen und nicht nach Leistungsdruck und Strebertum bewertet würde. In Summerhill z.B., Sie kennen doch diese von A.S. Neill in England gegründete "Schule", nicht wahr, da besuchen die dort lebenden Heranwachsenden im Schnitt wöchentlich die gleiche Anzahl von

Lernangeboten mit Wissenscharakter wie in unseren Zwangsanstalten. Sport, Musik und Religion werden allerdings ganz individuell in der "Freizeit" betrieben. Der Unterricht fängt nicht so früh an wie an deutschen Schulen, dafür erstreckt er sich über den Tag. In der Praxis sieht das so aus, daß jeweils am Anfang eines Trimesters in einer großen Versammlung aller "Summerhillians" Wünsche für Lerninhalte angemeldet werden können, die "Wissenden" machen ihre Angebote, dann wählen "die Schüler" aus, was sie tun wollen und anschließend werden die Zeiten so koordiniert, daß möglichst alle Wünsche verwirklicht werden können. So kann innerhalb dieses Zeitraumes ein Wissensgebiet erarbeitet und vertieft werden - und im nächsten Trimester wird etwas anderes gewählt. Voraussetzung für diese Art Unterricht ist, daß die "Schüler" die Kulturtechniken beherrschen; dafür gibt es zwei Eingangsstufen, die den kleineren Menschen - oder Ausländern, die der Sprache noch nicht mächtig sind - diese Fähigkeiten vermitteln. Grundsätzlich ist jeder Unterricht freiwillig und wenn eine/r mal keine Lust hat oder sich schlecht fühlt, bleibt er oder sie weg ohne irgendwelche Entschuldigungen beibringen oder Strafen erwarten zu müssen. In gewisser Weise ist Summerhill schon ein Paradies für Heranwachsende, leider weltweit wohl das einzige funktionierende. Ich könnte mir gut vorstellen, in Deutschland etwas Vergleichbares zu versuchen, entsprechend modifiziert. Allerdings wäre die Voraussetzung eine genügend breite Unterstützung finanziell, ideell, juristisch und in der Tat. Wenn genügend Menschen genügend Mut aufbrächten so ein Experiment zu wagen und für FREIE Bildungschancen einträten, liesse sich sicher einiges bewegen, aber solche Leute sind in der BRD offensichtlich genauso vereinzelt, wie die Mutter, die sich ebenfalls allein und vereinzelt mit der Schulsituation ihrer Kinder herumärgert - womit wir wieder beim Anfang wären.

Frage: Ja, aber für Ihre Utopie würde das bedeuten, daß sie nur im "gesicherten Raum" möglich wäre, also für eine Elite - und wo bleibt der Rest der Menschheit?

Antwort: Da muß ich Ihnen leider recht geben. Zunächst ist das so, wie auch in Summerhill. Ich finde das schlimm, daß diese "seligen Inseln" der wohlsituierten Oberschicht vorbehalten sind. Das darf nicht so bleiben. Ich stelle mir das für uns in Deutschland so vor, daß Raum für einen Versuch erkämpft werden muss - und der ist erst einmal elitär - aber dann muss dieser Modellversuch auf einer breiteren Ebene, also für ein größeres Gemeinwesen ausgearbeitet und erprobt werden, und zwar öffentlich und für alle zugänglich. Voraussetzung dafür ist leider die Zustimmung des Gesetzgebers - und daran wird es bei uns wohl scheitern.

Ich will noch einmal zusammenfassen: Ich bin gegen SchulZWANG auch im Kindergartenalter - Ich bin für FREIE Lern- und Bildungsmöglichkeiten für ALLE Menschen, und ich glaube, daß das machbar wäre, gäbe es nicht Instanzen, die sich vor freien, lebendigen und lustvollen Individuen fürchten und das mit allen (gesetzlichen) Mitteln zu verhindern suchen.

Frage: Dem bleibt wohl leider nicht viel mehr hinzuzufügen.

Antwort: Doch: Hoffen und Kämpfen !

Dieses Interview ist fiktiv - der Inhalt aber Überzeugung der Autorin.

Wer von freier Sexualität redet, muß auch über sexuelle Gewalt gegen Kinder sprechen

von *Ines Gutschmidt und Jörn Sauer*

Sind auf der Suche nach einem Weg zwischen theoretischen Ansprüchen und praktischen Erfahrungen ... nur billige Kompromisse möglich - oder ist dies gar ein Schleichweg hin zu einer "linken Pädagogik"?

Ausgehend von der Utopie einer Antipädagogik, stoßen wir im Umgang mit unseren Kindern tagtäglich auf Probleme, die sich antipädagogisch nur sehr schwer oder auch gar nicht lösen lassen. Aus unseren Erfahrungen heraus als Eltern und (zumindest dem Anspruch nach) AntipädagogInnen kommt es zu häufig vor, daß uns der praktische Umgang miteinander im Alltag Fragen auf die Füße wirft, die wir lösen müssen und auf die wir im Moment auch nur wenige Antworten haben. Schon gar nicht immer antipädagogische ...

Eines der uns gerade wichtigsten Themen ist das Problem der Vereinfachung und Übertragung der Floskel von der freien Sexualität auf das Verhältnis zwischen Kindern und Alten bzw. Jugendlichen, die leider häufig bedenkenlos und undiskutiert auch die Banderolen von AntipädagogInnen ziert.

Übrigens, wenn wir hier von der Antipädagogik reden, dann reden wir von einer Utopie, die wir uns wünschen und für die wir leben. Das heißt aber auch, daß es hier und heute Unterschiede zwischen Utopie und Realität gibt, die erst ein mal bewältigt werden müssen in der ständigen Auseinandersetzung mit einer ganz und gar nicht freien oder hierarchielosen Umwelt. Das Erleben der gegenwärtigen Zwänge, Normen und Regeln ist für Kinder noch wesentlich stärker, da wir Alten nach mehr als 30 oder noch mehr Jahren in dieser Welt - auch wenn wir das eigentlich nie zugeben - schon ganz schön angepaßt und abgestumpft sind. Wir reden also davon, daß wir, wenn wir mit unseren Kindern eine Utopie erobern wollen, die politische Auseinandersetzung an den realexistierenden Bedingungen ausrichten und eine libertäre Praxis entwickeln müssen, um dem politischen Machtkampf gewachsen zu sein.

Darum fordern wir von uns und allen, die sich um den Gedanken der Antipädagogik bemühen, eine Diskussion zu führen (und das haben uns linke PädagogInnen derzeit voraus), mit dem Ziel einen notwendigen Umgang mit dem Problem sexueller Gewalt gegen Kinder zu finden, auch wenn es vielleicht einen antipädagogischen Umgang damit nicht geben kann. Wir wollen versuchen einen Anfang zu machen ...

I. Bestandsaufnahme

Das politische Denken der uns folgenden Generation demonstriert, daß die Pädagogik des links-liberalen Bürgertums, die seit den 60'er Jahren im mühevollen "Marsch durch die Institutionen" in die Schulen unserer Gesellschaft gedrungen ist, versagt hat. Es zeigt sich aber auch, daß die Vorstellungen der Libertären und AntipädagogInnen von der freien Entwicklung des Menschen und der freien Beziehung zwischen den Generationen keinen Fuß fassen konnten, allerhöchstens als die Ideen "phantasierender Spinner" registriert werden ... ganz im Gegenteil finden alte Fußspuren neue WegbereiterInnen: Rassismus macht sich durchsichtig und durchdringt die Flüchtlingswohnheime genauso wie unsere Alltagswege. Die Schizophrenie der bürgerlichen Gesellschaft kotzt sich aus: Das Bildungsbürgertum fordert die Anpassung der Lehrpläne an die neuen Konzepte eines selig in den Interessen des Kapitals vereinten Europas und einer multikulturellen Gesellschaft, die wir uns "leisten" können. Es muß mehr gepaukt werden, Spanisch-LehrerInnen müssen her - unsere Kinder müssen vorbereitet werden, auf ihre neue Vormachtstellung auf dem weißen Kontinent und gegenüber der Welt. Das ist eine Facette im Antlitz unserer Gesellschaft. Eine Gesellschaft, die ihre Kinder mit Wissen und Leistungsdruck mästet, um sie später mit ihren Ansprüchen aufzufressen. (Die meisten von uns kennen den Verlauf, den solch' eine Erziehung mit sich bringt, zu gut).

Eine andere Facette bilden die, die uns in Rostock mit dem Satz begrüßen: "Na, ihr habt ja wohl noch Arbeit, oder warum seid ihr sonst auf der Seite der Ausländer?" Die Kinder der arbeitslosen und verspotteten "Ossis", denen es an dem Respekt fehlt, der uns solange eingeflößt wurde. Schnell konstatieren wir, die sind der Springerhetze verfallen, oder anders: denen fehlt es am nötigen Hintergrund, die hatten ja noch kein '68 ... dafür einen sozialistischen Gewaltstaat, in dem Selberdenken hart bestraft wurde.

Die einen sind verkopft, die anderen eben hohl, doch eins haben sie alle gemeinsam: Wut, Frust und Aggressionen die sich im Schulalltag niederschlagen und zwar in allen Lernanstalten, angefangen beim Kindergarten, der Grundschule bis hin zum Gymnasium. Allesamt sind erzogen worden nach den Idealen ihrer Erzeuger, zwar je nach Moral des Umfeldes und politischer Ideologie in einer etwas anderen Couleur, dennoch ohne wesentliche Unterschiede - denn der Konkurrenzkampf ist überall gleich, getreten wird grundsätzlich nach unten - so, wie es die Alten machen, immer mit dem Strom...

Ein Lebensprinzip, das ständig die Grenzen anderer verletzt, und das fängt ganz früh an, direkt nach der Geburt. Wir wollen uns hier mit einer dieser Grenzverletzungen beschäftigen, die in eine zunehmende Brutalität mündet - in sexuellen Mißbrauch und in sexuelle Gewalt - nicht nur gegen Kinder.

Wenn wir im folgenden immer wieder von Grenzverletzungen reden, dann meinen wir nicht, daß Grenzen an und für sich immer bewahrenswert seien. Die in dieser Welt existierenden Grenzen sind die Grenzen der Mächtigen, die die Mächtigen mächtig halten sollen und die Armen arm. Täglich werden aber die Grenzen der schwach- gemachten durch die Starken verletzt, die meisten Grenzverletzungen werden juristisch legitimiert und dort wo sie Absicherung für sozial Schwächere oder schon immer Diskriminierte (Frauen, AusländerInnen, Kinder ...) bedeuten, werden sie ausgehöhlt oder ohne Konsequenzen übertreten.

Kinder haben eigentlich nur soviel persönliche Grenzen wie nötig, daß sich ihr junges Selbstbewußtsein, das persönliche Rückrat, ungestört entfalten kann. Genau da werden ja von der traditionellen Pädagogik erklärtermaßen diese Grenzen eingerannt, werden die selbstbestimmten Maßstäbe zerstört, damit die fremdbestimmte Erziehung in den Interessen der Alten überhaupt fruchten kann. Aber auch wir dürfen nicht leugnen, daß wir unbewußt ständig die Grenzen anderer verletzen, vor allem auch gegen das schwächste Glied unserer Gesellschaft - die Kinder. Oft legitimieren wir diese Situationen mit den Sachzwängen des Alltags: Es fängt damit an, daß wir den Alltag der Kinder bestimmen, oft ihre Sprache nicht verstehen, mit der sie sich gegen diese Fremdbestimmung wehren. Wir - oder die berühmten Sachzwänge - bestimmen, wann ein Kind in die Kindergruppe geht oder mit der Gesellschaft andrer vorlieb nehmen muß, weil unser Alltag von uns Abwesenheit verlangt, sei es der Job, die "große Politik", die Demo oder was auch immer. Wir zwingen die Kinder sich unserem Rhythmus unterzuordnen, so wie der Alltag von uns verlangt sich ihm unterzuordnen, ohne daß die Kinder eine Chance hätten, ihren eigenen Alltag zu entwickeln. Solange also Grenzen existieren, müssen wir uns darüber klar werden, wann wir sie übertreten und wir müssen unseren Kindern das Handwerkzeug geben, sich mit einem deutlichen "Nein" dagegen zu wehren. Das ist für uns keine Pädagogik im Sinne von "Erziehung zum Widerstand", sondern die notwendige Hilfestellung zur freien Selbstentfaltung.

In diesem Artikel soll es vor allem um die körperlichen Grenzen von Kindern gehen, die wir wahrnehmen lernen müssen. Das fängt beim Wickeln des Babys an, geht weiter beim Baden, Eincremen, beim Schmusen und bei alltäglichen Berührungen. Wir müssen aufmerksam dafür sein, wann wir miese Gefühle beim Kind erzeugen und auch wann das Zärtlichkeitsbedürfnis des Kindes an unsere Grenzen stößt. Daß das nicht einfach oder gar problemlos ist, ist uns bewußt. Für uns sind die Grenzen theoretisch klar: keine sexualisierenden Berührungen auf beiden Seiten, zumindest solange ein einseitiges Abhängigkeitsverhältnis besteht, und daß dies besteht ist nicht zu leugnen. Unser Kind ist abhängig von unserer Sensibilität im Umgang mit ihm - wir als Stärkere müssen ihm die Chance geben, das sich Wehren zu lernen und sich durchzusetzen, ohne daß es dabei den Verlust unserer Liebe befürchten müßte.

Daß die Thematisierung der sexuellen Grenzverletzungen gegenüber Kindern nur ein einzelner Mosaikstein ist - in dem Gesellschaftspuzzle "Gewalt - Pädagogik - Kinderseele" - ist uns klar, wir wollen und können aber zunächst nicht mehr leisten, als ein Thema auf den Tisch zu bringen.

II. Anfänge

Vor 2 bis 3 Jahren begann die liberale Presse den sexuellen Mißbrauch als "Verkaufsschlager" zu entdecken und zu vermarkten. Linksliberale JournalistInnen haben erschreckende Zahlen veröffentlicht; Zahlen von einer unsichtbaren Realität, die täglich hinter den Türen der Vorstadtsilos, wie der Villenviertel unserer Städte versteckt wird.

Seit Jahrzehnten arbeitende Gruppen wie "Zartbitter" oder der "Kinderschutzbund" standen plötzlich im öffentlichen Interesse und sollten auf alles eine Antwort parat haben. Sie sollten darlegen, wie mensch pädagogisch und psychologisch mit mißbrauchten Kindern umgehen soll. Von ihnen wurde gefordert, den plötzlich Erschrockenen fertige Konzepte vorzulegen, die sich schablonenartig über die einzelnen "Fälle" stülpen ließen - Konzepte, um sich die Hände in Unschuld waschen zu können und nicht, um sich etwa die Dimension des Problems noch deutlicher vor die Augen zu holen.

Da diese, seit langem unter schlechten Bedingungen (kein Geld, keine Akzeptanz) arbeitenden Gruppen, dies verständlicherweise nicht leisten konnten und wollten, sondern sich lieber um die politische Dimension dieser Realität und um das Rückrat der betroffenen Jungen & Mädchen kümmerten, schlägt die Öffentlichkeit nun im Springer-Stil zurück: "Mütter greifen im Scheidungskrieg zur grausamen Waffe `Mein Mann hat unser Kind mißbraucht'" (Bild am Sonntag, im September 1992).

Die Wahrheit, daß jedes 3. Kind (zumeist vom eigenen Vater) mißbraucht wurde und wird, wird verdreht, um von den Kindern abzulenken. Wer interessiert sich schon auf Dauer für die Probleme der Kinder?

Da müssen die Betroffenen noch lange kämpfen ...

"Wir sind längst LAUT geworden", so lautet der Titel eines Filmes von Mädchen und Frauen zwischen 13 und 50 Jahren. (Der Film ist zu besorgen bei: DONNA VITA, Postfach 61117, 1000 Berlin 61.) Sie hatten genung Mut das Thema: sexueller Mißbrauch auf die Leinwand zu bringen. Einige sind betroffen, einige nicht - gar nicht so einfach. Ein Film in dem die Geschichte jeder Frau Platz hat und dennoch ist dieser Film eine Enttäuschung für die, die sich an der Not anderer aufgeilen wollen, denn es ist ein hoffnungsvoller Film, da er Orientierungshilfen gibt, die eigene Geschichte aufzuarbeiten und darüber hinaus Mut zum Leben macht. Ein Leben, daß sich nicht vor der Herausforderung scheut, sich selbst in den Mittelpunkt zu stellen, an sich selbst zu arbeiten und anderen eine Stütze zu sein.

Insgesamt ist es allerdings um die Thematik viel zu leise, so leise, daß wir noch immer hilflos sind, wenn dieses Thema in unseren eigenen (linken) Kreisen zum Problem wird. Schon gar nicht können wir reagieren, wenn sexuelle Gewalt in unseren Kreisen verursacht wird. Vielmehr wird oft auch hier nach "unten" getreten, daß heißt, Kinder, ihre Mütter und Freunde müssen sich erklären und verantworten.

Dann werden sie häufig noch zu ihrem Besten vor die bürgerlichen Gerichte gezerrt, werden von schwarzen Roben ausgequetscht, müssen Tests bestehen, die ihnen versichern, daß sie nicht ihrer eigenen Phantasie erlegen sind, etc. Das alles in einer bürokratisierten und formalisierten Amtswelt, die sie nicht verstehen, die nicht ihre Welt ist. Kinder, deren Rückrat schon gebrochen wurde, sollen plötzlich das Selbstvertrauen haben, im Beisein ihrer Täter den Mißbrauch so zu schildern, daß die Roben ihn in ihre Sprache übersetzen können - die Sprache der Akten und dicken Gesetzesbücher.

Das Ergebnis sind unendliche Angst, Einsamkeit und Schuldgefühle, die sie in sich hineinfressen - das Verweigern weiterer Antworten, da sie eins schon begriffen haben: sie sind immer das letzte Glied in der Kette ...

Wir wissen um die erschreckenden Zahlen, wissen wieviele Mädchen, Jungen und Frauen jährlich mißbraucht und vergewaltigt werden. Dennoch sind wir so leise, haben so wenig

Mut uns hierin einzumischen. Unser politischer Alltag scheint uns aufzufressen und wir haben Angst, hinter unsere eigenen Mauern zu schauen.

Um uns an dieses Thema heranzuwagen brauchen wir Zeit und Mut unsere eigene Geschichte zu verarbeiten. Wenn wir den Anspruch haben, den zwanghaften Erziehungsvorstellungen unserer Gesellschaft andere Konzepte entgegenzusetzten, dann müssen wir den Mut haben, uns selbst einzubeziehen. Dann müssen wir über die Bücher hinaus in uns und in unsere Umwelt steigen. Unsere eigenen Grenzverletzungen erkennen, da wir diese ständig reproduzieren und sehen wo wir die Grenzen anderer verletzen, wo wir nach unten treten.

III. Überlegungen

Wenn Kinder nicht erzogen werden würden, d.h. nicht von Erwachsenen in eine bestimmte Denk- und Lebensweise gezogen werden würden, dann könnten diese Kinder selbstbestimmt, ohne Gewalt und Zwang sich und anderen gegenüber, mit Sexualität umgehen, ohne dabei die Grenzen anderer zu verletzen, Kinder sind wach und wachsam.

Wir glauben nicht, daß Kinder schon mit Macht- und Konkurrenzgedanken in diese Welt geboren werden, daß es ihnen Spaß macht andere zu verletzen oder zu demütigen. Auch verbergen ihre Vorstellungen von Sexualität und Körperlichkeit erstmal keinerlei Hintergedanken. Kinder entdecken sich spielerisch, bauen sich ihre eigene Welt und begegennen sich auch körperlich unbeschwert, ohne dabei Ziele von Macht zu verfolgen.

Im Gegensatz hierzu ist unsere Erwachsenenwelt, egal ob wir uns als AntiPädagogInnen oder sonstwie verstehen, durch und durch verkorkst. Und zwar gerade weil wir als soziale Produkte unserer eigenen Erziehung und anderer Erfahrungen unsere eigene Geschichte mit uns rumschleppen, unsere Erziehung reproduzieren, Grenzverletzungen alltäglich erfahren und zulassen, unsere eigenen Grenzen schon verloren haben, Moralvorstellungen internalisiert haben, in Konkurrenz zu anderen stehen und in ewiger Eile sind, was zu werden - Macht zu erhalten und im weitesten Sinne Gewalt ausüben ...

Wie schwer fällt es denen von uns, die bereits verprügelt wurden, wenn sie sich selbst lustvoll berührten, mit der sexuellen Selbsterfahrung der Kinder unbeschwert und unverkrampft umzugehen. Allein schon eine widersprechende Geste oder ein abfälliger Gesichtsausdruck kann genügen, das Kind zu verunsichern. Wer von uns hat nicht selbst schon aus Verlustangst oder Sprachlosigkeit Berührungen hingenommen, die er/sie nicht als schön empfand? Das sind die Verhaltensweisen und Ängste, die wir auf unsere Kinder unwillentlich reproduzieren, solange wir sie nicht reflektiert und verarbeitet haben. Solange unsere eigene Sexualität nicht wirklich frei ist, können wir nicht erkennen, wie Kinder sich aus reiner Neugierde berühren - etwas, das wir schon in unserer eigenen Kindheit verlernt bekommen haben. Wir verfallen darauf, unsere Kinder mit anderen zu vergleichen, so wie wir verglichen wurden und produzieren dabei Neid, Verlustängste Eifersüchte und Machtbestreben. Emotionen, die den unbefangenen körperlichen Umgang in neue Zwänge packen.

Wir sind also im realen Verhalten nicht viel besser als andere, die bewußt erziehen. Trotz unserer theoretischen Überlegungen und Überzeugungen bezüglich antipädagogischem Handeln, sind wir in der Regel vorallem negatives Vorbild. Wir verletzen Grenzen und übertünchen dies mit unseren Ansprüchen, d.h. wir sind unseren Grenzverletzungen gegenüber blind und "erziehen" so unreflektiert.

Auch wir lassen, wenn es uns darauf ankommt, unsere Kinder zu wenig mitbestimmen. Auch wir haben im Hinterkopf den Gedanken, daß wir das alles für unsere Kinder machen und wir ihnen eine andere Welt schaffen wollen. Wir schleppen unsere Kinder mit zu für sie völlig langweiligen Veranstaltungen, um nicht den Anschluß an die politische Szene zu verlieren. Wir verunsichern unsere Kinder, indem wir ihrem freien Umgang miteinander mißtrauen und auf der anderen Seite uns selbst täglich durchsetzen.

Aber selbst wenn wir perfekt wären - große Katastrophe - es gäbe auch dann keine Insel für unsere Kinder, sie sind ständig mit der Macht, die Erwachsene ihnen gegenüber ausüben, konfrontiert und ebenso von den Strukturen, die sich zwischen den bereits erzogenen Kindern entwickeln.

Es gibt nichts Schlimmeres als unoffenes Verhalten, wenn unser Verhalten sich an Postulaten orientiert, die sich nicht verwirklichen lassen, wird es undurchsichtig und unkritisierbar. Ein altes Problem: "Theoretisch sind wir unantastbar"

Also scheint es vielleicht doch immer noch besser, die eigenen Absichten offenzulegen, zu erklären und zu hinterfragen, als politisch abgeklärte Phrasen zu vermitteln, solange sich diese nicht an unserem Verhalten messen lassen.

Aber selbst wenn wir es schaffen würden, unseren Kindern zu erklären, warum wir bestimmte Berührungen ablehnen und immer sensibel genug wären zu fühlen, wenn wir dem Kind zu nahe treten, sowohl körperlich als auch verbal, oder in unserer Alltagsgestaltung, die ja ebenfalls von Existenzzwängen dominiert ist, dann gäbe es immer noch die erzogene und hierarchisierte Außenwelt, die wir (leider) nicht so einfach abstellen können.

IV. Erfahrungen

Was nun, wie mache ich mein eigenes Verhalten mir und meinem Gegenüber durchsichtiger? Konkret, wo projiziere ich meine eigene Erziehung bewußt oder unbewußt und wo verhalte ich mich gemäß meiner eigenen Grenzen und Vorstellungen und berücksichtige dabei die Position des Kindes - puh klingt nach harter Arbeit!

Zunächst muß ich mir meine eigenen Grenzen klarmachen und deren Hintergründe begreifen und wach werden für die Grenzen des Kindes.

In unserem Alltag macht sich das oft an Kleinigkeiten fest: Unser Sohn nimmt ein Kuscheltier mit ins Bett, oft liegt eine/r von uns neben ihm, wir lesen ein Buch oder reden, es gibt Berührungen, er nimmt meine Hand und legt sie zwischen seine Beine. Ich nehme sie weg und sage, dazu habe ich keine Lust, er nimmt seinen Teddy, daß ist o.k. für mich - meine Grenze bewahrt! Ich bin mir selbst nicht unbedingt im klaren, warum ich das nicht will, ich kann nichts erklären, ihm soll ein klares "Nein" genügen, wie in anderen Situationen sein "Nein" auch akzeptiert werden soll ...

Nach dem Baden, ich möchte ihn eincremen, er hat keine Lust dazu, ich erkläre ihm wortgewandt wie ich bin, daß das zu seinem Besten ist, daß seine Haut austrocknet etc. Er möchte trotzdem nicht! Ein einfaches "Nein" von ihm hat nicht genügt - seine Grenze überschritten.

Das Gegenseitigkeitsprinzip der Grenzbewahrung wird schon durch die verbale Stärke der erwachsenen "Überredungskunst" in Frage gestellt. D.h. wir schlagen unsere Kinder nicht, aber wir diskutieren sie in Grund und Boden. Machmal hält er sich die Ohren zu, weil er die vielen Worte nicht ertragen will, die ihn in eine schwächere Position manövrieren, ohne daß er wirklich versteht.

Szenenwechsel: Auch in der selbstorganisierten Kindergruppe gibt es Konflikte und Machtkämpfe. Unsere Kinder haben da Raum alleine zu sein, sich zu entdecken. Leider gibt es auch dort manchmal Situationen, in denen Kinder Sachen machen, die sie als unangenehm enpfinden und dennoch tun, um dazuzugehören. Beim bekannten Doktorspiel z.B. läßt sich ein Mädchen einen Baustein in ihre Scheide stecken. Sie weint erst, als es weh tut ... Im Gespräch erzählt sie, daß sie es eigentlich gar nicht wollte, alle anderen Kinder aber um sie herum standen und da hat sie sich nicht getraut "Nein" zu sagen.

In solchen Situationen wird deutlich, was die Kinder schon von uns "gelernt" haben. In einem Gruppengespräch können wir versuchen die Position des Mädchens zu stärken, ihr und den anderen zu erklären, daß es zählt, wenn eine/r etwas nicht oder anders will und wie wichtig es ist das auch auszudrücken, ohne Angst haben zu müssen "SpielverderberIn" zu sein. Andererseits werden uns aber die Kinder nur ernst nehmen, wenn wir selbst uns im Alltag nicht im Widerspruch zu unseren Reden verhalten.

Andere Situation: Die Tante, die Oma fordert ein Küßchen oder findet es unmöglich, wenn das Kind am Pimmel spielt ...

Vielleicht hat uns die Oma selber als Mutter oft verletzt und wir haben uns bis heute davor versteckt eine ernste Auseinandersetzung zu führen. Dann sind wir heute in solchen Situationen selbst verunsichert und können unser Kind kaum stärken und fordern dann unbewußt die Anpassung der Kinder an unsere eigenen Fehler.

Wie können wir mit all diesen Situationen umgehen. Viele Eltern fordern inzwischen Projekte in Kindergarten, Kindergruppen und Schulen. Vielleicht eine ganz gute Idee, wenn sie von Fachfrauen durchgeführt werden und die Kinder dabei ihr eigenes Selbstvertrauen und die Kraft zu einem lauten "NEIN" entwickeln können. Eine garantiert schlechte Idee, wenn es das einzige ist, wenn wir uns dabei unserer eigenen Probleme entledigen, indem wir sie wieder in eine Institution/eine Pädagogik verweisen, unser eigenes Verhalten aber konfus und unreflektiert bleibt.

V. Konstruktionsversuche

Zentral scheint es uns zu sein, daß die Menschen - egal ob Alte oder Kinder - eine gewisse

Klarheit in ihren Gefühlshaushalt bringen, ihre eigenen Grenzen, die nicht überschritten werden sollen, erkennen und nicht aus Bequemlichkeit einfach definieren. Menschen, die sich ihrer wirklichen Grenzen bewußt sind, seien es die sexuellen oder alltäglichen, werden fähig sein diese auch durchzusetzen zu lernen - und sie werden fähig sein, die der anderen zu verstehen und vor allem zu respektieren. Sie werden aus ihrer eigenen Klarheit heraus fähig sein, Andere in ihren Grenzen zu achten. Nur wenn wir uns an diese gewaltige Aufgabe wagen, sehen wir eine Chance aus dem ewigen Kreislauf "verzogener" und dabei verletzter Menschen herauszukommen.

Uns selbst betreffend:

Wir können uns Situationen merken oder aufschreiben, in denen wir uns selbst unwohl fühlen, um uns damit auseinanderzusetzen oder auch Gespräche mit nahestehenden Menschen zu suchen.

Berücksichtige ich meine unguten Gefühle, drücke ich sie anderen gegenüber adäquat aus, oder gehe ich einfach darüber hinweg?

Bin ich klar in meinen Verhaltensweisen kann ich sagen, was ich selber gut finde und was ich nicht mag oder verhalte ich mich indifferent in meinen zwischenmenschlichen Beziehungen oder überspiele Situationen? Für einen selbst ist es wichtig sich klar zu werden, was angenehm und was unangenehm ist - eigene Grenzen festzustellen, sowohl im sexuellen Bereich mit Partner/in oder Kind, als auch im sonstigen Alltag, ob Uni oder Job. Das Kind kann diffuse Verhaltensweisen nicht einorden und weiß sich nicht zu verhalten. Über Gespräche hinaus können auch gute Bücher eine Hilfe sein. Vielleicht kommt mensch dabei auf Fragen an sich selbst oder es werden offene Probleme deutlicher. Dabei ist es auch nicht immer nur wichtig das Kind im Auge zu haben, sondern vor allem auch das eigene Selbstwertgefühl. Viele Mütter z.B. machen sich aus begründeter Angst darüber Gedanken wie sie ihre Töchter stärken können, ohne dabei wahrzunehmen, daß sie ihre eigenen Unsicherheiten und Unklarheiten pausenlos reproduzieren. In Frauensportvereinen gibt es mittlerweile in manchen Städten spezielle Selbstverteidigungskurse für Mütter, die vor allem darauf ausgerichtet sind, die eigenen Ängste so konkret zu verarbeiten, daß sie sich befähigt fühlen ihren Kindern aus Stärke heraus Handlungsmöglichkeiten einzuräumen und nicht durch Angstvermittlung Lähmungsgefühle reproduzieren.

Dem Kind gegenüber:

Dem Kind gegenüber ist es vor allem wichtig sich klar zu verhalten. Zu sagen was schlechte und was gute Gefühle macht.

Offen über Gefühle reden und auch über Unsicherheiten reden ist ein wesentlicher Faktor, der es auch dem Kind ermöglicht über seine eigenen Fragen zu reden. Sein Kind genau beobachten, heißt eben auch die nonverbalen Signale zu verstehen. Das Kind muß soviel Vertrauen haben, daß es weiß, ein einfaches Nein genügt.

Rollenspiele und entsprechende Kinderbücher können helfen, eigene Grenzen laut zu formulieren und die anderer zu wahren. Daß dies nicht nur für den sexuellen Bereich gemeint ist, versteht sich von alleine, denn für Kinder hat dieser Bereich lange nicht diese exponierte Stellung wie für uns Erwachsene. Außerdem spüren Kinder die Schizophrenie der Erwachsenen. Wenn wir im sexuellen Bereich übersensibel reagieren und sonst aber unsere Interessen durchboxen, wird sich dies langfristig auch auf die Sexualität des Kindes übertragen. Ein reflektierter und sorgsamer Umgang in einem Bereich ist nicht zu trennen von anderen Verhaltensweisen. Darum sind Projekte zwar wichtig, ersetzen aber nicht die Alltagserfahrungen.

Und wir haben im aufmerksamen Umgang mit unseren Kindern die große Chance, von ihnen soetwas wie ursprüngliche Sensibilität und Aufmerksamkeit in allen Lebensbereichen zu lernen.

Dritten gegenüber:

Wollen wir unsere eigenen Grenzen erkennen und die unserer Kinder erhalten, dürfen wir uns nicht davor scheuen auch alte Konflikte auszutragen; auch wenn uns dabei unsere eigene Kindheit einholt. Wir müssen die Konflikte hervorholen, die wir aus Bequemlichkeit, Angst oder aus falschem Respekt immer aufgeschoben haben - allen voran die vergrabenen Konflikte mit unseren eigenen Eltern, Großeltern etc. Sprüche wie: "jetzt hab dich nicht so", wenn der Onkel oder die Oma "nur ein Küßchen" wollten, sind uns ja wohl noch bekannt. Unseren Kindern müssen wir den Rücken stärken. Grenzwahrung heißt "keine Angst haben vor nichts und niemand". Dies zu lernen und danach zu leben bedeutet harte Alltagsarbeit und ein ständiges Weiterentwickeln unserer Grenzen, Gedanken aber auch unserer Gefühle.

Vielleicht ist das Reden über sexuellen Mißbrauch so ein Problem, weil sich jede/r angesprochen fühlt und auch wieder nicht. Es gehört in die Schublade, in die Zeitung aber nicht in den Alltag. Und genau das sollten wir zu verhindern versuchen: sexuelle Gewalt ist wie jede andere Form der Gewalt, wie elterlicher Psychoterror, Angstmache und "Überliebe" ein Tatbestand der im Alltag mit Kindern entsteht, der seine Ursachen in der "ganz normalen" Erziehung hat. Tatbestände, die täglich entstehen, wenn wir unseren Interessen mehr Gewicht beimessen, als denen unserer Kinder - wenn wir alles immer besser wissen ... usw.

So alltäglich wie das Problem ist, sollten wir auch damit umgehen lernen, sollten uns reflektieren und unser Verhalten, sollten wir darüber reden. Wir haben Grund zu reden und mißtrauisch zu sein, leider fast immer und überall....

REZENSIONEN

Die Grundlügen der Pädagogik

Es darf wohl als besonders pikant gewertet werden, wenn ein Hochschullehrer den Pädagogen auf die Finger klopft. Freerk Huisken, Experte für Politische Ökonomie des Ausbildungswesens und für Erziehungswissenschaft an der Universität Bremen, legt mit seinem im VSA-Verlag Hamburg verlegten Buch "Die Wissenschaft von der Erziehung" ein äußerst brisantes Werk vor. Es trägt den hübschen Untertitel "Einführung in die Grundlügen der Pädagogik" und machte hoffentlich nicht nur mich neugierig.

Und wahrlich, vor dem Leser oder der Leserin tut sich eine Fundgrube auf, an Argumentationshilfen gegen den Blödsinn der Erziehung an sich und der kapitalistisch, oder sollte ich besser schreiben: ideologisch, geprägten im Besonderen. Erfrischend und dadurch gut lesbar ist das wissenschaftlich scheinende Werk (es ist erst der erste Teil und der zweite folgt Schule und Bildung sei Dank schon 1992), besonders durch die Respektlosigkeit, die der Autor auch "großen" Namen und Ideologien gegenüber an den Tag legt.

Im Kapitel A. untersucht Huisken die Behauptung der Pädagogen, daß der Mensch ohne Erziehung kein Mensch wird und das Axiom, daß der Mensch erziehungsbedürftig sei. Er kommt zu erstaunlichen Ergebnissen.

Das Kapitel B. erklärt die Konstruktion der Erziehungsziele durch die Pädagogen, denn ohne Ziel wäre sie (die Erziehung) "richtungslos". Man lese und staune: dies ist tatsächlich die Meinung eines Oberpädagogen, nämlich des Wolfgang Klafki im Funk-Kolleg EW 2.. Aber der von namhaften Pädagogen verfaßte Unsinn zieht sich durch Jahre und hunderte von Seiten pädagogisch wissenschaftlicher Literatur.

Das Kapitel C. befaßt sich mit den Leistungen der Erziehungswissenschaft:

Seite 225 1.1 " die Pädagogik gehört nicht zu jenen Disziplinen des Geisteslebens, welche zu stimmigen Urteilen über ihren Gegenstand gelangen und mit ihrer Anwendung seine praktische Beherrschung voranbringen wollen. Ein solcher Zusammenhang von Theorie und gesellschaftlicher Praxis, der jede von der Darstellung der Resultate diese Diszlin getrennte Erörterung ihrer Leistungen obsolet machen würde, liegt hier nicht vor. Weil es dieser Wissenschaft nicht um die Erklärung ihres Gegenstandes geht, verdanken sich ihre falschen Urteile auch nicht einfach nur Fehlschlüssen, sondern haben Methode...." (Zitat Huisken) Wer da noch nicht auf den Geschmack gekommen ist.....

Da kommen sie nicht gut weg, die Protagonisten sowohl linker oder rechter Provenienz. Oftmals lassen sich verblüffende Gemeinsamkeiten finden, wie z.B. beim konservativen Wolfgang Brezinka und dem fortschrittlicheren Hans Jochen Gamm, z.B. bei der Beurteilung der Notwendigkeit von der Unterordnung des Menschen unter das Diktum der Gemeinschaft oder andererseits der diesem entgegengesetzten notwendigen individuellen Freiheit.

Faschistische und Realsozialistische Erziehungstheorien und folglich deren Praxis sind nach der Analyse von Huisken zwar nicht identisch,aber die Form sowohl der Indoktrination,Manipulation und Demagogie eignen beiden. Die Erklärungsmodelle für die Richtigkeit ihrer pädagogischen Theorien sind nach der Huiskenschen Analyse im wesentlichen hohle Phrasen,die nichts erklären,wohl aber die jeweilige Unzulänglichkeit verkleistern.

Allen pädagogischen Modellen ist gemeinsam,daß sie selbstverständlich davon ausgehen auf der Seite des Guten zu agieren und die Motivation beinahe religiösen Charakter erhält.

Ein wenig enttäuschend ist die schnodderige Flachheit, mit der das Kapitel über die Anti-Pädagogik abgehandelt wird. Dem Leser,der Leserin wird ein Eindruck vermittelt, als ob diese Non-Pädagogik nur von den Theorien der Alice Miller und des Ekkehard von Braunmühl gespeist wird. Nun gibt es gerade hier eine Bandbreite von Standpunkten,die von radikal linken Postitionen bis hin zum Home Schooling der Renata Leuffen geht. Hätte Herr Huisken den Anti-PädagogInnen ein wenig mehr Aufmerksamkeit gewidmet,so wären ihm sicher der größere Teil seiner Fragen im am Schluß des Buches auftauchenden "Ausblick" beantwortet worden.

Aber ,was nicht ist,kann ja im zweiten oder dritten Teil noch folgen. Es handelt sich bei der "Einführung in die Grundlügen der Pädagogik" um ein durchaus empfehlenswertes Buch.

Gerhard Kern

Freerk Huisken: Die Wissenschaft von der Erziehung
 Einführung in die Grundlügen der Pädagogik
VSA -Verlag Hamburg 1991, 293 Seiten DM 20,-

LIEBE ALS DRESSUR

Helga Glantschnig verlegte im Campus Verlag 1987 ein Werk,welches in die Hände möglichst vieler Menschen gelangen möge. Die "Kindererziehung in der Aufklärung" ist der Untertitel und so liegt das Hauptaugenmerk auf der Entwicklung der Kindererziehung im 19 Jahrhundert,der Zeit der Aufklärung und Industrialisierung.

Helga Glantschnig,Dr. der Philosophie und Lehrerin in Wien,liefert damit einen wissenschaftlichen Beitrag, der zeigt,daß die zeitgenössische Pädagogik,ganz gleich ob Reform- oder Traditionspädagogik "das Kind zum Gegenstand einer Theoretischen Neugier(macht),die es als selbstständiges Wesen überhaupt erst hervorbringt.Die Praxis der "kindgerechten" Erziehung ist schon immer auf Wissensmaximierung oder totale Kontrolle ausgerichtet,wie die musterhaften Experimentieranstalten der Philantrophen zeigen.Unter Idealbedingungen wird hier der Körper gesellschaftlich eingerichtet,ausgeschöpft und gestärkt,wozu vor allem die Leibeserziehungen dienen.Es ist auch kein Zufall,daß sich der neue pädagogische Diskurs um den kindlichen Körper rankt,der bis ins kleinste Detail zerlegt wird,um zur funktionstüchtigen Maschine zusammengefügt zu werden." So stehts in der Einleitung und man könnte meinen,Helga Glantschnig hätte Christiane Rocheforts "Kinder unserer Zeit" in wissenschaftlicher Form weiter entwickelt.

Das "Pädagogische Jahrhundert" entdeckt das Kind als ökonomischen Faktor in der Form der "gezielten Nutzung des Kind-Körpers."Hierdurch erkärt sich das "gesundheitspolitische Anliegen des Staates",darf doch möglichst wenig von der Ware Arbeitskraft verloren gehen.Die Armen-und Zuchthäuser werden in jener Zeit zu Lern-und Arbeitshäusern und jedem dieser Sozialisierungsanstalten ist ein Waisenhaus angeschlossen,welches den Nachschub liefert.

Wie verkorkst das Verhältnis der Erzieher zur Sexualität ihrer Zöglinge ist, ist abgehandelt im Kapitel "Der bedrohliche Körper" und in "Wissen". Der Übel in der Seele aufspürt oder am Körper abliest,nimmt die Rolle ein,die das Geständnis fordert,erzwingt,abschätzt und der einschreitet,um zu richten,um zu strafen,zu vergeben,zu trösten oder zu versöhnen(so Foucault 1977)". Eine Haltung,wie sonst nur noch die Kirche den Menschen gegenüber einnimmt.

Wie absurd die Einstellung der Philanthropen früher(?)den Frauen gegenüber war,ist Gegenstand der letzten 35 Seiten.Die Pädagogen jener(?) Zeit legten die Grundlagen für die Verniedlichung der weiblichen Menschen zum Mädchen oder ganz allgemein zum Es.Widergekäut wird der ganze alte Käse von der Bösartigkeit des Weibes,wie es die Kirchen zu allen Zeiten verkündeten in den verschiedensten Varianten."Die Frau-das große Kind" muß gebändigt werden,so wie man die Natur kultivieren will.

Im großen und ganzen zeigt Helga Glantschnig eigentlich,wie der junge Mensch,ob weiblich oder männlich,zum Objekt gemacht und gemäß der Zeitforderung(hier die Industrialisierung)geformt und gebildet wird.

Gerhard Kern

LIEBE ALS DRESSUR, Kindererziehung in der Aufklärung, von Helga Glantschnig
ISBN 3-593-33804-1 , Campus-Verlag, 215 Seiten

Schule - Anleitung zur Brandstiftung

Anzuzeigen ist ein wahrhaft explosives Machwerk zur Lage an den Schulen. Bei diesem Pamphlet handelt es sich, wie bereits aus dem Titel hervorgeht, um eine Kampfansage an die Schule, jene Institution, die von den Verfasserinnen "als ein Rädchen in der Killermaschine Staat" angesehen wird.

Die Autorinnen haben eine Ausbildung an einer ErzieherInnenfachschule begonnen, 1990 jedoch abgebrochen. Auf den ersten Seiten des Readers werden die Konflikte an dieser Schule dokumentiert.

Schwierige Zeiten, viel Theorie: es folgt ein erheblich umfangreicherer Teil zu pädagogischer Ausgrenzung, dem unterschiedlichen Verhalten von Jungen und Mädchen in der

Klasse, der Rolle von LehrerInnen - "man wird es sich doch eines Schülers wegen nicht mit dem Direktor verderben" /Lea Fleischmann) - Eltern und Direktor, zuForm und Funktion von Unterricht und Schulpflicht, über nationale Normierung, Rassismus, Disziplinierung, Fremdbestimmung & vieles mehr. Eine beachtliche thematische Breite, bei der vieles nur angeschnitten werden kann. Zusammen rund 200 kopierte DIN A 5-Seiten. Versetzt mit Songtexten, Gedichten etc. Sprachlich manchmal etwas holprig, der Inhalt ist nicht Selbstzweck: "Mit Liebe, List und Leidenschaft und einer gehörigen Portion Wut gewürzt, könnte manche/r sich nach Genuß dieser Lektüre versucht fühlen nach Stift, Stein oder Streichholz zu greifen. Und dieser Effekt ist durchaus nicht ungewollt" (aus der Ankündigung; Vorsicht, nicht die Finger verbrennen!)

Gerald Grüneklee

Bestellungen sind erwünscht: 12,- Vorkasse an Buchladen ZAPATA, Stichwort Schulreader, Jungfernstieg 27, 2300 Kiel 1

ANARCHISMUS UND SCHULE

Auf 165 Seiten wird das Thema "Schule" von verschiedenen Autoren und ebenso verschiedenen Sichtweisen angegangen. Heribert Baumann leitet seine historische Analyse mit einem Zitat von Silvio Gesell ein und legt dann detailliert dar, wie Schule den jungen Menschen unter den Bedingungen von Kapital und Herrschaft früher als Ware Arbeitskraft und heute durch die "allgemeine Elementarbildung" für den Verwertungsprozeß vorbereitet.

Dem wissenschaftlich gehaltenen Beitrag H. Baumanns folgt eine Arbeit, von Johann-Peter Regelmann und Eberhard Mutscheller, die aufzuzeigen versucht, inwieweit Alternativschulen ein "Stachel im Fleisch der Regelschulen" sind oder aber doch nur eine "Insel", die durch den öffentlich zu führenden "bildungspolitischen Diskurs" erst einen konstruktiven gesellschaftlichen Rahmen erhalten könnten.

Ein ganzes "Kollektiv" gar macht sich Gedanken zu dem "Unbehagen an der Schule" in einem Aufsatz, der den Titel "Ökologie und Schule" trägt. Der klare Blick für die nicht akzeptablen "fabrikähnlichen Mammutbauten", der die Logik des Zentralismus oder auch Industrialismus sicher aufdeckt, zitiert schließlich "Ökotopia" welche als " radikal dezentralisierte Gesellschaft" schließlich die Schulen hervorbringt, die "Ökologische Bildung" vermitteln und durch "Rücknahme von Institutionalisierung" dennoch von der Forderung nach Schule nicht abrücken. Wie sollten sie auch?

Hans-Ulrich Grunders Beitrag wiederum macht einen Ausflug in die Vergangenheit und bringt den Zeitgenossen die Möglichkeit, sich mit dem libertären Ansatz der "Universita Populare" und der "Scuola Moderna" /1910-1922) aus der Schweiz und Italien auseinanderzusetzen. Es ist eine Historie der Volkshochschulen, die 1900 in Italien begann und unter wesentlichem Einfluss von Libertären, hier ist besonders Ferrer zu erwähnen, die verschiedensten Ausrichtungen erfuhr. Die "Modernen Schulen" hatten zu ihrer Zeit sicherlich revolutionäre Sprengkraft, stellten sie doch gerade die gesamte Herrschaft infrage. H.U. Grunders Aufsatz zeigt, daß Wissenschaft durchaus einer libertären Praxis dienlich sein kann, und ich empfehle insbesondere diesen Beitrag denjenigen, die Wissenschaft pauschal verdammen.

Alfred K. Treml versucht sich an dem "diskreten Charme der Rudolf Steiner-Pädagogik". Durchaus gekonnt (Treml ist Pädagoge und Herausgeber einer Zeitschrift für Entwicklungspädagogik) zeigt er die Inkonsequenz der "Freien Waldorfschulen" auf, die alles andere als frei sind. Es handele sich eben um eine Rudolf-Steiner-Pädagogik und der obskure Denk- und Sprachstil des Meisters setzt sich bis in die Schulstuben der Waldörfler fort. Sauber argumentiert Alfred K. Treml und zeigt die tatsächliche Pseudowissenschaftlichkeit der Anthroposophen auf, doch ich fürchte, es geht ihm mit diesem Beitrag, wie schon einst dem alten Max Dessoir, in seinem umfassenden Verriß der "Anthropososphischen Wissenschaft": die sprichwörtliche Überheblichkeit läßt eine Kritik an ihrem geistigen Höhenflug gar nicht erst zu. Ja, und Zulauf haben die Waldorf-Kindergärten und Schulen überall!

Günter Saathoff schafft es durch einen Kunstgriff seine libertäre Gesinnung mit der Forderung nach einer "Befreienden Pädagogik" übereins zu bringen. "Bewußte Eingriffe" sollen "einen Lernprozeß zur individuellen und gesellschaftlichen Befreiung intiieren". Die Forderung "daß (sich) Pädagogik die Beurteilungskompetenz erwerben muß", liest sich auch glatt und es scheint nach der durchaus logisch vorgetragenen Theorie des Günter Saathoff, die in einer Prinzipienkonzeption schließlich gipfelt, trotz aller Bedenken, die er mit Anti-Pädagogen teilt, keine andere Wahl als nach Pädagogik zu rufen, eben nach "befreiender Pädagogik".

Volkmar Walczyk und Wolfram Sailer zeigen in iihrer "Auseinandersetzung mit der Schriftenrfeihe der Wissenschaftlichen Begleitung der Glocksee-Schule-Hannover" wohin die "wissenschaftliche Begleitung" das Renommierobjekt der Alernativschulszene gebracht hat. Der durchaus streckenweise emanzipatorische Charakter des Schulprojektes scheint völlig verloren gegeangen, dank intensiver Begleitung. Die "Auseinandersetzung" ist für mein anarchistisch-anti-pädagogisches Verständnis eine notwendige Kritik, die hilft, Herrschaftsstrukturen aufzudecken und verdient somit besondere Beachtung.

Ein reichhaltiges "Archiv"rundet den "Werkstattbericht Pädagogik" mit Abhandlungen über das "Blödsinnige Schulwesen", einem "Ideal libertärer Erziehung", der "Deutschen Ferrer Schule", einer "Rezeption des pädagogischen Anarchismus in der Bundesrepublik" und einigen Buchbesprechungen ab.

Alles in allem ein gutes Buch, mit dem Mangel, an keiner Stelle wirklich zuende zu denken. Pädagogik muß sein, will man den Sozialismus/Anarchismus/Kommunismus herbeizwingen. Mit Oliver Tolmein könnte man sagen: "Nix gerafft". Mit pädademagogischen Mitteln läßt sich Anarchie nie verwirklichen, das müßten insbesondere "Mittel gleich Weg"- Theoretiker eigentlich wissen,doch man sieht, Männer können scheinbar kein wirklich herrschaftsfreies Buch schreiben !?

TROTZDEM ist es jedem/jeder zu empfehlen,der, vielleicht auch die(?) an einer Befreiung von Herrschaft interessiert ist.

Gerhard Kern

Anarchismus und Schule
Werkstattbericht Pädagogik, Band 2
Hrg. Heribert Baumann/Ullrich Klemm
Trotzdem Verlag, Grafenau Döfflingen
DM 18,-

A K A Z

anti-klerikale anarchische zeitschrift
-für Religions -und Staatskritik-

1. ANTI-KLERIKAL
Wer den Sozialismus (immer noch) will, die Religions-und Kirchenkritik aber scheut, den da⟨r⟩ man getrost der Täuschung bezichtigen.
Libertärer Sozialismus fordert die kritische Betrachtung der Religionen im Allgemeinen und d⟨er⟩ herrschenden Kirchen ganz besonders. Denn, die Fundamente aller Konservativismen sind reli giös. Betrachten sie doch die geschichtlich "gewachsene Ordnung als gottgewollt", setzen IHN a⟨ls⟩ so voraus. Daher geht es uns um die Analyse der Indoktrination der religiösen Ideologien. Hierz⟨u⟩ zählen auch die zuhauf auftretenden Sekten, die bedingt durch masenhafte Kirchenaustritte, Mi⟨t⟩ gewinner der konservativen Reaktion sind.

2. ANARCHISCH
Bakunin und Marx waren sich einig im Ziel: Anarchie statt Staat! Der Weg war(und ist?) umstri ten. An diesem Punkt wird AKAZ die Diskussion aufgreifen und weiterführen.
Egalität beinhaltet notwendig Führerlosigkeit. Was aber tritt an die Stelle? Demokratie als We⟨g⟩ dorthin? Gibt es bessere Formen der gesellschaftlichen Auseinandersetzung? Es gibt keine selbs⟨t⟩ verständlichen Antworten!
Die Frage nach den Formen der Herrschaft und ihrer Aufhebung wird als zweiter Schwerpunkt b⟨e⟩ handelt. Besonderes Augenmerk verdienen die Machtmechanismen, die bereits im Individuu⟨m⟩ als "zweite Natur" verankert sind. Ohne sie zu erkennen und wenn möglich zu revidieren, wird e⟨i⟩ ne freie Gesellschaft nicht einmal annähernd erreichbar sein.

3. ZEITSCHRIFT, ZITADELLE, ZENTRIFUGE.....
Aufsätze, Literatur, Poesie engagèe im Sinne des (hoffentlich nicht letzten) Widerstandes gege⟨n⟩ die Verflachung des kritischen Denkens und der herrschenden Politik mit den Mitteln der Dialek tik könnte ein methodischer Zug dieses Mediums sein. Den Widerstand gegen die herrschend⟨e⟩ Menschenverachtung (dies schließt die Natur mit ein) vom Zentrum der Macht in die Peripherie z⟨u⟩ treiben, bedeutet das Wissen über das Unrecht auch jenen zugänglich zu machen, die nicht pers⟨önlich⟩ den Zugang dazu haben.

AKAZ erscheint nach Anforderung durch die gesellschaftliche Herausforderung und bei Vorlag⟨e⟩ von kompetentem Material, mindestens aber zweimal im Jahr. AKAZ unterstellt sich sowenig w⟨ie⟩ möglich den Marktmechanismen und kann nur über die HerausgeberInnen bestellt werden. Zw⟨ar⟩ ist diese Form des Vertriebs sicher nicht die massenwirksamste, doch verspricht sie, daß die ⟨ge⟩gekaufte Zeitschrift wenigstens gelesen und diskutiert wird. Und das ist ihr Sinn. Angekündi⟨gt⟩ wird sie in den dazu bereiten Medien und kostet derzeit(1993) DM 5,-- plus Porto und Ve⟨r⟩ packung. Wir suchen freie MitarbeiterInnen, die zu den genannten Themen schreiben wollen u⟨nd⟩ HandverkäuferInnen, denen die Verbreitung der Aufklärung ein Anliegen ist.

AKAZ Birkenfelderstr. 13 5552 Morbach Tel.06533/5354 Fax 3105

ANARCHIE

Na, Sind Sie erschrocken? ANARCHIE - dies schauerliche Wort so unflätig groß? Sind vor Ihrem geistigen Auge gleich bärtige Gesellen aufgetaucht, mordend und brandschatzend? Dann könnten Sie ja vielleicht noch etwas lernen. Beispielsweise, daß Anarchie nicht Mord und Totschlag bedeutet sondern Herrschaftslosigkeit, oder wie einst jemand so schön gesagt hat: Ordnung ohne Gewalt; daß sich der Anarchismus nicht im Tyrannenmord erschöpft, sondern daß es hier ein buntes Spektrum, pazifistische, individualistische, religiöse, syndikalistische und soweiteristische AnarchistInnen gibt; daß AnarchistInnen den real existierenden, autoritären und zentralistischen Staatssozialismus seit jeher energisch abgelehnt haben und diesem eine auf freier Vereinbarung basierende Gesellschaft entgegensetzen möchten - die so auch im real existierenden Kapitalismus nicht zu haben ist; daß AnarchistInnen in diesem Jahrhundert zu den ersten gehörten, die auf ökologische Probleme hingewiesen haben; daß AnarchistInnen sich auch vor den Weltkriegen schon für ein gewaltfreies Miteinander in der Welt ohne Führer, Generäle und Armeen eingesetzt haben; und daß sie schließlich ebenso zu den ersten gehörten, die die Befreiung der Frauen von den Männern und der ArbeiterInnen von ihren Chefs forderten und lebten; daß alle Leute, die sich mit dem Anarchismus auseinandergesetzt haben die Ideen gut finden, sich

dann aber oft mit dem Hinweis, er sei nicht realisierbar, mit den gegebenen Zuständen arrangieren und faule Kompromisse eingehen; und sie werden mit Erstaunen vernehmen, daß es auch heute noch allen Prophezeiungen zum Trotz AnarchistInnen gibt, die dreist und borniert die Welt immer noch verbessern wollen.

Wir, die ANARES-Föderation anarchistischer Vertriebe und Verlage, haben uns die Verbreitung anarchistischer Inhalte und Zustände zum Ziel gesetzt. Neugierig geworden? Für 3 DM in Marken gibts Infos über unser Buchprogramm zu Theorie und Praxis von ANARCHIE, Antimilitarismus, Selbstverwaltung, alternativer Pädagogik, Ökologie etc. bei ANARES NORD, dem neuen Buchvertrieb der Föderation. Klein, bissig und radikal. Ganz unzeitgemäß gegen Zeitgeist und Staatlichkeit.

ANARES NORD Otto-Heise-Str. 2 • 3163 Sehnde-Ilten

INTERNATIONALISMUS

UNRAST QUERSTR • 2 • 44 MÜNSTER

U. George/M. Arenhövel:

Lateinamerika: Kontinent vor dem Morgengrauen

Nachdenken über ein schwieriges Verhältnis Deutschland–Lateinamerika

196 S., Broschur
DM 19,80
ISBN 3-928300-07-5

W. Rosenke/T. Siepelmeyer (Hg.):

Afrika–Der vergessene Kontinent?,

21 AutorInnen aus Afrika, Europa und den USA schreiben über Ausbeutung von Mensch und Natur, Vernichtung des Regenwaldes, Widerstand und Alternativen in und für den afrikanischen Kontinent.

256 S., Broschur
DM 19,80
ISBN 3-928300-09-1

UNRAST Kollektiv:
Europa 1993 - Der große Zauber

"Bewegungstexte" zur europäischen Vereinigung aus Belgien, BRD, Frankreich, Niederlande und Spanien.

146 Seiten, Broschur
ISBN 3-928300-08-3
DM 14,80

Gesamtprogramm anfordern!

UNRAST